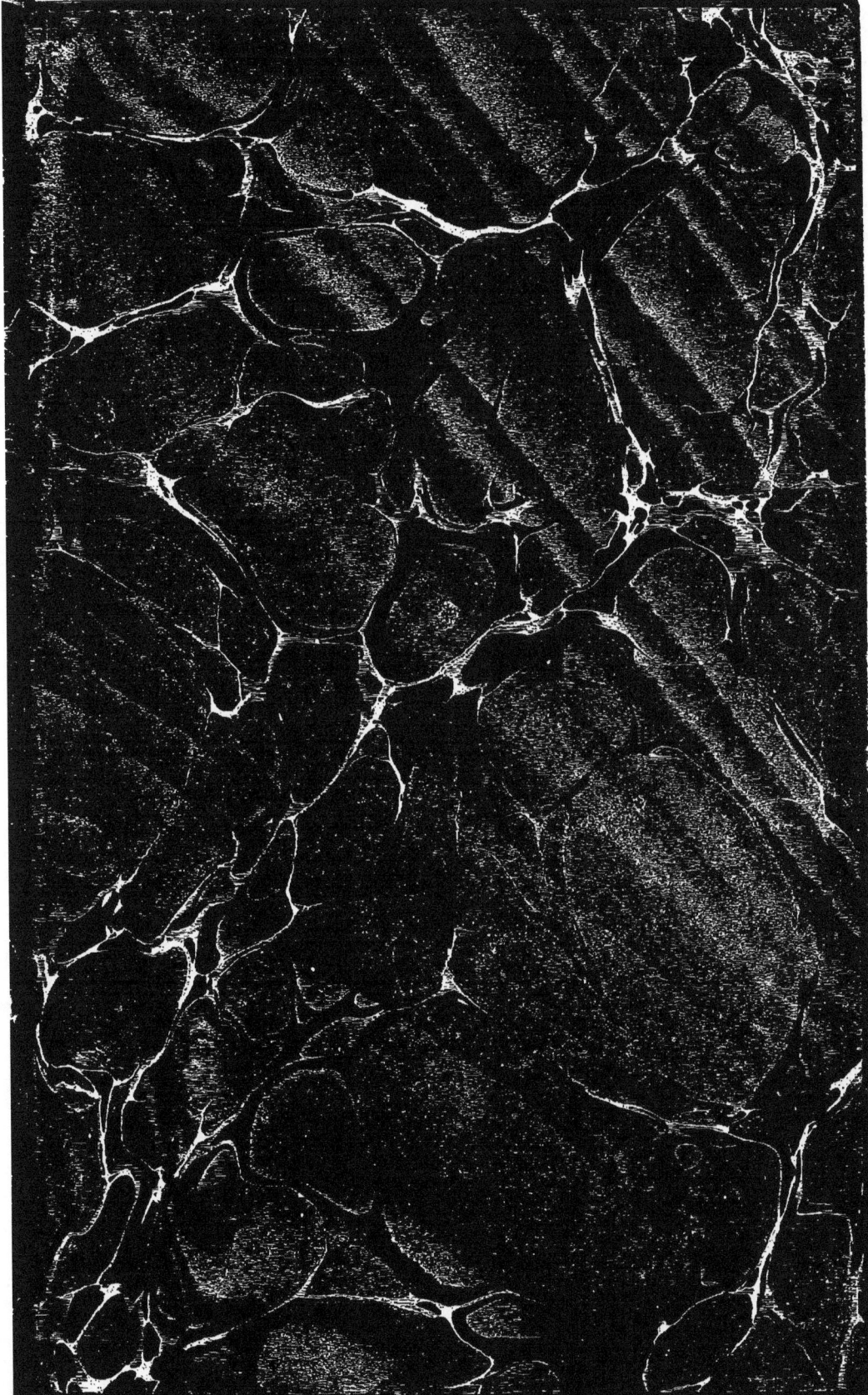

Px
6

C

VOYAGES

DANS

L'INTÉRIEUR DU BRÉSIL.

TROISIÈME PARTIE.

Toutes les fois que l'image de ce nouueau monde que Dieu m'a fait voir se représente deuant mes yeux, et que je cōsidères la serenité de l'air, la diuersité des animaux, la variété des oyseaux, la beauté des arbres et des plantes, l'excellence des fruicts et, brief en général, les richesses dont ceste terre du Brésil est décorée, incontinēt ceste exclamation du Prophète, au Psau. 104, me vient en mémoire :

> O Seigneur Dieu, que tes œuures diuers
> Sont merueilleux par le monde uniuers!
> O que tu as tout fait par grand' sagesse!
> Bref la terre est pleine de ta largesse.

(LERY, *Hist.*, 3ᵉ édit., 194.)

IMPRIMERIE DE Mᵐᵉ Vᵉ BOUCHARD-HUZARD, RUE DE L'ÉPERON, 7.

VOYAGE

AUX SOURCES

DU RIO DE S. FRANCISCO

ET DANS LA

PROVINCE DE GOYAZ

PAR

M. AUGUSTE DE SAINT-HILAIRE,

MEMBRE DE L'ACADÉMIE DES SCIENCES DE L'INSTITUT DE FRANCE,
PROFESSEUR A LA FACULTÉ DES SCIENCES DE PARIS,

CHEVALIER DE LA LÉGION D'HONNEUR, DES ORDRES DU CHRIST ET DE LA CROIX DU SUD,

DES ACADÉMIES DE BERLIN, S. PÉTERSBOURG, LISBONNE, C. L. C. DES CURIEUX DE LA NATURE,
DE LA SOCIÉTÉ LINNÉENNE DE LONDRES, DE L'INSTITUT HISTORIQUE
ET GÉOGRAPHIQUE BRÉSILIEN, DE LA SOCIÉTÉ D'HISTOIRE NATURELLE DE BOSTON,
DE CELLES DE GENÈVE, BOTANIQUE D'ÉDIMBOURG,
MÉDICALE DE RIO DE JANEIRO, PHILOMATHIQUE DE PARIS,
DES SCIENCES D'ORLÉANS, ETC.

TOME SECOND.

PARIS,

ARTHUS BERTRAND, LIBRAIRE-ÉDITEUR

LIBRAIRE DE LA SOCIÉTÉ DE GÉOGRAPHIE

RUE HAUTEFEUILLE, 23.

1848

VOYAGE

AUX SOURCES

DU

RIO DE S. FRANCISCO

ET

DANS LA PROVINCE DE GOYAZ.

CHAPITRE XVII.

COMMENCEMENT DU VOYAGE DANS LA PROVINCE DE GOYAZ. — LE VILLAGE DE SANTA LUZIA.

L'auteur passe sur la Serra do Corumbá e do Tocantins. — *Registro dos Arrependidos.* Personnel du *registro.* Sa destination. La solde des militaires du poste extrêmement arriérée. Circonstance qui prouve combien peu l'on voyage dans ce pays. — Plateau de 9 *legoas.* — Taipa. — *Fazenda do Riacho Frio.* — Le ruisseau du même nom. — *Morro do Alecrim.* — *Sitio de Garapa.* Moutons; tissus de laine. — — Arrivée au village de *Santa Luzia.* — Fêtes célébrées à l'occasion de la Pentecôte. — De quelle manière les femmes marchent dans les rues. — Portrait de M. João Teixeira Alvarez, curé de Santa Luzia. — Étendue de la paroisse dont ce village est le chef-lieu. — Position de Santa Luzia. Place publique. Églises. Rues; maisons. — Histoire de ce village; abandon des mines; l'agriculture, ressource des habitants; triste état du pays. — *S. João Evangelista,* maison de campagne du curé de S. Luzia. Détails sur des essais de culture. Projet du propriétaire.

J'ai dit que, après avoir suivi à peu près depuis Paracatú un plateau qui couronne la Serra do S. Francisco e da Paranahyba, j'en étais descendu pour me rendre au Registro dos Arrependidos, sur la limite de Minas et de Goyaz. En entrant dans une nouvelle province, j'allais aussi passer sur un autre diviseur d'eau, la Serra do Corumbá e do Tocantins, que déjà j'ai fait connaître (p. 318), et qui forme un angle avec la Serra do S. Francisco e da Paranahyba.

La maison du *registro*, située à peu près à la jonction des deux chaînes, est assez grande et n'a qu'un étage; elle se compose, à la manière brésilienne, d'un bâtiment principal et de deux ailes fort courtes, entre lesquelles est une sorte de galerie (*varanda*), que couvre le toit prolongé du corps de logis (1). Devant cette maison, on voit un *rancho* fort vaste et ouvert de tous les côtés, comme ceux de la route de Rio de Janeiro à Minas; c'est là que les voyageurs et les caravanes trouvent un abri.

Le personnel du *registro* se compose uniquement (1819) d'un commandant, qui est *alferes* (sous-lieutenant), et d'un soldat, appartenant tous les deux à la compagnie de dragons, d'un *pedestre* (v. p. 349) et d'un employé civil (*fiel*). Ceux qui viennent de Rio de Janeiro avec des marchandises prennent un passe-debout au Registro de Mathias Barbosa (2) et le présentent ici; on pèse les ballots pour savoir si rien n'en a été distrait, et les droits s'acquittent à Villa Boa ou tout autre endroit de la province. Pour s'assurer si les voyageurs qui sortent de Goyaz n'emportent pas des diamants et de l'or en poudre, on les visite également

---

(1) *Voyage dans les provinces de Rio de Janeiro*, etc., I, 90.
(2) Le *registro* de Mathias Barbosa est le bureau de douane placé sur le chemin de Rio de Janeiro à Minas, sur la limite des deux provinces (*Voyage dans les provinces de Rio de Janeiro*, etc., I, 114).

au Registro dos Arrependidos ; formalité bien absurde, puisque les contrebandiers y échapperaient en faisant quelques pas à droite ou à gauche du bureau de douanes. Les marchandises qui, venant originairement de Rio de Janeiro, ont eu d'abord la destination de Minas, et qui, par quelque circonstance, sont ensuite envoyées de cette province à Goyaz, payent les droits au Registro dos Arrependidos, comme si elles ne les avaient pas déjà payés à l'entrée de Minas.

En arrivant au Registro, je présentai mon passe-port au commandant. Il ne visita point mes malles ; mais, lorsqu'il aurait pu m'offrir une place dans sa *varanda,* il me laissa aller humblement sous le *rancho* des voyageurs, où je fus dévoré par les puces pénétrantes.

Le lendemain, au matin, il me remit une lettre pour le gouverneur de la province, et me pria d'appuyer la demande qu'il lui faisait. Il y avait trois ans que ce vieillard, son soldat et son *pedestre* n'avaient reçu de solde, et il suppliait le général de ne pas laisser mourir de faim lui et ses camarades.

Avant mon départ (28 mai), il inscrivit mon nom sur son registre ; j'y jetai les yeux et je vis que, depuis le 19 de février, il n'était entré personne dans la province de Goyaz, et cependant cette route est celle qui conduit ici de Rio de Janeiro et d'une grande partie de la province de Minas (1819).

Après avoir quitté le Registro dos Arrependidos, je commençai à voyager dans la Serra do Corumbá e do Tocantins, suivant à peu près la direction de l'est, pour me rendre, par les villages de *S. Luzia* et *Meiaponte,* à Villa Boa, la capitale de la province (1).

(1) Itinéraire approximatif du Registro dos Arrependidos au village

Ayant monté un instant, je me trouvai sur un plateau immense, désert, généralement égal, couvert tantôt de pâturages naturels parsemés d'arbres rabougris, tantôt seulement de Graminées, de quelques autres herbes et de sous-arbrisseaux. Parmi les arbres, je signalerai seulement le *Solanum* à fruits gros comme une pomme de calville, que l'on appelle *fruta de lobo* (*Solanum lycocarpum*, Aug. de S. Hil.), et plusieurs Apocynées, entre autres celle qu'on emploie dans le pays comme purgatif, sous le nom de *tiborne* (*Plumiera drastica*, Mart.). Tous les végétaux, alors desséchés par l'ardeur du soleil, avaient une teinte jaune ou grisâtre qui attristait les regards; les fleurs avaient disparu, et l'aspect du pays rappelait celui de la Beauce, quelque temps après qu'on a fait la moisson. L'élégant et majestueux *burity*, qui s'élève dans les fonds marécageux, détruisait seul l'illusion. Tout le monde s'accorde à dire qu'il y a sur ce plateau un grand nombre de bêtes fauves, mais qu'à cette époque de l'année elles se cachent dans les fonds, où l'herbe est encore fraîche. Les oiseaux étaient, lors de mon voyage, également fort rares sur le plateau, car mes gens, qui chassèrent toute une journée, n'en tuèrent que trois.

Je fis 9 *legoas* en deux jours sur cette immense plaine; mais je ne saurais dire si ce fut dans sa plus grande longueur que je la parcourus.

de Santa Luzia :

Du Registro dos Arrependidos à	Taipa, chaumière............	4 legoas.
——————	Fazenda do Riacho Frio, habitation.............	5
——————	Sitio de Garapa, maisonnettes.	2
——————	Santa Luzia, village........	4
		15 legoas.

À la fin du premier jour de mon voyage, je m'arrêtai à un *sitio* appelé *Taipa* (pisé) ou *Sitio Novo*, bâti dans un fond marécageux, sur le bord d'une lisière de bois que traverse un ruisseau. Ce *sitio*, habité par deux ou trois familles, se compose de quelques chaumières construites en terre grise et couvertes, les unes en chaume, les autres avec des feuilles de *bority* (1819). Aucune n'a de fenêtre; les portes qui en ferment l'entrée, légères et sans la moindre solidité, ressemblent à nos jalousies, et sont faites avec des pétioles de feuilles de *bority*, placés verticalement, rapprochés les uns des autres et attachés avec des lianes.

Fatigué par plusieurs longues marches, je passai un jour à Taipa pour me reposer et mettre de l'ordre dans mes collections. Il s'en fallait pourtant que j'y fusse à mon aise. Je partageais avec deux caravanes un *rancho* ouvert de tous les côtés, et, pendant que je changeais mes plantes de papier, j'étais singulièrement incommodé par un vent très-fort qui, depuis plusieurs jours, régnait dans ce pays élevé.

Ce fut le jour suivant que je descendis le plateau. Lorsqu'on y a fait près de 5 *legoas*, le terrain commence à s'incliner; mais, un peu auparavant, il devient caillouteux et d'un rouge obscur: des arbres rabougris, très-différents les uns des autres par leur feuillage, se rapprochent, confondent leurs branches, et le chemin parfaitement uni, qui serpente au milieu d'eux, ressemble à une allée de jardin anglais. Du plateau on descend, par une pente caillouteuse et assez roide, dans un pays plus bas, mais pourtant montueux, et bientôt on arrive à une *fazenda* agréablement située au-dessus du *Riacho Frio*, ruisseau bordé de bois: ce fut là que je fis halte.

La *Fazenda do Riacho Frio* (*fazenda* du ruisseau froid)

est assez considérable pour le pays; cependant la maison du maître, couverte en chaume, diffère à peine de celle des esclaves. C'étaient alors de jeunes personnes et un très-jeune homme qui la possédaient en commun. Mon muletier, José Marianno, vendit aux dames quelques bagatelles; mais, conformément à l'usage établi parmi les femmes honnêtes, elles ne parurent point. Le frère servait d'intermédiaire; il portait les marchandises pour les faire voir, rapportait celles dont on ne voulait pas, et répétait les propositions des acheteuses. Nous n'étions encore qu'à 9 *legoas* de la frontière, et déjà José Marianno fut payé en partie avec de la poudre d'or (vol. I, 366).

Le Riacho Frio prend sa source à peu de distance de la *fazenda* du même nom, et se jette dans le Rio de S. Bartholomeu, que je passai à environ 1 lieue de cette *fazenda*. Le S. Bartholomeu, peu large et guéable au temps de la sécheresse, ne peut être traversé qu'avec des pirogues dans la saison des pluies, et souvent alors ses eaux causent des fièvres intermittentes, probablement parce qu'ayant beaucoup grossi elles entraînent avec elles les eaux stagnantes de quelques marais.

Un peu au delà de cette rivière est un petit poste militaire où jadis on percevait des droits sur les chevaux et les bêtes à cornes qui entraient dans la province. On payait 1,500 reis (8 fr. 37 c.) pour chaque bœuf; mais cet impôt exorbitant, eu égard à la pauvreté du pays, a été supprimé, et, lors de mon voyage, le poste n'avait plus d'autre utilité que de servir d'asile à un vieux soldat qui comptait quarante ans de services.

Un peu plus loin, je montai sur un morne élevé, aride et caillouteux, qui porte le nom de *Morro do Alecrim* (le morne du romarin). Le pays que l'on découvre de son sommet est montueux, sans habitants, sans culture, et alors toute la campagne était desséchée par l'ardeur du soleil.

Comme je voulais, ce jour-là, veille du 1ᵉʳ de juin, célébrer, avec ma petite caravane, l'anniversaire de mon arrivée au Brésil, je ne fis que 2 lieues. Je m'arrêtai au *Sitio de Garapa* (1), qui se compose d'une réunion de chétives maisonnettes. Le propriétaire était allé au village de Santa Luzia pour les fêtes de la Pentecôte; mais je fus très-bien reçu par sa femme. Quand il arriva, il trouva toute sa chambre occupée par mes effets, et cependant il me fit un fort bon accueil. Comme les propriétaires de Riacho Frio, cet homme possédait un petit troupeau de moutons; mais c'était uniquement pour en avoir la laine, car ici on ne mange point la chair de ces animaux. Je vis chez mes hôtes des couvertures qui avaient été faites avec cette laine, et je les trouvai assez fines.

Quant à la petite fête que j'avais voulu célébrer, quelques poulets et du punch en firent tous les frais; je n'avais point alors à me plaindre de mes gens; ils paraissaient contents, il n'en fallait pas davantage pour me rendre aussi heureux que je pouvais l'être.

Au delà de Garapa, je montai sur un petit morne; ensuite le chemin fut toujours parfaitement plat, quoique de

(1) Le mot *garapa* désigne aujourd'hui le jus de la canne à sucre; mais il est certainement indien, et il paraît que les indigènes l'appliquaient jadis aux boissons douces qu'ils faisaient avec du miel. Voici, en effet, comment s'exprime Roulox Barro dans son *Voyage au Brésil*, traduit par Moreau en 1647 : « Les plus gaillards des Tapuies furent chercher du miel sauvage et des fruits, dont ils firent un breuvage qu'on nomme de la grappe. » (Voyez mon *Histoire des plantes les plus remarquables*, etc., 1, 190.)

droite et de gauche je visse de petites montagnes. La végétation était toujours la même, le pays également désert, les campagnes également incultes. Je passai plusieurs ruisseaux bordés d'une lisière très-étroite de bois qui conservaient une agréable verdure; ailleurs tout était sec, et il n'y avait qu'un petit nombre de plantes qui eussent encore des fleurs. Enfin, après une journée fort longue et fort ennuyeuse, j'aperçus *Santa Luzia de Goyaz*, village (1) vers lequel je me dirigeais.

J'avais une lettre de recommandation pour le curé; je la lui envoyai d'avance par José Marianno, qui bientôt revint me dire que l'on me préparait la meilleure réception. On achevait de célébrer à Santa Luzia les fêtes de la Pentecôte. Tous les cultivateurs des alentours étaient réunis au village, et, au moment où j'arrivai sur la place publique, des exercices de chevaux (*cavalhada*) allaient avoir lieu. Le curé, M. João Teixeira Alvarez, vint au-devant de moi, et me fit un excellent accueil. Sa maison, située sur la place, était pleine d'hommes qui attendaient que les courses commençassent. On servit du café et des confitures, et l'on se mit aux fenêtres. Bientôt arrivèrent une douzaine de dames; on les fit passer dans le salon (*sala*) qui, à l'instant même, fut évacué par les hommes, et ceux-ci restèrent tous dans un petit vestibule. Cependant les courses de chevaux ne tardèrent pas à commencer. On avait tracé sur la place, avec de la terre blanche, un grand carré autour duquel étaient rangés les spectateurs debout ou assis sur des bancs. Les cavaliers portaient l'uniforme de la garde nationale (*mili-*

---

(1) Pohl (*Reise*, I, 279) donne à Santa Luzia le titre de petite ville. Ce n'était certainement qu'un village (*arraial*) lorsqu'il y passa; c'en était encore un en 1832, mais on en a fait une ville de 1832 à 1836.

cia); ils avaient un casque de carton sur la tête, et étaient montés sur des chevaux ornés de rubans; ils se bornèrent à parcourir la place en différents sens, et, dans le même temps, des hommes également à cheval, masqués et déguisés de mille manières, faisaient des farces à peu près semblables à celles de nos paillasses. Pendant ce spectacle assez monotone, je causais avec le curé, et je ne tardai pas à reconnaître qu'il réunissait de l'instruction à beaucoup d'amabilité. Quand les exercices furent finis, chacun se retira, et les dames rentrèrent chez elles. Sans une circonstance extraordinaire, des Brésiliennes de l'intérieur ne seraient certainement pas sorties de jour pour aller ailleurs qu'à l'église. A peu près comme celles de Minas (1), ces femmes s'avançaient aussi lentement qu'il était possible, enveloppées dans leurs longues capotes d'étoffe de laine, un chapeau de feutre sur la tête, toujours à la file, jamais deux ensemble, roides comme des piquets, levant à peine les pieds, ne regardant ni à droite ni à gauche, et répondant tout au plus par un signe de tête bien léger aux saluts qu'on leur faisait.

Le lendemain, le curé fut très-occupé; il confessa une foule de cultivateurs qui appartenaient à sa paroisse, mais qui demeuraient à plusieurs journées du village. Ces hommes n'y venaient qu'une fois l'année, et, pour se confesser et faire leurs pâques, ils profitaient de l'occasion des fêtes de la Pentecôte, qui se célèbrent, dans le Brésil, par des réjouissances et avec beaucoup de solennité. J'aurais pu me remettre en route presque aussitôt après mon arrivée; mais depuis si longtemps j'étais privé du plaisir de causer avec

---

(1) *Voyage dans les provinces de Rio de Janeiro*, etc., 1, 122.

un homme instruit, que je me décidai à prolonger mon séjour à Santa Luzia pour jouir de la société du curé. M. João Teixeira Alvarez entendait le latin, le français, l'italien et l'espagnol ; il connaissait la plupart de nos bons auteurs du siècle de Louis XIV et possédait une bibliothèque choisie de plusieurs centaines de volumes, ce qui, dans ce pays, était une grande rareté. Non-seulement il avait des connaissances, il était bon et aimable, mais il offrait, dans le clergé brésilien, une exception remarquable ; il était pénétré du véritable esprit de ses devoirs. Il avait coutume de faire des prônes tous les dimanches ; il s'attachait surtout à inspirer à ses paroissiens l'amour du travail et usait de toute son influence pour les déterminer à abandonner leurs pratiques vicieuses d'agriculture. Un missionnaire capucin, dont je parlerai plus tard, avait passé quelque temps avant moi par Santa Luzia. Le curé l'avait retenu trois mois chez lui ; il lui avait fait faire une mission et l'avait engagé à prêcher surtout contre l'oisiveté. Le missionnaire était entré dans les vues du pasteur ; il avait été extrêmement goûté des habitants du pays, et leur avait donné plusieurs idées utiles sur la culture des terres et quelques arts indispensables. Les travaux apostoliques de M. João Teixeira Alvarez ne restaient point sans fruit, car il y avait, assurait-on, plus d'union et de bonne foi à Santa Luzia que dans les autres parties de la province de Goyaz ; les mœurs y étaient meilleures et le concubinage moins ordinaire (1).

(1) Le général da Cunha Mattos dit que, lorsqu'il visita S. Luzia en 1823, pour y passer une revue, il en trouva les habitants beaucoup plus civilisés que toute la population qu'il avait vue depuis Barbacena, et il attribue à leur excellent pasteur cette heureuse différence. Ce dernier lui communiqua, ajoute-t-il, un très-bon mémoire sur la justice de

La paroisse dont Santa Luzia de Goyaz (1) (*arraial de Santa Luzia*) est le chef-lieu comprend (1819) une population de 3 à 4,000 âmes disséminées sur une surface de 50 *legoas* de longueur et 30 dans la plus grande largeur (2). De cette paroisse dépendent deux succursales, *S. Antonio dos Montes Claros*, dont je parlerai bientôt, et *Nossa Senhora da Abbadia*, au village de *Couros* (3).

Très-agréablement situé sur le penchant d'un coteau, au-dessus d'un vallon assez large, Santa Luzia s'étend parallèlement à la rive droite d'un ruisseau appelé *Corrego de Santa Luzia* (4), qui coule au fond du vallon. Dans sa largeur, ce village est divisé, en deux parties inégales, par un autre ruisseau, qui, beaucoup moins considérable que le premier, le grossit de ses eaux.

Extrêmement étroit, le village de Santa Luzia s'élargit pourtant vers le milieu de sa longueur. Là se trouve une place presque carrée, où a été bâtie l'église paroissiale, assez grande, isolée comme le sont, en général, les édi-

---

S. Luzia (*Itin.*, I, 166 ; II, 159). Il n'est pas à ma connaissance que cet écrit ait été publié.

(1) Le nom de *Santa Luzia* se retrouve dans plusieurs parties du Brésil. Je n'ai pas besoin de dire qu'il ne faut pas, avec un touriste français, écrire *San-Lucia* (Suz., *Souv.*, 273).

(2) Luiz Antonio da Silva e Sousa dit que le district de S. Luzia est borné, au levant, par le *julgado* de S. Rumão, qui dépend de Minas ; au couchant, par celui de Meiaponte ; au midi, par la justice de Santa Cruz, éloigné de 10 *legoas* du chef-lieu du district ; au nord, enfin, par celle de Trahiras, distante de 34 *legoas*, également à partir du village de S. Luzia (*Mem. estat.*, 36).

(3) Ce village, fort misérable, a été bâti sur le plateau qui termine le commencement de la Serra do S. Francisco e do Tocantins.

(4) Pohl ne parle que d'un ruisseau et lui donne le nom de *Rio Vermelho*.

fices religieux dans ce pays et à Minas, passablement ornée à l'intérieur, mais sans plafond. Outre l'église paroissiale (*Santa Rita*), il en existe encore une à chacune des deux extrémités du village. L'une, celle de *Nossa Senhora do Rosario* (Notre-Dame du Rosaire), avait été construite par les nègres, dans le temps où l'on trouvait de l'or en abondance aux alentours du village ; aujourd'hui que le nombre des noirs a beaucoup diminué et que tous ceux qui restent encore, libres ou esclaves, passent leur vie dans l'indigence, leur église tombe en ruines. La seconde église avait été commencée peu de temps avant mon passage, et on la continuait malgré la pauvreté extrême à laquelle étaient réduits les habitants de Santa Luzia (1); tant les Brésiliens de l'intérieur sont entichés (1819) de la manie de construire des temples inutiles, manie qui, de l'aveu même des prêtres éclairés, n'a d'autre fondement qu'une vanité puérile.

Il ne faut pas juger des villages du Brésil par les nôtres, qui, en général, n'offrent qu'une triste réunion de chaumières et des rues fangeuses. La plupart des villages de Minas et de Goyaz, qui doivent leur origine à des mines d'or, ont dû être charmants dans le temps de leur splendeur, et Santa Luzia a certainement été l'un des plus agréables : ses rues sont fort larges et assez régulières; ses maisons, au nombre d'environ trois cents, sont, à la vérité, construites en bois et en terre, et plus petites, plus basses que celles des villages que j'avais traversés jusqu'alors ; mais toutes sont couvertes en tuiles, crépies avec cette terre blanche qu'on nomme *tabatinga* dans l'intérieur du Brésil, et quel-

---

(1) Elle n'était pas encore achevée en 1823 (MAT., *Itin.*, 1, 166).

ques-unes ont à leurs fenêtres des carreaux faits avec du talc aussi transparent que le verre (1).

Des mineurs de Paracatú furent, à ce qu'il paraît, les premiers qui vinrent s'établir (1746) à Santa Luzia (2); ils y trouvèrent en abondance de l'or d'une très-belle couleur au titre de 23 carats et même davantage : bientôt il se forma, dans cet endroit, une réunion considérable d'habitants, et le village de Santa Luzia devint (1757) non-seulement le chef-lieu d'une paroisse, mais celui d'une des justices (*julgados*) de la *comarca* du sud. Les travaux des premiers colons sont suffisamment attestés par les terrains bouleversés qu'on voit sur le bord des deux ruisseaux et tout autour du village. Cependant il arriva ici la même chose que dans une foule d'autres lieux. D'abord on tira de la terre tout l'or que l'on pouvait extraire sans peine; mais les mineurs dissipaient sans prévoyance le résultat de leurs recherches, et lorsque des travaux plus considérables devinrent nécessaires, lorsque l'on commença à éprouver le besoin d'eau et de machines, les fonds et les esclaves manquèrent à la fois : un grand nombre d'habitants s'éloignèrent, et leurs maisons aujourd'hui désertes tombent en ruines. A l'époque de mon voyage, il n'y avait pas à Santa Luzia une seule personne qui s'occupât en grand du travail des mines, et c'est à peine si quatre à cinq nègres créoles allaient encore chercher des paillettes d'or dans les ruisseaux. Ces hommes en ramassent, au temps des pluies, pour environ 4 *vintens* (93 3/4 cent.) par jour; mais, pendant la sécheresse, ils

(1) Ce talc se trouve sur la paroisse de S. *José*, l'une de celles de la *comarca* du nord.

(2) Pizarro et Pohl s'accordent à indiquer le nommé Antonio Bueno de Azevedo comme le fondateur de Santa Luzia.

ont quelquefois de la peine à en réunir pour 1 *vintem* (25 7/16 cent.). Aujourd'hui, à l'exception d'un petit nombre d'ouvriers et de marchands, tous les habitants de Santa Luzia cultivent la terre et ne viennent au village que les dimanches et les jours de fête ; aussi, pendant la semaine, ne voit-on personne dans les maisons ni dans les rues. La découverte des mines d'or a eu l'inconvénient de jeter, loin des côtes et de la capitale, une population considérable qui, maintenant que les mines sont épuisées ou ne pourraient plus être exploitées sans des avances considérables, tombe dans la plus grande indigence (1).

Comme Santa Luzia est situé dans un pays élevé, ses alentours sont favorables non-seulement aux divers genres de culture usités chez les Brésiliens de l'intérieur, mais encore à celle des plantes d'origine caucasique, telles que le froment (2) et surtout les cognassiers. Mais il serait inutile que les colons plantassent du maïs, des haricots, du riz plus qu'il ne faut pour nourrir leur famille ; car, excepté pendant les années de disette, comme celle où je voyageais dans le pays, ces denrées ne peuvent trouver aucun acheteur. Les principaux articles qu'exportent les habitants de Santa Luzia sont des peaux de bêtes sauvages, quelques

---

(1) « Santa Luzia va en déclinant, dit Mattos (*Itin.*, I, 166), depuis que « les caravanes ont cessé de passer par les *registros* dos Arrependidos « et de S. Marcos » (pour prendre le chemin appelé Picada do Correio de Goyaz). Ce village était tombé dans la plus triste décadence bien longtemps avant qu'on eût songé à faire le nouveau chemin ; mais ses misères doivent avoir augmenté encore, s'il est possible, à présent que les caravanes ne le traversent plus.

(2) M. Pohl dit que l'on ne cultive pas le froment à S. Luzia ; il aura probablement mangé, à Villa Boa, du pain fait avec du blé recueilli sur le territoire de cette paroisse.

cuirs, et surtout des confitures de coings excellentes qui vont jusqu'à Rio de Janeiro. C'est l'éducation du bétail qui fait actuellement la ressource la plus sûre des cultivateurs de Santa Luzia, et ils n'en retirent pas non plus de grands avantages, non-seulement parce qu'ils ne peuvent se dispenser de donner du sel à leurs bêtes à cornes s'ils veulent les conserver (1), mais bien plus encore parce qu'ils sont trop éloignés des marchands pour que ceux-ci viennent les leur acheter. Ils les conduisent à Bambuhy et à Formiga (2) où, si loin de leur pays, ils sont forcés de vendre aux prix qui leur sont offerts, et il est facile de sentir que de tels voyages ne peuvent être entrepris que par les propriétaires qui jouissent encore de quelque aisance.

A la vérité, la terre fournit abondamment tout ce qui est nécessaire à la nourriture frugale des cultivateurs ; ils se vêtent habituellement avec les tissus grossiers de coton et de laine qui se fabriquent dans leurs maisons ; le sel même leur coûte peu de chose, parce qu'ils l'échangent à S. Rumão contre le sucre et le tafia de leur pays ; ils ne connaissent aucune de ces commodités qui, pour nous, sont devenues des besoins, et leurs maisons, même les plus soignées, n'offrent guère d'autres meubles que des bancs de bois et des tabourets couverts avec un cuir. Cependant, quoiqu'il y ait des mines de fer dans leur voisinage, ils achètent tout celui dont ils ont besoin ; il n'est aucun homme qui ne

(1) C'est ce qu'on est également obligé de faire à Minas, à moins que le terrain ne soit salpêtré (voyez mes deux *Relations* de voyage déjà publiées).

(2) Comme on l'a vu au chapitre intitulé, *Suite du voyage à la source du S. Francisco. — Les villages de Formiga et de Piumhy,* Formiga est situé dans le *termo* de Tamanduá, province de Minas Geraes. Bambuhy est peu éloigné de Formiga.

veuille avoir un vêtement propre pour les jours de fête, aucune femme qui ne désire porter une robe d'indienne, un collier, des pendants d'oreilles, un mouchoir de mousseline, une capote de laine, un chapeau de feutre, et la vente de ces objets, qui sont ici à des prix exorbitants, suffit pour tirer du pays le peu d'or et de numéraire qui y circule encore. Déjà il n'y a plus à Santa Luzia qu'un très-petit nombre de boutiques mal garnies; tout s'achète à crédit. Les journaliers ont la plus grande peine à se faire payer, quoique leur salaire ne soit que de 600 reis (3 f. 75 c.) par semaine; et des nègres créoles me disaient qu'ils aimaient mieux recueillir dans le ruisseau de Santa Luzia un seul *vintem* d'or (0 f. 23 1/2) par jour que de se louer pour 4 *vintens* (94 cent.) chez les cultivateurs, qui s'acquittent en denrées dont il est impossible de se défaire. Certains colons sont tombés dans une si grande indigence, qu'ils restent des mois entiers sans pouvoir saler leurs aliments, et, quand le curé fait sa tournée pour la confession pascale, il arrive souvent que toutes les femmes d'une même famille se présentent l'une après l'autre vêtues du même habillement.

La paresse a beaucoup contribué à faire tomber dans la misère les cultivateurs de cette contrée; mais la misère qui les abrutit et les décourage doit nécessairement, à son tour, augmenter leur apathie : celle-ci est arrivée, chez plusieurs d'entre eux, à un tel degré, que, pouvant disposer à peu près de toute la terre qui leur convient, ils n'en cultivent pas même assez pour leurs besoins. J'ai tracé la peinture fidèle des maux de ce pays; dans le chapitre précédent, j'ai indiqué les remèdes qui m'ont paru les moins inefficaces : puisse ma faible voix être entendue et l'administration s'occuper enfin, avec quelque bienveillance, d'un peuple dont elle ne semble s'être souvenue, jusqu'ici (1819), que pour le pressurer!

Quand je voulus partir de Santa Luzia, pour me rendre au village de Meiaponte, et de là à Villa Boa, le bon curé me dit qu'il pouvait y avoir environ 6 *legoas* et demie du chef-lieu de sa paroisse à la halte la plus voisine, et, comme cette marche eût été extrêmement longue pour un seul jour, il me décida à me rapprocher de 1 lieue et demie, en allant coucher à sa maison de campagne (1).

Depuis la ville de S. João del Rei, je n'avais vu que des *fazendas* presque toutes mal tenues ou des *sitios* plus misérables encore; la *chacara* (2) de *S. João Evangelista* était véritablement une maison de campagne. Située sur une pente douce, au milieu d'un *campo*, elle se composait d'un bâtiment commode et d'un vaste jardin arrosé par un ruisseau. Ce jardin contenait principalement une plantation de cotonniers, une autre de bananiers, un petit champ de cannes à sucre et des caféiers qui, contre l'usage du pays, étaient alignés avec une parfaite régularité. J'y vis aussi des

---

(1) Itinéraire approximatif du village de Santa Luzia à celui de Meiaponte :

De S. Luzia à S. João Evangelista, maison de campagne.	1 1/2 legoa.
— Ponte Alta, habitation............	5
— S. Antonio dos Montes Claros, village...	3 1/2
— Fazenda dos Macacos, habitation......	3
— Lage, en plein air, sur le bord d'un ruisseau...................	4
— Corumbá, village.............	3
— Meiaponte, village............	3
	23 legoas.

(2) Le mot *chacara* indiquait, chez les Indiens, leurs mesquines plantations, et, par une singulière extension, les Portugais-Brésiliens l'ont transporté aux maisons de campagne les plus élégantes.

cognassiers, des pommes de terre qui réussissaient fort bien et des melons presque aussi bons que ceux de France. A l'aide du *Traité de la culture des terres* de Duhamel, le curé avait fait faire une charrue dont il se servait pour cultiver des terres dont s'était emparé le *capim gordura*. Les colons du voisinage avaient tous prétendu que la canne à sucre ne viendrait point dans l'endroit découvert où il l'avait plantée ; mais sa terre avait été préparée avec la charrue, il y avait fait mettre un peu de fumier, et la canne était devenue superbe. Le curé avait aussi fait faire un joug différent de ceux du pays et des herses ; enfin il élevait des bêtes à cornes, et avec la laine d'un troupeau de moutons assez considérable on fabriquait, dans sa maison, des chapeaux dont il trouvait un facile débit (1).

Sa famille, qu'il soutenait, était fort nombreuse : outre sa mère, il avait encore chez lui des sœurs, plusieurs nièces, un frère estropié, et sa maison de campagne était un asile qu'il voulait leur laisser ; mais son plan avait encore une utilité plus générale. Ainsi que j'ai déjà eu occasion de le dire, le nombre des jeunes gens est, dans ce canton, beaucoup moindre que celui des jeunes filles, et celles-ci

(1) Si l'on pouvait décider les mendiants valides (voyez le chapitre suivant) et les vagabonds (*vadios*) à travailler, le canton de Santa Luzia serait très-propre à l'établissement de quelques fabriques ; car, dans les années communes, les vivres y sont à des prix très-modiques, ce qui est la conséquence nécessaire du peu de rapports qu'entretient ce pays avec les autres contrées, de la fertilité du sol et de la rareté de l'argent. La farine, le riz, le ricin s'y vendent (1819) 600 reis (3 fr. 75) l'alqueire, et l'alqueire de ce pays est d'un tiers plus grand que celui de Minas, qui lui-même est plus grand que celui de Rio de Janeiro ; le maïs se paye 300 reis (1 fr. 87) l'alqueire, le sucre 1,500 reis (9 fr. 37) l'arrobe (14 kilog. 7 hectog.), le lard 1,800 reis (11 fr. 25) l'arrobe, la viande fraîche 600 reis (3 fr. 75), la sèche 1,500 reis (9 fr. 37).

se trouvent exposées à tous les dangers de la misère et de la séduction. M. João Teixeira avait le projet de faire de sa *chacara* une maison de retraite non-seulement pour ses nièces et ses sœurs, mais encore pour les jeunes personnes bien nées qui voudraient se joindre à elles. On devait y mener une vie commune en suivant une règle fixe, mais sans prononcer aucun vœu; les exercices devaient être très-variés et le travail en faire lá base principale.

Il y a déjà longtemps que mon ami le docteur Pohl a payé un juste tribut d'éloges au curé de Santa Luzia. J'aurais été heureux de m'unir plus tôt à lui; de tristes circonstances ne me l'ont pas permis. Si ces feuilles peuvent tomber entre les mains de M. João Teixeira Alvarez, il verra que les deux étrangers qu'il a reçus sous son toit ont conservé le souvenir de ses vertus, et que les hommes honnêtes de toutes les nations, unis par les liens d'une douce fraternité, savent se comprendre, s'estimer et s'aimer. Si la Providence a enlevé ce digne pasteur à son troupeau, que nos louanges, après des motifs plus élevés, excitent ses confrères et ses successeurs à suivre son exemple!

CHAPITRE XVIII.

S. ANTONIO DOS MONTES CLAROS. — LE VILLAGE DE CORUMBÁ. — LES MONTES PYRENEOS. — LE VILLAGE DE MEIAPONTE.

Le pays situé au delà de S. João Evangelista. — Les *queimadas*. Cause de la floraison hâtive des plantes qui y croissent. — *Fazenda* de *Ponte Alta*. — Pays situé au delà de cette *fazenda*. Un *Vellosia* fort remarquable. — *Morro do Tição*. — Le village de S. *Antonio dos Montes Claros*. Sa chapelle. Son unique maison. — Pays situé au delà de S. Antonio. — *Ribeirão dos Macacos*. Pauvreté. La manière dont s'acquitta un acheteur. — Pays situé au delà de Macacos. Le Palmier appelé *andaiá*. Végétation. — Une halte en plein air. — Longueur des lieues. — Le village de *Corumbá*. Visite de deux ecclésiastiques. — Excursion aux *Montes Pyreneos*. Description détaillée de ces montagnes. — L'auteur s'égare. Il revient à Corumbá. — Pays situé entre Corumbá et le village de *Meiaponte*. — Ce village. Visite au commandant, puis au curé. Situation de Meiaponte. La paroisse dont il est le chef-lieu. Ses maisons; ses rues; ses églises. Vue que l'on découvre de la place publique. Écoles. Hospice des frères du tiers ordre de S. François. Salubrité. — Histoire du village de Meiaponte. — Les habitants actuels, pour la plupart agriculteurs. Le tabac et le lard objets d'exploitation. Culture du cotonnier. Raisins excellents. — Mendicité. — Chaleur excessive. — L'abbé Luiz Gonzaga de Camargo Fleury.

Entre la *chacara* de S. João Evangelista et la *fazenda* de *Ponte Alta*, qui en est éloignée de 5 *legoas*, et où je fis halte, je traversai, comme entre Garapa et Santa Luzia (*v.* le chapitre précédent), un pays parfaitement plat, ayant, à droite et à gauche, de petites montagnes. Celles-ci sont des contre-forts des *Montes Claros*, dont je parlerai bientôt, comme ces derniers sont eux-mêmes des contre-forts des *Montes Pyreneos* (1); ou, pour mieux dire, dans ces hauteurs plus ou moins remarquables, on ne doit voir que des portions du grand diviseur des eaux du nord et du sud, la Serra do Corumbá et do Tocantins.

A l'exception d'une maisonnette qui me parut déserte, je ne vis, dans toute ma journée, aucune habitation, je ne rencontrai aucun voyageur, je n'aperçus aucune trace de culture, ni même une seule bête à cornes. Le pays offre toujours la même alternative de *campos*, à peu près uniquement couverts d'herbes, et d'autres *campos* où, au milieu des Graminées, s'élèvent des arbres rabougris et tortueux (*taboleiros cobertos, taboleiros descobertos*). Depuis longtemps je ne voyais plus le *capim frecha*, cette Graminée qui caractérise les gras pâturages du midi de la province de Minas; cependant ceux du canton que je parcourais alors sont aussi très-bons, et, malgré la sécheresse qu'il faisait depuis si longtemps, l'herbe y conservait une assez belle verdure. Les fleurs étaient toujours aussi rares; cependant j'en trouvai un assez grand nombre dans une *queimada*, nom que l'on donne, comme je l'ai dit ailleurs (2), aux pâturages récemment incendiés.

A peine l'herbe d'un *campo naturel* a-t-elle été brûlée, qu'au milieu des cendres noires dont la terre est couverte il paraît çà et là des plantes naines, souvent velues, dont les feuilles sont sessiles et mal développées, et qui bientôt

---

(1) POHL, *Reise*, I, 285.
(2) *Voyage dans les provinces de Rio de Janeiro*, etc., I, 277.

donnent des fleurs. Pendant longtemps, j'ai cru que ces plantes étaient des espèces distinctes, particulières aux *queimadas*, comme d'autres appartiennent exclusivement aux taillis qui remplacent les forêts vierges ; mais un examen attentif m'a convaincu que ces prétendues espèces ne sont que des individus avortés d'espèces naturellement beaucoup plus grandes et destinées à fleurir dans une saison différente. Pendant la sécheresse, époque de l'incendie des *campos*, la végétation de la plupart des plantes qui les composent est, en quelque sorte, suspendue, et celles-ci n'offrent que des tiges languissantes ou desséchées. Cependant il doit arriver ici la même chose que dans nos climats ; durant cet intervalle de repos, les racines doivent se fortifier et se remplir de sucs destinés à alimenter des pousses nouvelles, comme on en voit un exemple frappant chez la Colchique et chez nos Orchidées. Dans les *queimadas*, l'incendie des tiges anciennes détermine le développement des germes ; mais, comme les nouvelles pousses paraissent avant le temps, et que les réservoirs de sucs destinés à les nourrir ne sont pas encore suffisamment remplis, les feuilles se développent mal ; le passage de celles-ci à la fleur se fait rapidement, et cette dernière met bientôt un terme à l'accroissement de la tige (1). Comme je l'ai déjà fait ailleurs, j'engagerai les botanistes qui décrivent les plantes du Brésil d'après des herbiers à faire des efforts pour rapprocher des véritables espèces les avortons singuliers que produisent les *queimadas*, et à ne pas céder à la

---

(1) Voyez mon *Introduction à l'Histoire des plantes les plus remarquables du Brésil et du Paraguay*, et mon *Tableau géographique de la végétation primitive dans la province de Minas Geraes* (*Nouvelles annales des voyages*, 1837).

puérile vanité de les indiquer avec des noms nouveaux comme espèces distinctes (1).

La *fazenda* de *Ponte Alta* (pont élevé) (2) où je fis halte, ainsi qu'on l'a vu tout à l'heure, est située sur le bord d'un ruisseau qui porte le même nom qu'elle : comme tant d'autres habitations, elle tombait alors en ruine.

Le pays que je parcourus, après l'avoir quittée, est encore désert; mais il cesse d'être plat et devient montueux : ce sont là (3) les *Montes Claros* (montagnes claires), dont j'ai déjà dit quelques mots.

Ce fut dans ces lieux élevés que, pour la première fois, je vis, parmi les plantes, des *campos cobertos* et des *campos descobertos*, cette monocotylédone arborescente si pittoresque, si caractéristique dont j'ai parlé dans le tableau général de la province, ce singulier *Vellosia* qui se bifurque plusieurs fois, et dont les rameaux, revêtus d'écailles, se terminent par une belle fleur que protége une touffe de feuilles linéaires, courbées comme les branches des saules pleureurs et agitées par le plus léger vent.

Du haut d'un morne assez élevé qu'on nomme *Morro do Tição* (le morne du tison), j'aperçus, dans le lointain, les deux pics qui couronnent les Montes Pyreneos. Sur le même morne, j'aperçus aussi la chapelle de *S. Antonio dos Montes Claros*, qui en est éloignée d'environ un quart de lieue; et, après avoir passé un ruisseau qui porte le même nom que cette chapelle, je fis halte à une maison qui en est peu éloignée.

Le *Rio de S. Antonio dos Montes Claros*, qui prend sa

(1) *Voyage dans les provinces de Rio de Janeiro*, etc., I, 277.
(2) Ce n'est point *Ponte Alto*, comme a écrit le docteur Pohl.
(3) POHL, *Reise*, I.

source à 8 *legoas* de la chapelle et se jette dans le *Corumbá*, arrose des terrains aurifères. Autrefois on tira beaucoup d'or des environs de S. Antonio (1) ; mais, faute de bras, les lavages ont été abandonnés, et le village de *S. Antonio dos Montes Claros* se trouve réduit aujourd'hui à l'expression la plus simple, à la chapelle et la maison dont j'ai parlé tout à l'heure (2).

Cette chapelle est fort petite, et pourtant elle est une des trois succursales qui dépendent de l'immense paroisse dont le village de Santa Luzia est le chef-lieu. Le curé y venait dire la messe deux fois dans l'année, à l'époque de la fête du patron, et lorsqu'il faisait sa tournée pour confesser ses paroissiens.

Le propriétaire de la maison où je fis halte, et qui constitue tout le village, avait autrefois une boutique ; mais il avait été obligé de renoncer à son commerce, parce que personne ne le payait, et, lors de mon voyage, il se bornait à vendre aux caravanes le maïs dont elles avaient besoin.

Au delà de S. Antonio dos Montes Claros, je continuai à traverser un pays montueux, inculte et désert, où des lisières de bois fort étroites bordent les ruisseaux, et où le même *Vellosia* se montre encore dans les deux sortes de pâturages naturels qui se partagent la campagne.

(1) Pizarro dit (*Mem.*, IX, 213), d'après les habitants de ce canton, que l'on trouve des parcelles d'or dans les entrailles de tous les animaux qui y ont été nourris. Si le fait est vrai, il faut supposer qu'il existe dans le pays des terrains tout à la fois salpêtrés et aurifères ; car l'or ne peut passer dans les tiges et les feuilles des plantes, et l'on sait que le bétail mange avec délice la terre imprégnée de salpêtre.

(2) S. Antonio n'a pas plus que S. Luzia (1819) le titre de ville dont l'honore le docteur Pohl.

Sur plusieurs mornes assez élevés, j'eus le plaisir d'admirer une vue fort étendue, principalement sur celui qui porte le nom de *Morro da Pedra Branca*, parce qu'il est couvert de fragments de pierres blanches.

Après avoir descendu ce morne, je passai bientôt un ruisseau qui porte le nom de *Ribeirão da Antinha* (torrent du petit tapir) (1), sur le bord duquel je vis quelques misérables chaumières qui tombaient en ruine.

A environ 1 lieue de cet endroit, je fis halte près d'un autre ruisseau appelé *Ribeirão dos Macacos* (torrent des singes), qui prend sa source à 5 lieues de là, plus ou moins, et est un des affluents du Rio Corumbá. Ici, comme au Ribeirão du petit tapir, il y avait quelques chaumières en ruine que l'on décorait du nom de *Fazenda dos Macacos*, et dont aujourd'hui il n'existe probablement plus de vestige. José Marianno offrit ses marchandises au maître de la maison ; mais on lui répondit qu'on n'avait pas d'argent : la plupart des habitants de la paroisse de Santa Luzia auraient pu, avec vérité, faire la même réponse.

Le propriétaire de Macacos fut, du moins, plus discret que celui d'une autre maison où je fis halte dans ce voyage. Ce dernier m'avait offert ses poules, du papier, son déjeûner ; il voulut absolument m'accompagner une partie du chemin : il me faisait toute sorte d'offres, il devait m'envoyer des plantes, des peaux de serpent, je ne sais quoi encore. Tant de politesses m'avaient d'abord étonné ; mais elles cessèrent de me surprendre, quand je sus que cet homme avait eu l'adresse de se faire vendre quelques marchandises à crédit par José Marianno. Ayant aussi peu

(1) Da Cunha Mattos écrit (*Itin.*, I, 189) *Ribeirão das Antinhas*.

d'argent que le reste de ses compatriotes, il avait cherché à s'acquitter en compliments; nous n'entendîmes plus parler de lui, ni de ses plantes, ni de ses peaux de serpent.

Nous étions alors au mois de juin et dans un pays fort élevé; la nuit que nous passâmes à Macacos fut extrêmement froide, et, à six heures du matin, le thermomètre n'indiquait encore que 5 degrés 1/2 R.

Au delà de Macacos, le pays continue à être montueux, désert, sans bestiaux et sans culture.

A environ 1 lieue de cette chétive *fazenda*, je vis quelques chaumières à demi ruinées sur le bord d'un ruisseau, qui porte le nom de *Ribeirão da Ponte Alta* (torrent du pont élevé); ensuite, pendant toute la journée, je n'aperçus pas le plus léger vestige du travail de l'homme.

Depuis la frontière jusqu'ici, les bouquets de bois (*capões*) avaient été beaucoup plus rares dans les *campos* qu'ils ne le sont dans ceux de la province des Mines; au delà de Macacos, ils deviennent plus communs, probablement parce que les enfoncements où ils ont coutume de croître sont plus nombreux, plus profonds, mieux abrités et plus humides. J'eus le plaisir de retrouver, dans ces bois, le palmier élégant appelé *andaiá*, que j'avais déjà vu en commençant mes voyages et que j'ai décrit ailleurs (1); ce palmier dont la tige, en grande partie couverte d'écailles, semble s'évaser de la base au sommet, dont les longues feuilles ailées, vertes d'un côté, blanchâtres de l'autre, se recourbent comme un immense plumet, et, ne présentant qu'un de leurs bords à l'épaisseur du tronc, vacillent au moindre vent; dont les cocos, gros comme des pommes, pendent en longs régimes,

(1) *Voyage dans les provinces de Rio de Janeiro*, etc., I, 103.

accompagnés d'une spathe qui ressemble à une nacelle.

Ailleurs que dans les bois, la végétation offre toujours la même alternative, et dans un très-grand nombre de *campos* se montre encore le *Vellosia* arborescent que j'ai signalé déjà comme caractérisant ces lieux élevés. Tantôt il occupe à lui seul des espaces considérables ; tantôt quelques arbres rabougris poussent de loin en loin, au milieu des tiges de cette singulière monocotylédone ; ailleurs, les arbres rabougris ne lui laissent plus qu'une faible place : c'est cette plante qui, comme je l'ai déjà dit, établit la plus grande différence entre les *campos* de ce canton et ceux de la province des Mines. D'ailleurs, on retrouve ici les mêmes *Qualea* qu'à Minas, le *Vochysia* n° 502, la Gentianée n° 206, si commune dans tous les *campos*, l'*Hyptis* n° 157, la Composée 453, le Liseron si connu comme purgatif, sous le nom de *velame*, le *pequi* (*Caryocar brasiliensis*, Aug. de S. Hil., Juss., Camb.)(1), le *tamboril*, qu'on appelle ici *vinhatico do campo*, le *barba timão*, l'Aurantiacée? n° 632, le *pacari* (*Lafoensia Pacari*, Aug. de S. Hil.), l'Acanthée n° 612, le *quina do campo* (*Strychnos pseudoquina*, Aug. de S. Hil., *Pl. us.*), etc.

A peu de distance de Macacos, je passai une petite rivière qui coule parfaitement limpide sur un lit de sable, et qu'on appelle pour cette raison *Ribeirão das Areas* (torrent des sables) ; c'est cette rivière, l'un des affluents du Corumbá, qui sépare la paroisse de Santa Luzia de celle de Meiaponte.

---

(1) J'écris ici le nom vulgaire de ce petit arbre comme il l'a été, d'après mes notes, dans le *Flora Brasiliæ meridionalis* ; mais je ne sais trop si, d'après la manière dont on le prononce, il ne serait pas mieux d'écrire *piqui*. C'est certainement le même arbre que Cazal a indiqué sous le nom de *Piquihá* (*Cor.*, I, 114).

Il est vraisemblable que le Ribeirão das Areas et les trois ruisseaux que j'avais passés auparavant grossissent au temps des pluies d'une manière très-sensible, et c'est là ce qui, sans doute, leur a fait appliquer le nom de torrent (*ribeirão*) (1).

Comme il n'existe pas une seule chaumière dans un espace de 6 à 7 *legoas*, depuis le Ribeirão da Ponte Alta, dont j'ai déjà dit deux mots, jusqu'au village de Corumbá, je pris le parti, après une marche de 4 *legoas*, de faire halte dans un bois, sur le bord d'un ruisseau, au lieu appelé *Lage* (pierre mince). Mes malles furent placées dans une espèce de salle couverte de gazon et entourée de grands arbres; le temps était si beau, que nous ne fîmes pas même de baraques pour nous garantir pendant la nuit.

On ne compte que 3 *legoas* de Lage au village de Corumbá, où je fis halte; mais, si j'en juge par le temps que je mis à les parcourir, il doit y avoir bien davantage. En général, les lieues de ce pays sont d'une longueur extrême, comme cela arrive toujours pour les mesures de distance dans les contrées désertes, où l'on est accoutumé à parcourir des espaces considérables pour la plus petite affaire.

Entre Lage et Corumbá, le pays ne change point, si ce n'est que l'on voit sur le flanc des mornes un assez grand nombre de bouquets de bois. Nulle part on n'aperçoit un pied de maïs, de riz ou de coton, et les alentours du village de

---

(1) Pohl, qui a traversé ce canton dans la saison des eaux, dit positivement (*Reise*, I, 286) que souvent le Ribeirão das Areas grossit tout à coup de telle façon, qu'il devient impossible de le passer. D'ailleurs les noms de *Rio de Areas* et *Rio Areas*, que le même auteur donne à la rivière dont il s'agit, sont évidemment erronés, car la langue portugaise repousse leur composition.

Corumbá ne paraissent pas moins incultes que les lieux les plus éloignés de toute habitation. Le chemin est si peu fréquenté, que, sur le bord des ruisseaux, le *capim gordura* en a fait presque entièrement disparaître la trace.

Avant d'arriver à Corumbá, j'envoyai José Marianno demander un gîte au desservant, qui lui indiqua une maison inhabitée, comme il y en a tant dans tous les villages qui ont été peuplés par des mineurs. J'avais à peine pris le thé, que je reçus la visite du curé de Meiaponte et d'un autre ecclésiastique qui étaient venus se promener à Corumbá. Comme tous les habitants du pays, ces messieurs se plaignaient amèrement de la falsification de l'or, de la dîme et de l'abandon dans lequel le gouvernement laissait cette malheureuse province.

Le petit village de Corumbá a la forme d'un triangle et est situé sur le penchant d'une colline, au-dessus de la rivière qui lui donne son nom. Ses rues sont larges, ses maisons petites et extrêmement basses.

Des mineurs s'étaient fixés dans cet endroit pour exploiter les bords aurifères du Corumbá. Après leur mort et celle de leurs esclaves, le travail des mines, devenu probablement plus difficile, fut entièrement abandonné, et les habitants du village tombèrent dans l'indigence. La plupart de ceux d'aujourd'hui sont des ouvriers qui travaillent pour les cultivateurs du voisinage, et ordinairement ne sont payés qu'en denrées. Les femmes filent du coton, et, pour salaire, ne reçoivent non plus que les produits du sol. Corumbá jouit cependant d'un très-grand avantage; on estime beaucoup le tabac de ses alentours, qui sont fort élevés, et on le porte dans plusieurs des villages de la province.

Corumbá est une succursale (*capella*) qui dépend de la

paroisse de Meiaponte, dont le chef-lieu en est éloigné de 3 *legoas*. Ici je donne à ce chétif village son nom en quel que sorte légal; mais, dans le pays, on ne le connaît que sous celui de *Capella*, et l'on réserve le nom d'*Arraial* pour le village de Meiaponte.

Le Rio Corumbá est ici très-près de sa source, et on peut le passer à gué; mais il devient bientôt une des rivières les plus considérables de la province, et, après avoir coulé du nord au sud-ouest, il va se réunir au Paranahyha.

J'ai déjà dit que du Morro do Tição j'avais aperçu les deux sommets des Montes Pyreneos (1), montagnes qui forment la partie la plus élevée de la Serra do Corumbá e do Tocantins, et où naissent plusieurs rivières importantes, entre autres le Corumbá et les premiers affluents du gigantesque Tocantins. Depuis le Morro do Tição, je m'étais toujours rapproché de ces montagnes; à Corumbá, je n'en étais plus qu'à 2 *legoas* : je voulus y aller herboriser. Je pris dans le village un nègre pour me servir de guide, et je me mis en route accompagné de Marcellino, mon *tocador*.

Le pays que nous traversâmes jusqu'aux Pyreneos est montueux et ne diffère point, pour la végétation, de celui que j'avais parcouru les jours précédents.

(1) Je suis ici l'orthographe de trois écrivains dont l'autorité est fort respectable, Cazal, Martius et Mattos; mais je crois qu'il serait mieux d'écrire *Pirineos*, comme Pizarro, ou *Perineos*, comme Luiz Antonio da Silva e Sousa, parce que c'est ainsi qu'on prononce dans le pays, et que le voyageur doit surtout consulter l'usage quand il indique des noms qui, jusqu'à lui, avaient été fort peu écrits ou ne l'avaient point été encore. Est-il bien vraisemblable, d'ailleurs, que les anciens Paulistes, qui avaient tout au plus quelque légère idée de la géographie du Portugal, aient réellement voulu appliquer le nom de *Pyrénées* à des montagnes du pays de Goyaz? Il est évident que, dans tous les cas, on ne doit point, avec Pohl, écrire *Pyrenaeos*.

Nous fîmes environ 2 *legoas*, et, après avoir passé plusieurs ruisseaux, nous parvînmes au pied de ces montagnes.

Il ne faut pas se les représenter telles que ces pics majestueux si communs dans quelques parties de l'Europe, ni même l'Itacolumi, le Papagaio ou la Serra da Caraça; elles sont fort élevées, sans doute, mais elles doivent une partie de leur hauteur au pays, déjà très-élevé lui-même, où elles sont situées, et, depuis leur base jusqu'à leur sommet, leur élévation est réellement peu considérable.

Vues de leur pied, lorsqu'on vient de Corumbá, elles présentent deux terrasses qui s'élèvent l'une au-dessus de l'autre, et dont la supérieure semble soutenue par des rochers. Nous montâmes sur la première, où, dans un terrain sablonneux et uniquement couvert d'herbes, je recueillis quelques plantes intéressantes. Bientôt nous revîmes les deux sommets que j'avais déjà aperçus sur le Morro do Tição, et qui, depuis quelque temps, avaient cessé de se montrer. Nous traversâmes des pâturages naturels, où le terrain est tantôt sablonneux et tantôt d'une qualité très-bonne; dans quelques endroits élevés, des arbres rabougris se montrent au milieu des roches, et le majestueux *bority*, fidèle à sa localité favorite, orne encore ici les fonds marécageux.

Bientôt nous passâmes le Rio Corumbá, qui, en cet endroit, a fort peu de largeur, et nous trouvâmes sur ses bords quelques restes d'une maison; celle-ci avait appartenu à un mineur qui employait ses esclaves à chercher de l'or dans le lit de la rivière, mais on avait fini par l'abandonner. Autour des ruines de cette maison, croissait en abondance le *capim gordura*, que l'on peut mettre au rang de ces plantes qui s'attachent aux pas de l'homme ; entre Macacos et Lage, je l'avais vu sur le bord des ruisseaux, partout où s'arrêtent les voyageurs.

Après avoir passé le Corumbá, nous trouvâmes un petit ruisseau qui s'y jette et qu'on appelle *Cocá*. Son lit était embarrassé par des amas de cailloux, triste reste du travail des premiers chercheurs d'or.

Mon guide m'avertit que les *carrapatos* étaient extrêmement communs dans cet endroit et m'engagea à monter à cheval afin de les éviter. Malgré cette précaution, mon pantalon fut couvert en un instant de ces odieux insectes ; mais je m'en débarrassai bientôt en donnant de petits coups sur mes vêtements avec une baguette couverte de feuilles (1). Probablement on avait fait paître jadis, dans cet endroit, des mulets ou des chevaux, car c'est principalement dans les lieux où vivent ces animaux et dans le voisinage des habitations que se trouvent les *carrapatos*.

De l'autre côté du Cocá, nous trouvâmes une pauvre

(1) C'est le moyen que j'ai indiqué lorsque, pour la première fois, j'ai parlé des *carrapatos*, dont la piqûre est, comme je l'ai dit, extrêmement douloureuse (*Voyage dans les provinces de Rio de Janeiro*, etc., I, 322 ; II, 296, 450).

J'ai ajouté que les *carrapatos grandes* et les *carrapatos miudos* des Brésiliens me paraissaient ne former qu'une espèce dans deux états différents. Pohl a indiqué deux sortes de *carrapatos*, *Ixiodes americanus* et *Ixiodes collar* : la première correspondrait-elle aux *carrapatos grandes*, et la seconde aux *miudos*, ou y aurait-il réellement deux espèces distinctes comprenant chacune des *grandes* et des *miudos*, c'est-à-dire des individus que leur âge rend différents surtout par la grandeur ? C'est ce qu'on apprendra difficilement peut-être par les collections ; des observateurs sédentaires éclairciront sans doute un jour ce point d'histoire naturelle. Quoi qu'il en soit, M. Gardner, bon observateur, pense qu'il n'y a, comme je l'ai écrit moi-même, qu'une espèce de *carrapatos* (*Travels*, 293).

chaumière, et je m'y arrêtai afin d'avoir, le lendemain, tout le temps nécessaire pour monter jusqu'au point le plus élevé de la montagne ; cette chaumière était habitée par un vieux nègre libre, qui y vivait seul et allait chercher, pour subsister, un peu de poudre d'or dans le ruisseau voisin. « Il y a, me disait-il, d'excellentes terres dans la montagne ; plusieurs *campos* seraient même favorables à la culture du manioc, mais je ne suis plus assez jeune pour me mettre à bêcher la terre. » Sa chétive demeure annonçait une extrême misère.

Mon guide m'avait quitté lorsque nous étions arrivés chez le vieux nègre, mais il m'avait promis de revenir le lendemain ; il arriva effectivement après s'être fait longtemps attendre, et nous nous remîmes en marche. Bientôt, cependant, je m'aperçus que cet homme ne connaissait pas la partie de la montagne où nous étions, et nous fûmes obligés de nous diriger vers les sommets les plus élevés, sans suivre de route certaine.

Pendant longtemps, nous côtoyâmes le ruisseau de Cocá, dont les bords ont été autrefois fouillés par les mineurs et offrent partout des monceaux de cailloux, résidu des lavages.

A l'exception de quelques sommets couverts de rochers anguleux qui semblent brisés artificiellement et sont entassés sans ordre, toute la partie des Montes Pyreneos que je parcourus offre un terrain assez égal. On voit tantôt des pâturages sablonneux où ne croissent que des herbes, tantôt des bouquets de bois, et dans les fonds, qui sont toujours marécageux, l'élégant *bority*.

Enfin nous parvînmes au pied des pics les plus élevés ; il y en a deux principaux, ceux que j'avais déjà aperçus du

Morro do Ticão. Presque égaux en hauteur, ils présentent chacun un cône dont l'arête est fort oblique, et sont entièrement couverts de pierres et de rochers anguleux jetés sans ordre, et entre lesquels croissent un grand nombre d'arbrisseaux et d'arbres rabougris. Il me fallut environ un quart d'heure pour parvenir au sommet de l'un des deux : là une immense étendue de pays désert et inculte s'offrit à mes regards ; mais malheureusement le nègre chargé de me guider était trop ignorant pour me dire le nom des montagnes que j'apercevais et des points les plus remarquables. Des rochers de peu de largeur terminent ce pic, et au milieu d'eux s'élèvent des *canela d'Ema (Vellosia)* à demi desséchés et couverts de lichens.

Dans toute cette excursion, je ne recueillis qu'un petit nombre de plantes que je n'eusse point encore, et je ne vis aucun oiseau, si j'en excepte deux très-grands qui planaient au-dessus des rochers, comme pour tâcher de découvrir leur proie.

Après être descendus de la montagne (1), nous nous mîmes en route et parcourûmes, pour retourner à Corumbá, un terrain assez égal. Au milieu des herbes qui le couvrent, croît en abondance une Mimosée (n° 715), dont la tige, un peu farineuse et d'un roux blanchâtre, est haute de 4 à 5 pieds, et dont les rameaux nombreux, chargés de fleurs roses, forment une tête hémisphérique.

(1) D'après tout ce que je viens de dire sur les Montes Pyreneos, on voit que l'on a complétement trompé le docteur Pohl quand on lui a persuadé que des forêts vierges rendaient ces montagnes inaccessibles ; je suis sûr aussi que, si le général da Cunha Mattos avait eu occasion de les gravir, il n'aurait pas écrit (*Itin.*, 1, 170) qu'une végétation majestueuse s'élève jusqu'à leur sommet.

Occupé à chercher des plantes, je ne m'apercevais pa que nous nous écartions de la direction du village. Cependant, comme le jour commençait à baisser, je m'avisai de demander à mon guide à quelle distance nous étions de Corumbá. Probablement à 3 *legoas*, me répondit-il; mais nous allons bientôt trouver une maison. Je ne pus m'empêcher de faire à cet homme quelques reproches, car il était évident qu'il nous avait égarés. Nous continuâmes à marcher, et bientôt nous aperçûmes la petite habitation qui m'avait été annoncée. Une négresse se présenta à la porte, et, n'ayant nulle envie de nous recevoir, elle m'assura qu'il n'y avait que 1 lieue de là jusqu'au village. Honteux de s'être trompé de chemin, le guide, avec cette inconsistance qui est le partage des hommes de sa couleur, se rétracta aussitôt de ce qu'il m'avait dit d'abord, et se mit à appuyer la négresse; une discussion s'engagea entre nous, mais j'y mis bientôt fin en disant au nègre : Je veux bien qu'il n'y ait que 1 lieue d'ici à Corumbá; mais, pour faire 1 lieue, il ne faut pas plus de deux heures; je consens à me mettre en route, et, si dans deux heures nous ne sommes pas arrivés, je vous préviens que je ne vous donnerai pas la moindre chose. Mon homme se rétracta alors une seconde fois; il convint qu'il pouvait bien y avoir plus de 1 lieue jusqu'au village, et je me décidai à ne pas aller plus loin. La négresse, que je priai de me laisser coucher dans la maison, me répondit que son maître ne l'avait pas autorisée à accorder cette permission. Eh bien, je vais la prendre, repartis-je, et j'entrai sans cérémonie. *He um homem mandado* (c'est un envoyé du gouvernement), s'écria le nègre; ces paroles, suivant l'usage, produisirent un effet magique, on ne fit plus une seule objection.

Le lendemain matin, nous nous remîmes en route, et, au bout de quelques instants, nous découvrîmes Meiaponte; ce qui prouva que j'étais fort loin de Corumbá, puisqu'il y a, comme je l'ai dit, 3 *legoas* de distance du premier de ces villages au second, et, par conséquent, j'avais très-bien fait, la veille, de ne pas me mettre en route à l'approche de la nuit. Nous traversâmes un pays montagneux, et, descendant toujours, nous arrivâmes à Corumbá.

Entre ce village et celui de Meiaponte, je marchai toujours parallèlement aux Montes Pyreneos que j'avais à ma droite. Le pays est encore montagneux, mais plus boisé que celui où j'avais voyagé avant d'arriver à Corumbá. Au milieu des pierres qui couvrent le sol, il n'offrait alors qu'une herbe desséchée, et nulle part on ne voyait une fleur; dans les bouquets de bois, beaucoup d'arbres avaient conservé leur feuillage, mais d'autres avaient presque entièrement perdu le leur; la terre était surtout jonchée des folioles délicates des Mimoses.

Je marchai pendant quelque temps sur un plateau qui termine un morne élevé ; c'est là que la route de Bahia se réunit à celle de Minas et de Rio de Janeiro que je venais de suivre. La descente du morne est pavée, ce qui, dans ce pays, est une véritable merveille. Toute la journée nous avions descendu; la chaleur, surtout au bas du morne dont je viens de parler, fut plus forte que les jours précédents.

Avant d'arriver à Meiaponte, j'envoyai José Marianno chez le curé du village, pour le prier de me procurer une maison inhabitée où je pusse m'établir; le curé lui en indiqua une qui était fort commode, et j'en pris possession.

A peine installé, j'allai présenter mon passe-port royal (*portaria*) au commandant du village, dont j'aurai occasion de parler plus tard. Il habitait une très-jolie maison et me reçut dans un salon bien meublé, d'une propreté extrême. Les murs étaient peints à hauteur d'appui, blanchis ensuite jusqu'au plafond et ornés de gravures; une petite glace, quelques tables, des chaises bien rangées composaient l'ameublement de cette pièce.

J'allai ensuite faire mes remercîments au curé et trouvai sa maison aussi jolie et aussi bien meublée que celle du commandant : ce qui surtout la rendait remarquable, c'était une propreté véritablement hollandaise. En général, c'est là une des qualités qui distinguent les Brésiliens; quelque pauvres qu'ils soient, leurs chaumières ne sont presque jamais sales, et, s'ils ne possèdent que deux chemises, celle qu'ils portent est toujours blanche.

Le charmant village de Meiaponte est tout à la fois le chef-lieu d'une justice et celui d'une paroisse (1). Situé par les 15° 30' lat. S., dans un pays très-sain, au point de jonction des routes de Rio de Janeiro, de Bahia, de Matogrosso et de S. Paul, éloigné de Villa Boa tout au plus de 27 *legoas*, entouré des terres les plus fertiles, ce village ne pouvait manquer d'être un des moins malheureux de la province, et il en est le plus peuplé.

La paroisse tout entière de Meiaponte a environ 52 *legoas* du nord au sud, et 20 de l'est à l'ouest; et, quoique moins

---

(1) Le village de Meiaponte a été érigé en ville par une loi du 10 de juillet 1832 (MATTOS, *Itin.*, II, 337). — Luiz d'Alincourt dit que, en 1737, on avait eu l'idée d'en faire le chef-lieu de la province (*Mem.*, 85); mais je crois qu'il se trompe sur le nom du gouverneur auquel il attribue ce projet. Quoi qu'il en soit, il est incontestable que, sous une foule de rapports, Meiaponte méritait mieux que Villa Boa de devenir la capitale du pays de Goyaz.

étendue que celle de Santa Luzia, elle est pourtant beaucoup plus peuplée, puisqu'on y compte 7,000 communiants; elle comprend (1819) deux succursales (*capellas*), celle de Corumbá, dont j'ai déjà parlé, et celle du *Corrego de Jaraguá*, que je ferai bientôt connaître.

On a bâti le village de Meiaponte dans une espèce de petite plaine entourée de montagnes et couverte de bois peu élevés; il s'étend, par une pente très-douce, sur la rive gauche du Rio das Almas, et fait face à la continuation des Montes Pyreneos. Il a à peu près la forme d'un carré. On y compte trois cents et quelques maisons qui sont très-propres, soigneusement blanchies, couvertes en tuiles et assez hautes pour le pays ; chacune, comme cela a lieu dans tous les villages de l'intérieur, possède un jardin ou plutôt une sorte de cour (*quintal*), où l'on voit des bananiers, des orangers, des caféiers plantés sans aucun ordre. Les rues sont larges, parfaitement droites et pavées sur les côtés. Cinq églises (1), parmi lesquelles on en compte trois principales, contribuent à l'ornement du village. L'église paroissiale, dédiée à Notre-Dame-du-Rosaire, est assez grande et s'élève sur une place carrée; ses murs, construits en pisé, ont 12 palmes (9 pieds) d'épaisseur (2) et portent sur des fondements en pierre; à l'intérieur, elle est passablement ornée, mais elle n'a pas de plafond.

De la place où est située l'église paroissiale, on découvre

---

(1) En 1823, da Cunha Mattos en comptait également cinq (*Itin.*, 1, 151). Suivant Luiz Antonio da Silva e Sousa, il y en aurait eu une de plus en 1832 (*Mem. est.*, 27).

(2) Da Silva e Sousa les indique (*Mem. estat.*, 27) comme étant épais seulement de 7 palmes. Je ne saurais dire avec assurance lequel des deux chiffres est le plus exact.

la vue la plus agréable peut-être que j'eusse admirée depuis que je voyageais dans l'intérieur du Brésil. Cette place présente un plan incliné ; au-dessous d'elle, sont des jardins où se présentent des groupes de caféiers, d'orangers, de bananiers aux larges feuilles ; une église qui s'élève un peu plus loin contraste, par la blancheur de ses murs, avec le vert foncé de ces différents végétaux ; à droite sont des jardins et des maisons au delà desquels la vue s'arrête sur une autre église ; sur la gauche, on aperçoit un pont à demi ruiné avec une petite portion du Rio das Almas qui coule entre des arbres ; de l'autre côté de la rivière, se voit une petite église entourée de taillis ; au delà de ces derniers, sont des arbres rabougris qui se confondent avec eux ; enfin, à environ 1 demi-*legoa* du village, l'horizon se trouve borné, au nord, par la chaîne peu élevée qui continue les Montes Pyreneos, et au milieu de laquelle on distingue le sommet arrondi appelé *Frota*, plus élevé que les sommets voisins (1).

Tandis que dans les autres villages on trouve tout au plus un maître d'école, Meiaponte a (1819) un professeur de grammaire latine payé par le gouvernement ; mais je doute fort qu'il ait un grand nombre d'élèves et que son enseignement amène des résultats bien utiles.

Comme à Tijuco, dans le district des Diamants (2), il existe à Meiaponte un hospice de frères du tiers ordre de

---

(1) Je n'ai pas besoin de dire que ces montagnes appartiennent toujours à la Serra do Corumbá e do Tocantins. — Le Morro do Frota, suivant da Silva e Sousa (*Mem. est.*, 18), comprendrait plusieurs petites montagnes ; il s'étendrait dans la direction de l'occident et aurait 2 *legoas* de longueur.

(2) *Voyage dans le district des Diamants*, etc., I, 44.

S. François, chargés de recueillir les aumônes des fidèles pour l'entretien du S. Sépulcre. Lors de mon voyage, cet hospice ne comptait qu'un seul frère. Les sommes qu'il réunissait étaient déposées par lui, dans le pays même, entre les mains d'un syndic particulier, et celui-ci les envoyait à Rio de Janeiro, au syndic général, qui, comme lui, était un laïque. Il est bien difficile de croire que, passant par tant de mains, ces aumônes arrivassent dans leur intégrité de Meiaponte à Jérusalem.

Comme je l'ai dit, le climat de Meiaponte paraît fort sain (1). A l'époque des grandes chaleurs, tous les habitants, hommes et femmes, se baignent sans cesse dans le Rio das Almas, ce qui contribue à les entretenir dans une bonne santé. La maladie la plus commune parmi eux est l'hydropisie; l'espèce d'éléphantiasis apppelée *morfea* n'est pas non plus très-rare dans ce pays.

Le lieu où est aujourd'hui situé le village de Meiaponte fut découvert, en 1731, par un nommé Manoel Rodrigues Thomar (2). Les premiers qui s'y fixèrent furent des chercheurs d'or qui voulaient exploiter les bords du Rio das Almas. Cependant, comme le village qu'ils bâtirent se trouve placé à la jonction des principales routes de la province et qu'il y passait autrefois un grand nombre de

(1) Da Silva e Sousa dit (*Mem. est.*, 14) que le vent d'est y souffle constamment de 4 heures du matin à 11 heures, depuis le mois de mai jusqu'au mois de septembre.

(2) Pizarro raconte que, dans l'origine, on avait jeté sur la rivière un pont formé de deux pièces de bois, que l'une des deux fut emportée par les eaux, qu'alors on se contenta de celle qui restait, et que, pour cette raison, on donna au village le nom de *Meiaponte* (moitié de pont) (*Mem.*, IX, 212). Da Cunha Mattos contredit cette histoire et prétend que Meiaponte doit son nom à une pierre qui se trouve, auprès du village,

caravanes, ses habitants, sûrs de vendre avantageusement les produits du sol, renoncèrent bientôt à leurs lavages dont on ne voit aujourd'hui que de faibles traces, et ils furent, à ce qu'il paraît, les premiers de toute la capitainerie qui eurent la gloire de s'occuper de la culture des terres. Les bois, communs dans les environs du village, favorisèrent le travail des agriculteurs; ces taillis, dont j'ai parlé un peu plus haut, étaient jadis de grands bois que l'on mit en culture, et des *capoieras*, actuellement abandonnés, ont remplacé les haricots et le maïs des anciens colons.

Encore aujourd'hui, la plupart des habitants de Meiaponte sont des agriculteurs, et, comme ils ne viennent au village que le dimanche, les maisons restent désertes pendant le reste de la semaine. Les terres de la paroisse de Meiaponte sont propres à tous les genres de culture, même à celle du froment; mais c'est principalement à l'élève des pourceaux et à la culture du tabac que se livrent les colons de ce pays, et ils envoient leur tabac en corde et leur lard, non-seulement à Villa Boa, mais encore dans plusieurs villages du nord de la province.

Comme j'ai déjà eu occasion de le dire, le coton de ce pays est d'une très-belle qualité. Un homme seul peut cultiver, en cotonniers, l'étendue de terre que l'on ensemencerait avec 1 alqueire de maïs. Dans ce pays, les cotonniers

dans le Rio de Meiaponte et représente la moitié d'une arche (*Itin.*, I, 153). Suivant Luiz d'Alincourt, Bartholomeu Bueno, ne pouvant passer à gué un torrent profond, fit jeter un pont sur une pierre plate et fort grande, qui s'avançait jusqu'au milieu des eaux, et de là le nom de Meiaponte qu'on donna au torrent, et ensuite au village que l'on construisit tout auprès (*Mem.*, 82). Je ne puis dire laquelle de ces trois versions est la véritable, ni même s'il y en a une d'entre elles qui mérite toute confiance.

donnent des graines dès la première année, et il suffit que l'on sarcle une fois tous les ans la terre où ils végètent. Pendant cinq années, on n'enlève à ces arbrisseaux aucune de leurs branches; mais, au bout de ce temps, on a soin de les couper un peu au-dessous du pied, et l'on retranche une partie des rejets. Après cinq ans, on coupe les secondes tiges, et, traités toujours de la même manière, les cotonniers peuvent donner une longue suite de récoltes (1). Un alqueire planté en cotonniers rend 100 arrobes de coton avec les semences, et l'arrobe, dépouillée de ses graines, produit 8 livres net.

Il est très-vraisemblable que les environs de Meiaponte pourraient aussi fournir un vin excellent, car, pendant mon séjour dans ce village, je mangeai des raisins délicieux que le curé m'avait envoyés en présent; ils appartenaient à la variété que les Portugais appellent *uva ferral*. J'ai à peine besoin de dire qu'ici comme à Minas, et probablement dans tout le Brésil, c'est en berceau que l'on fait venir la vigne.

Quoique chacun puisse trouver dans les environs de Meiaponte plus de terre qu'il n'en saurait cultiver, qu'il y ait partout des ruisseaux aurifères où il est facile de recueillir un peu d'or, que les bras soient rares et que, par conséquent, tout homme valide puisse espérer trouver du travail, au moins pour sa nourriture, on ne saurait faire un pas dans

(1) Je dois les renseignements que je donne ici sur la culture du cotonnier dans les environs de Meiaponte à un des meilleurs agriculteurs du Brésil, M. Joaquim Alves de Oliveira. Dans mes deux relations déjà publiées, on trouvera des détails fort étendus sur la culture de ce précieux arbrisseau à Minas Novas et dans plusieurs autres endroits. (Voyez la table du *Voyage dans les provinces de Rio de Janeiro*, etc., et celle du *Voyage dans le district des Diamants*, etc.)

Meiaponte sans rencontrer des mendiants. Plusieurs d'entre eux, attaqués de l'éléphantiasis, méritent sans doute d'être secourus; les autres sont des enfants naturels qui pourraient travailler. Des propriétaires aisés de Meiaponte se plaignaient devant moi du nombre prodigieux de mendiants que l'on voit errer dans leur village. La plupart de ces hommes, disaient-ils, sont en état de gagner leur vie en se rendant utiles; mais, comme ils demandent l'aumône *pour l'amour de Dieu (por amor de Deos)*, il est impossible de leur refuser, et c'est ainsi que se fortifie chez eux l'habitude de la paresse. Il y a dans ce sentiment, sans doute, quelque chose de touchant, et il ne mériterait que des éloges, s'il avait seulement pour objet ces infortunés qu'une maladie hideuse éloigne de leurs semblables; mais comment les excellentes gens qui causaient en ma présence de toutes ces choses, pouvaient-ils s'imaginer qu'encourager le vice, c'était donner à Dieu une marque de leur amour?

J'ai dit que j'avais beaucoup descendu avant d'arriver à Meiaponte. Pendant que j'étais dans ce village, la chaleur fut extrêmement forte, et j'éprouvai des maux de nerfs, augmentés encore par la faim que je souffris pendant mes différentes promenades. L'excessive chaleur agit probablement aussi sur mes gens, car ils étaient d'une humeur insupportable.

Avant de quitter le village (le 17 juin), j'allai faire mes adieux au curé et au jeune prêtre Luiz Gonzaga de Camargo Fleury (1), que j'avais déjà vu avec lui à Corumbá.

---

(1) On lui doit un petit itinéraire de Porto Real à Carolina, inséré dans l'ouvrage de Mattos, intitulé *Itinerario* (II, 248).

Pendant mon séjour à Meiaponte, tous les deux m'avaient comblé de politesses; ils étaient venus me voir fort souvent, et nous avions beaucoup causé. Louis Gonzague était d'origine française, comme l'indiquait son nom de famille. Il n'ignorait point quels sont les devoirs de son état, et, en général, je le trouvai fort instruit; il connaissait nos bons auteurs français, lisait beaucoup une de nos histoires ecclésiastiques et avait quelque idée de la langue anglaise. Le curé, qui était en même temps *vigario da vara* (1), ne s'était réservé que le dernier de ces emplois; il avait partagé le soin de conduire ses ouailles entre le desservant (*capellão*) de Corumbá, celui du Corrego de Jaraguá, enfin Luiz Gonzaga, qui était chargé de Meiaponte, et chacun des trois vicaires lui payait une certaine redevance. Cet arrangement n'était probablement pas fort régulier; mais, pour ce qui concerne la religion, le Brésil, en général, et la province de Goyaz, en particulier, sont hors de toutes les règles.

(1) Voyez ce que j'ai dit de cette charge dans ma première relation de voyage.

CHAPITRE XIX.

LES VILLAGES DE JARAGUÁ, D'OURO FINO, DE FERREIRO.

Pays situé au delà de Meiaponte. — *Fazenda de S. Antonio.* Dispute avec le propriétaire. L'intérieur des maisons interdit aux étrangers. — Temps où voyagent les caravanes. — Pays situé au delà de S. Antonio. Grands bois.— Le *Corrego de Jaraguá*, village. Sa position. Son histoire. Ses mines. Culture des terres environnantes. Maladies. Fait médical intéressant. — *Serra de Jaraguá;* sa végétation. — Portrait du desservant de Jaraguá. Les mulâtres. — Politesse des habitants de l'intérieur envers les étrangers. — Église de Jaraguá. Singulier usage des femmes. Bon goût et habileté des Goyanais. — Le *Mato Grosso.* — Pays moins désert aux approches de la capitale de la province. — *Rancho da Goyabeira.* — Rencontre d'une caravane. — *Rancho das Areas.* Ses habitants. — Désagréments que le muletier de l'auteur lui fait éprouver. Les muletiers brésiliens. Ennui que l'on éprouve à être toujours avec les mêmes personnes dans les voyages. — *Sitio da Lage.* Le missionnaire capucin. Les voleurs ne sont point à craindre. — Obligeance des Brésiliens de l'intérieur. — *Mandinga.* La fête de S. Jean. — Le *Rio Uruhú.* — Le village d'*Ouro Fino.* Son *rancho.* Sa position. Sa pauvreté.— Mauvais chemins. — *Pouso Alto.* — Le village de *Ferreiro.* — Recommandations du colonel Francisco Leite.

Pour me rendre de Meiaponte (1) à S. Antonio, où je fis halte, je suivis une vallée assez large, bordée par deux chaînes de montagnes peu élevées. La plus septentrionale n'est que la continuation des Pyreneos et prend le nom de *Serra de S. Antonio.* Des sous-arbrisseaux et des arbres ra-

(1) Itinéraire approximatif de Meiaponte à Villa Boa :

bougris croissent assez rapprochés les uns des autres au milieu des pâturages qui couvrent la vallée et les montagnes, et appartiennent encore à ces mêmes espèces, que je retrouvais dans tous les *campos*. Partout l'herbe était desséchée; je n'apercevais aucune fleur. Je traversai pendant la journée plusieurs ruisseaux bordés d'une étroite lisière de bois; là, je jouissais d'une fraîcheur délicieuse, mais, ailleurs, la chaleur se faisait assez fortement sentir.

La *fazenda* de S. Antonio où je fis halte, comme je viens de le dire, était autrefois très-importante. Dans ce temps-là, on tirait de l'or de la Serra du même nom; mais la mine s'est épuisée, on a cessé d'entretenir les bâtiments de l'habitation, et presque tous ne sont aujourd'hui que des ruines. C'est cependant à peine si cet établissement a passé à la troisième génération : tels sont les tristes résultats de la recherche de l'or et de la prodigalité des mineurs. Étant à Meiaponte, j'avais vu, de l'autre côté du Rio das Almas, une maison qui produit un effet fort agréable dans le paysage et paraissait avoir été très-jolie autrefois; elle avait été bâtie par un homme puissamment riche, qui possédait un grand nombre d'esclaves : c'était un mineur; ses filles, lors de mon voyage, ne vivaient que d'aumônes.

De Meiaponte à S. Antonio, fazenda.	3	legoas.
— Jaraguá, village.	3 1/2	
— Goyabeira, rancho.	3	
— Rancho das Areas, fazenda.	3	
— Sitio da Lage, chaumière.	5	
— Mandinga, petite habitation.	3	
— Ouro Fino, village.	4	
— Pouso Novo, rancho.	1 1/2	
— Villa Boa.	1 1/2	
	27 1/2 legoas.	

José Marianno, qui m'avait précédé, avait demandé l'hospitalité à la porte de l'habitation de S. Antonio, et une négresse lui avait indiqué un petit bâtiment qui n'était point occupé. Quand j'arrivai, je trouvai cet homme de fort mauvaise humeur, parce que, disait-il, on voulait nous loger dans un endroit rempli de puces et de chiques (*bichos de pé, pulex penetrans*). J'étais si malheureux quand je voyais le mécontentement peint sur la figure de ceux qui m'accompagnaient, que j'allai demander un meilleur gîte. Une mulâtresse me soutint qu'on n'en avait pas d'autre à me donner, et, poussé par José Marianno, je commençais à m'échauffer, lorsque arriva le maître de l'habitation. Sa bonhomie me désarma; il fit balayer la maisonnette que l'on nous avait offerte, et j'en pris possession.

Au milieu de la petite dispute que nous avions eue d'abord, ce brave homme s'était écrié : On me tuerait plutôt que de toucher du pied la chambre habitée par mes filles! Dans cette province, où tant de femmes se prostituent, un père de famille honnête doit naturellement tenir ce langage, puisque l'usage exige qu'une personne du sexe qui veut se respecter reste à l'écart et n'ait aucune communication avec les hommes.

Je demandai à mon hôte si, cette année-là, il avait passé beaucoup de grandes caravanes venant de Rio de Janeiro, de Bahia ou de S. Paul; il me répondit qu'il n'en avait encore vu aucune, et que, en général, elles n'arrivent guère qu'après la S.-Jean : elles ne sauraient atteindre plus tôt le terme de leur voyage, car elles ne peuvent raisonnablement se mettre en route avant la fin de la saison des pluies.

Jusqu'au Rio das Almas, que l'on retrouve à environ

1 lieue de S. Antonio, je suivis la vallée où j'avais voyagé la veille et qui souvent devient assez étroite ; mais, au delà du Rio das Almas, je ne vis plus de montagnes que sur la gauche. Jadis il existait un pont sur cette rivière; mais, comme il est tombé, on suit actuellement une autre route; alors, cependant, la sécheresse était si grande, que la rivière était guéable, et je ne fus point obligé de me détourner : on voit qu'il en est ici comme à Minas, où l'on construit des ponts, mais où on ne les répare point (1).

Entre le Rio das Almas et le Corrego de Jaraguá, c'est-à-dire dans un espace de 2 *legoas* et demie, de courts intervalles offrent encore des arbres rabougris; partout ailleurs on ne voit que de grands bois. La végétation de ces derniers est beaucoup moins vigoureuse que celle des forêts primitives de Minas et de Rio de Janeiro; cependant j'y retrouvai plusieurs beaux arbres : les lianes n'y sont point rares, mais elles ne produisent aucun de ces grands effets que j'avais admirés tant de fois dans le voisinage de la capitale du Brésil; les bambous, qui croissent ici parmi les autres végétaux, ne s'élancent point, comme ceux du littoral, à une hauteur prodigieuse pour former d'élégantes arcades, leurs tiges restent grêles et ont peu d'élévation. Les seules plantes en fleur que j'aperçus au milieu de ces bois étaient des Acanthées, famille qui, dans ce pays, appartient presque exclusivement aux forêts.

Après avoir traversé le ruisseau appelé *Corrego de Jaraguá*, j'arrivai au village du même nom (*arraial do Corrego de Jaraguá*) (2).

---

(1) Celui dont il s'agit ici, quoique fort nécessaire, n'était point encore réparé en 1823 (MATTOS, *Itin.*, I, 150).

(2) Il ne faut pas écrire, avec Pohl, *Corgo do Jaraguá*, et encore

J'avais envoyé José Marianno en avant, avec deux lettres de recommandation que l'on m'avait données pour le desservant du village (*capellão*); celui-ci m'accueillit parfaitement bien, me logea dans une maison fort commode, me fit apporter de l'eau et du bois par ses esclaves, et m'engagea à souper avec lui.

Corrego de Jaraguá, ou simplement *Jaraguá*, comme l'on dit habituellement dans le pays, est une succursale (*capella filial*) de Meiaponte, comprenant dans son ressort environ 2,000 âmes. Ce village, situé dans une vaste plaine couverte de bois, est entouré de montagnes plus ou moins hautes, dont les plus rapprochées s'élèvent presque à pic et produisent un bel effet dans le paysage. Jaraguá me parut presque aussi grand que Meiaponte; mais ses rues sont moins régulières, ses maisons moins grandes (1) et moins jolies, et l'on n'y voit que deux églises.

Des nègres qui allaient chercher quelques parcelles d'or dans les ruisseaux découvrirent, en 1736 (2), le pays où est aujourd'hui situé Jaraguá. Les richesses que l'on trouva en cet endroit ne tardèrent pas à y attirer des habitants, et bientôt un village se forma où, peu de temps auparavant, on ne voyait qu'un désert.

Ici les minières ne sont pas entièrement épuisées (1819);

---

moins *Corrego da Jaraguay*, avec Luiz d'Alincourt. Les noms de *Corrego de Jeraguá* et *Jaguara* qu'on trouve dans le *Pluto brasiliensis* de von Eschwege sont aussi peu exacts que les précédents. — Gardner indique, dans le nord du Brésil, un lieu appelé également *Jaraguá*. — Ce mot, en guarani, signifie *eau qui murmure*.

(1) En 1823, elles étaient, selon da Cunha Mattos, au nombre de 200 (*Itin.*, I, 147).

(2) Cette date est celle qu'admet Pizarro : da Cunha Mattos et d'Alincourt indiquent l'année 1737.

on compte une quarantaine de personnes, libres ou esclaves, qui travaillent encore à l'extraction de l'or, et le village est beaucoup moins désert que celui de Meiaponte. L'agriculture occupe aussi plusieurs des habitants de Jaraguá; quelques-uns d'entre eux s'appliquent spécialement à élever des bestiaux, et il existe, dans les environs de ce village, plusieurs sucreries de trente à quarante esclaves, dont les produits se vendent principalement dans la capitale de la province (1).

La maladie la plus commune à Jaraguá, comme à Meiaponte, est l'hydropisie; la *morfea* n'y est pas non plus fort rare. En 1795, il y avait eu dans ce village une épidémie dont le souvenir ne s'était point encore effacé à l'époque de mon voyage, et que l'on attribuait aux réservoirs d'eau très-nombreux qu'avaient faits les mineurs. Il paraîtrait, d'après ce que dit le docteur Pohl (2), que, dans la saison des pluies, l'eau du ruisseau, souillée sans doute par le travail des lavages, n'est presque plus potable, ce qui doit nécessairement nuire à la santé des habitants.

Ici je consignerai un fait médical qui paraîtra sans doute fort remarquable. Lorsque je me trouvais à Jaraguá, il y avait, dans ce village, une femme blanche qui, quoique atteinte de la *morfea*, l'une des maladies les plus hideuses qui existent, était devenue enceinte, et elle avait mis au monde un enfant blanc parfaitement sain.

(1) Da Cunha Mattos pense que l'ouverture du nouveau chemin appelé, comme je l'ai dit, Picada do Correio de Goyaz fera perdre au village de Jaraguá quelque chose de l'aisance dont il a joui pendant longtemps, mais que, les muletiers n'y apportant plus leurs vices, il gagnera sous le rapport de la moralité. Ce village a été érigé en ville par un décret du 10 de juillet 1833 (*Itin.*, I, 149; II, 337).

(2) *Reise*, I, 293.

Je profitai de mon séjour à Jaraguá pour aller herboriser sur une montagne taillée presque à pic, qui est fort rapprochée du village, et qu'on appelle *Serra de Jaraguá* : cette montagne a peu d'élévation et se termine par un plateau étroit et allongé, fort pierreux, mais assez égal. La végétation y est à peu près la même que dans tous les *campos* parsemés d'arbres rabougris; cependant j'y trouvai un grand nombre d'individus d'une espèce d'acajou (*Anacardium curatellifolium*, Aug. de S. Hil.) (1) que je ne me rappelais pas d'avoir vue jusqu'alors. Le fruit de ce petit arbre est d'un goût agréable; il devient mûr à l'époque des pluies, et attire alors sur la montagne beaucoup de gens pauvres qui y trouvent aussi une grande quantité de *bacoparis*, Sapotée à fruit également comestible.

Pendant le temps que je passai à Jaraguá, le chapelain ou desservant (*capellão*) voulut que je prisse mes repas chez lui; il eut pour moi mille attentions et me combla de politesses. J'avais déjà entendu parler de lui à Rio de Janeiro, où l'on connaissait son goût pour les mathématiques; il avait fait ses études dans cette ville, et, outre sa science favorite, il y avait appris un peu de grec et de philosophie; il entendait aussi le français, et avait dans sa bibliothèque quelques-uns de nos livres. En général, les personnes de l'intérieur qui, à l'époque de mon voyage, n'étaient pas sans instruction, l'avaient puisée dans les ouvrages français, et la plupart ne parlaient de notre nation qu'avec enthousiasme; il n'en était pas ainsi à Rio de Janeiro, où l'on savait mieux ce qui s'était passé en Europe depuis vingt-cinq

---

(1) Voyez mes *Observations sur le genre Anacardium*, etc. (dans les *Annales des sciences naturelles*, vol. XXIV).

ans, et où plusieurs de nos compatriotes, misérables aventuriers, avaient achevé de détruire ce qui restait encore de notre antique réputation.

Quoi qu'il en soit, les personnes de ce pays qui ont fait quelques études, comme le chapelain de Jaraguá, les négligent bientôt, parce qu'elles sont en nombre infiniment petit. Qu'un homme instruit soit jeté dans un des villages de la province de Goyaz, il ne trouvera personne avec qui il puisse s'entretenir de ses goûts et de ses occupations favorites ; s'il rencontre des difficultés, personne ne pourra l'aider à les surmonter, et jamais l'émulation ne soutiendra son courage ; il se dégoûtera peu à peu des études qui faisaient son bonheur ; il les abandonnera entièrement, et finira par mener une vie aussi végétative que tous ceux qui l'entourent.

Le chapelain de Jaraguá était un mulâtre : j'ai déjà fait l'éloge de sa politesse ; mais elle avait quelque chose d'humble qui tenait à cet état d'infériorité dans lequel la société brésilienne retient les hommes de sang mélangé (1819), et qu'ils n'oublient guère quand ils sont avec des blancs. Cette infériorité n'existe réellement pas, si l'on prend pour objet de comparaison l'intelligence des uns et des autres ; peut-être même pourrait-on assurer que les mulâtres ont plus de vivacité dans l'esprit et de facilité pour apprendre que les hommes de pure race caucasique ; mais ils participent à toute l'inconsistance de la race africaine, et, fils ou petit-fils d'esclaves, ils ont des sentiments moins élevés que les blancs, sur lesquels pourtant ne réagissent que trop les vices de l'esclavage.

Le chapelain de Jaraguá ne fut pas la seule personne notable que je vis dans ce lieu ; je reçus la visite d'un autre ecclésiastique qui, avant lui, avait été desservant, et celle de l'ancien commandant du village. Dans ce pays, comme à Minas, on va complimenter l'étranger qui arrive, et lui se contente de rendre les visites qui lui ont été faites.

Avant de quitter Jaraguá, j'entendis la messe dans l'église principale que je trouvai jolie et ornée avec goût. Suivant l'usage, les femmes étaient accroupies dans la nef, toutes enveloppées dans des capotes de laine avec un fichu simplement posé sur la tête. Je remarquai que, après avoir pris leurs places, plusieurs d'entre elles ôtaient leurs pantoufles et restaient les pieds nus. N'étant probablement pas accoutumées à porter des chaussures dans l'intérieur de leurs maisons, elles se hâtaient de s'en débarrasser.

Ce n'est pas seulement l'église de Jaraguá qui témoigne en faveur du goût et de l'habileté des Goyanais. J'avais vu, à S. Luzia et à Meiaponte, des meubles et de l'argenterie qui avaient été faits dans le pays et étaient bien travaillés. Plusieurs tableaux de fleurs, qui n'auraient point été désavoués par nos bons dessinateurs d'histoire naturelle, ornaient le salon du curé de Meiaponte, et étaient dus à un homme qui n'était jamais sorti de Villa Boa.

Après avoir quitté Jaraguá, je traversai un terrain de peu d'étendue, parsemé d'arbres rabougris, et ensuite j'entrai dans de grands bois. C'était le fameux Mato Grosso (bois épais) dont j'ai déjà eu occasion de parler au *Tableau général de la province*, et que la route parcourt de l'est à l'ouest, dans un espace de 9 *legoas*. Pendant les six premières, ces bois me parurent à peu près semblables à ceux que j'avais vus avant d'arriver à Jaraguá; les grands arbrisseaux y sont plus communs et plus serrés que dans les forêts vierges proprement dites, et l'on dirait un immense taillis déjà âgé, au milieu duquel on aurait laissé un grand nombre de baliveaux. Des Acanthées et une couple d'Amarantacées furent à peu près les seules herbes que je trouvai en fleur en parcourant les six premières lieues du Mato Grosso. La dernière partie de ce bois offre une végétation beaucoup plus belle que la première; là des arbres, la plupart vigoureux, assez rapprochés les uns des autres, sont liés entre eux par un épais fourré d'arbrisseaux et de lianes, et, en certains endroits, des bambous fort différents de ceux que j'avais vus au-dessus de Jaraguá, à tiges plus grandes et moins grêles, forment d'épais berceaux. Au milieu du Mato Grosso, il existe de grandes clairières où croît uniquement du *capim gordura*, Graminée qu'à cause de son odeur fétide on nomme ici *capim catingueiro* ou simplement *catingueiro* (1) : ces lacunes étaient autrefois couvertes de bois; on mit le terrain en culture, et le *capim gordura* a fini par s'en emparer.

Malgré la sécheresse, la verdure du Mato Grosso était encore extrêmement fraîche (20 juin), et des feuilles nombreuses couvraient la plupart des arbres, bien différents, en cela, de ceux des *catingas* de Minas Novas (2) qui, à la même époque de l'année, sont presque aussi nus que les forêts de l'Europe au cœur de l'hiver. Je suis persuadé que, lorsqu'on

(1) Du mot *catinga*, mauvaise odeur, celle, en particulier, qui résulte de la transpiration.

(2) Les *catingas* sont des forêts qui perdent leurs feuilles chaque année et sont moins vigoureuses que les bois vierges proprement dits (voyez mon *Voyage dans les provinces de Rio de Janeiro*, etc., II, 98, 101, et mon *Tableau géographique de la végétation primitive*, etc., dans les *Nouvelles Annales des Voyages*, vol. III). Pris dans ce sens, le mot *catinga* n'appartient pas à la langue portugaise; il est dérivé des deux mots indiens *caa*, *tinga*, bois blanc (*Voyage dans le district des Diamants*, etc., II, 360).

étudiera avec attention les arbres du Mato Grosso, on en trouvera fort peu qui croissent également dans les bois voisins de la capitale du Brésil. Je n'en trouvai que deux espèces qui fussent en fleur, et on les chercherait inutilement au milieu des forêts primitives du littoral : le premier, le *Matomba* ou *Mutombo* (*Guazuma ulmifolia*, Aug. de S. Hil.) (1), dont le fruit, quoique ligneux, laisse échapper un suc qui rappelle le goût de la figue grasse ; le second, le *chichá* (*Sterculia chichá*, Aug. de S. Hil.), dont les semences sont très-bonnes à manger, et que l'on ferait bien d'introduire dans les jardins de la côte.

Je reviens aux détails de mon voyage.

Bientôt, après avoir quitté Jaraguá, je commençai à m'apercevoir que je m'approchais de la capitale de la province. Le pays devient beaucoup moins désert ; je rencontrai plusieurs personnes dans le chemin, et je passai devant trois maisonnettes habitées, dont une avait un *rancho* ou hangar destiné pour les voyageurs et ouvert de tous les côtés, comme ceux de la route de Rio de Janeiro à Minas.

De la maison où je fis halte dépendait également un *rancho* (*Rancho da Goyabeira*, le *rancho* du goyavier), sous lequel je m'établis.

Le jour suivant, je trouvai heureusement de l'ombrage dans le Mato Grosso ; partout où le soleil dardait ses rayons la chaleur était excessive et agissait sur mes nerfs de la manière la plus pénible (2). Les nuits, au contraire, étaient

---

(1) *Flora Brasiliæ meridionalis*, I, 148 ; — *Revue de la Flore du Brésil méridional*, par Aug. de S. Hilaire et Ch. Naudin, dans les *Annales des sciences naturelles*, juillet 1842.

(2) A Goyabeira, le thermomètre indiquait, à 3 heures après midi, 24 degrés Réaumur, et 18 degrés à 6 heures du soir.

toujours fraîches et la rosée d'une extrême abondance.

Au delà de Goyabeira, je rencontrai une grande caravane; ce n'était que la seconde depuis Formiga, ce qui prouve combien, dans ce pays, le commerce a peu d'activité. Celle-ci était partie de S. Paul; elle avait fait le voyage de Cuyabá ; de là elle était venue à Goyaz pour se rendre à Bahia, mais le propriétaire, ayant appris que les pâturages du *sertão* (désert) de Bahia étaient entièrement desséchés et n'offriraient aucune nourriture à ses mulets, avait pris le parti de retourner à S. Paul. Des voyages aussi gigantesques étonnent l'imagination, quand on songe que les marches sont tout au plus de 3 à 4 lieues, que l'on est souvent obligé de séjourner en plein air ou sous un triste *rancho*, qu'il faut se condamner aux plus rudes privations et presque toujours traverser des déserts.

L'habitation où je fis halte, à 3 *legoas* de Goyabeira, porte le nom de *Rancho das Areas* (le *rancho* des sables), et me parut considérable, à en juger non par le logement du maître, mais par les terres en culture que je vis dans les alentours et le grand nombre de bestiaux qui erraient auprès de la maison.

Je m'établis sous un *rancho* très-grand et bien entretenu qui dépendait de cette habitation. Il était entouré d'énormes pieux serrés les uns contre les autres, qui, à la vérité, ne s'élevaient pas jusqu'au toit, mais qui, du moins, garantissaient de la voracité des pourceaux les effets placés sous le hangar.

A peine mes malles furent-elles déchargées, que les gens de la maison entrèrent dans le *rancho* pour admirer les marchandises de José Marianno, et je fus tout étonné de voir une troupe de femmes au nombre des curieux. Toutes, blanches et mulâtresses, avaient une assez mauvaise tournure ; elles arrivèrent sans faire le moindre compliment, et s'en allèrent de même. Les hommes n'étaient pas beaucoup plus polis ; ils avaient un air niais et des manières rustiques. En général, cependant, je trouvais, je dois le dire, beaucoup plus de bonté et de politesse chez les habitants de la province de Goyaz que dans toute la partie occidentale de celle de Minas, si différente du voisinage de Tijuco et de Villa Rica (Diamantina, Ouro Preto).

Avant mon départ du rancho das Areas, il fallut se quereller avec José Mariahno, ce qui était déjà arrivé plusieurs fois. Cet homme, si parfait dans les commencements du voyage, s'abandonnait à l'excessive bizarrerie de son caractère ; il savait que je ne pouvais le remplacer, et quoique je le payasse plus cher que n'aurait fait aucun Brésilien, qu'il fût traité avec les plus grands égards, il me manquait sans cesse et devenait insupportable. Il avait une adresse remarquable, beaucoup d'intelligence, et je pouvais causer quelques instants avec lui, ce qui, au milieu des déserts monotones que je parcourais seul, était à mes yeux d'un très-grand prix. J'avais conçu de l'affection pour lui, il m'était pénible d'y renoncer. Mais peut-être est-il impossible de trouver un muletier brésilien qui s'attache à son maître. Ces hommes, toujours ou presque toujours des métis, ont à peu près toute l'inconsistance des nègres et des Indiens ; ils sont sans principes, la plupart sans famille ; accoutumés à une vie nomade, ils ne peuvent s'assujettir à la dépendance que pour un court espace de temps, et il faut nécessairement qu'ils changent, lors même qu'ils sont presque sûrs d'être plus mal. D'ailleurs, durant les longs voyages des caravanes, l'inférieur se trouve, dans tous les instants de sa vie, sous les yeux de son supérieur, et l'homme aime tant la diversité, que, en général, il se dégoûte d'être continuellement avec la même personne, surtout lorsque la présence de cette dernière lui rappelle des devoirs dont il voudrait s'affranchir. Il est rare que, dans un voyage de long cours, les passagers ne se querellent pas sans cesse, soit entre eux, soit avec leur capitaine; et une femme célèbre (1) disait que, pour guérir deux amants de leur passion, il faudrait les faire voyager en litière.

Quoi qu'il en soit, les tracasseries que j'essuyais dans mon intérieur, et dont rien ne venait me distraire, rendaient insupportable ce voyage déjà si ennuyeux par lui-même, et qui était, à cause de la sécheresse, si peu fructueux pour l'histoire naturelle.

Après avoir quitté le Rancho das Areas, je fis encore 3 *legoas* dans le Mato Grosso, et tout à coup j'entrai dans un *campo* parsemé d'arbres rabougris, changement qui se fait brusquement, sans intermédiaire, comme celui d'une décoration de théâtre; et cependant il ne me parut pas qu'il y eût la moindre différence ni dans la nature ni dans l'élévation du sol.

Je passai la nuit dans une petite chaumière appelée le *Sitio da Lage* (le *sitio* de la pierre mince), qui était habitée par des femmes seules. La maîtresse de la maison ne se cacha point à mon arrivée; elle me reçut très-bien et causa beaucoup avec moi. Elle avait vu le missionnaire capucin dont j'ai déjà parlé, il lui avait donné des instructions et des conseils, et elle paraissait enchantée de son zèle et de sa charité.

(1) Mme de Sévigné.

Les femmes qui habitaient Lage n'étaient point dans l'indigence; la principale d'entre elles portait même des bijoux d'or, et cependant sa maison n'avait pas même de porte. Dans ce pays, comme on l'a déjà vu, la bonne foi ne préside pas toujours aux transactions, mais il est sans exemple qu'on entre dans une maison pour y prendre quelque chose (1819).

Au delà de Lage le pays est plat; on continue à parcourir des *campos* parsemés d'arbres rabougris, mais des lisières de bois bordent tous les ruisseaux. La sécheresse était toujours extrême et les plantes sans fleurs.

Comme on m'avait prévenu qu'en suivant la grande route je serais obligé de passer le *Rio Uruhú* sur un pont qui était sur le point de tomber, je me décidai à prendre un chemin de traverse pour aller gagner un autre pont. La maîtresse d'une petite habitation m'offrit très-poliment de me donner son fils pour me guider ; j'acceptai sa proposition, et, sans ce jeune homme, je me serais probablement égaré. Il est à remarquer que, dans l'intérieur du Brésil, où l'on voit peu d'étrangers et où l'on est naturellement bon et obligeant, ces petits services se rendent sans aucune espérance de rétribution.

A 5 *legoas* de Lage, je fis halte à l'habitation de *Mandinga* (sorcellerie) (1), à peu près aussi chétive que le sont ordinairement celles de ce pays.

Ce soir-là (23 juin), on y célébrait une grande fête, celle de S. Jean. Chaque année, les cultivateurs du voisinage tirent au sort pour savoir chez qui se fera la fête; c'était le tour de mon hôte. On commença par planter un grand mât

(1) Le mot *mandinga* est africain.

surmonté d'un petit drapeau sur lequel était l'image du saint. La cour de l'habitation fut illuminée; on fit un grand feu, et on tira des coups de pistolet en criant : Vive S. Jean! Pendant ce temps, un joueur de guitare (*viola*) chantait du nez et de la gorge des *modinhas* (1) bien niaises sur un ton lamentable, en s'accompagnant de son instrument. En général, c'est, comme je viens de le dire, que les gens du peuple chantent les *modinhas*; les paroles en sont beaucoup trop gaies, et si l'on n'entendait que l'air, on croirait que c'est celui d'une complainte. Bientôt cependant commencèrent les *batuques*, ces danses obscènes que les habitants du Brésil ont empruntées aux Africains; ils ne furent dansés d'abord que par des hommes : presque tous étaient des blancs; ils n'auraient pas voulu aller chercher de l'eau ou du bois comme leurs nègres, et ils ne croyaient point s'abaisser en imitant les ridicules et barbares contorsions de ces derniers. Les Brésiliens doivent bien quelque indulgence à leurs esclaves, auxquels ils se sont mêlés si souvent, qui peut-être ont contribué à leur enseigner le système d'agriculture qu'ils suivent, la manière de tirer l'or des ruisseaux, et qui, de plus, furent leurs maîtres à danser. Après les *batuques*, mes hôtes, sans aucune transition, s'agenouillèrent devant un de ces petits oratoires portatifs que l'on voit dans toutes les maisons, et chantèrent la prière du soir. Cet acte de dévotion dura fort longtemps; quand il fut terminé, on se mit à table et l'on porta des santés. Toute la nuit, on chanta et l'on dansa des *batuques*; les femmes finirent par s'en mêler, et le lendemain, au moment où je partis, on dansait encore. C'est ainsi que fut

---

(1) Les *modinhas* sont des chansonnettes particulières au Brésil.

célébrée à Mandinga la fête de S. Jean, et partout ailleurs on la célébra de la même manière. Devant la porte de la plupart des *sitios*, on voit le grand arbre desséché qui a été planté le jour de cette fête, et qui porte à son extrémité un petit drapeau blanc sur lequel un saint est représenté.

Bientôt, après avoir quitté Mandinga, je passai sur un pont en bois le Rio Uruhú. Cette rivière, que l'on regarde, dans le pays, comme l'origine du Tocantins, et qui en forme réellement la branche la plus méridionale et, par conséquent, la plus éloignée de l'embouchure, n'est encore, en cet endroit, qu'un faible ruisseau ; elle prend sa source dans la *Serra Dourada*, dont je parlerai plus tard, et, après un cours d'environ 20 *legoas*, elle perd son nom en se réunissant au Rio das Almas (1).

Au delà de l'Uruhú, je continuai, pendant longtemps, à parcourir des *campos* dont la végétation est toujours la même, et enfin j'entrai dans un bois très-épais, qui ressemble à nos taillis de douze à quinze ans, tant les arbres y ont peu de hauteur. Avant d'arriver à ce bois, on voit seulement de petites montagnes dans le lointain ; mais, quand on est sorti du bois, tout le pays devient montueux, le chemin est alors couvert de pierres, et, immédiatement après avoir passé le ruisseau qui porte le nom de *Rio Vermelho* (la rivière rouge) (2), on arrive au village d'*Ouro fino* (or fin).

J'y fis halte sous un *rancho* ouvert, où étaient déjà établis d'autres voyageurs. On voyait dispersés çà et là des malles, des cuirs écrus, des bâts et tout l'attirail des mu-

(1) CAZAL, *Corog.*, I, 323.
(2) Voyez ce que je dis sur cette rivière dans le chapitre suivant.

lets; des hamacs avaient été suspendus aux poteaux qui soutenaient le *rancho* ; les muletiers étaient accroupis autour du feu qui avait servi à faire cuire leurs haricots.

Ouro Fino est situé sur une hauteur au-dessus du Rio Vermelho, et fait face aux petites montagnes appelées *Morro do Sol* (morne du Soleil), que l'on voit de l'autre côté du ruisseau. Ce village, qui n'a jamais été bien considérable, doit son origine à l'or que l'on tirait autrefois du Rio Vermelho, et son nom à la belle qualité de cet or (1). Comme aujourd'hui il n'existe des mines que dans les mornes voisins, et que, faute d'eau, on ne peut les exploiter (2), Ouro Fino n'offre plus qu'une triste décadence. Toutes les maisons sont à demi ruinées; plusieurs d'entre elles restent sans habitants, et l'église qui dépend de la paroisse de Villa Boa n'est pas en meilleur état que les maisons elles-mêmes. Le peu de personnes que l'on compte encore dans ce pauvre village (3) vivent d'un petit commerce de pourceaux et du maigre produit de quelques misérables tavernes.

Le lendemain du jour où je couchai à Ouro Fino, je ne fis que 1 lieue et demie, afin de pouvoir envoyer José Marianno à Villa Boa, avec une lettre de recommandation qui m'avait été donnée, pour un colonel de milice, par son parent, le curé de S. João d'El Rei. Je m'arrêtai à l'endroit appelé *Pouso Novo* (la halte neuve), sous un mauvais *rancho* qui dépendait d'une maison presque détruite, habitée par de pauvres nègres.

(1) Piz., *Mem. hist.*, IX, 211.
(2) L. c.
(3) Ouro Fino n'a jamais eu le titre de ville que lui donne Pohl.

Entre Ouro Fino et Pouso Novo, la route, qui traverse des bois, est en très-mauvais état, et doit devenir totalement impraticable dans la saison des pluies. On ne répare point les chemins; ils doivent être nécessairement moins bons dans le voisinage des villes, parce que là ils sont plus fréquentés.

Étant arrivés de très-bonne heure à Pouso Novo, je profitai du temps qui me restait pour faire une longue herborisation; et, continuant à suivre le chemin de Villa Boa, j'arrivai à un petit hameau qui se compose d'une chapelle et de quelques maisons à demi ruinées.

Ce hameau porte le nom de *Ferreiro* (serrurier) (1), et est célèbre dans l'histoire de Goyaz, parce que les Paulistes qui découvrirent le pays formèrent en cet endroit leur premier établissement. Les colons qui s'y étaient d'abord fixés se retirèrent bientôt pour aller chercher fortune ailleurs; un serrurier, compagnon de ces aventuriers, ne voulut point suivre leur exemple, et on donna au village le nom de sa profession (2).

José Marianno arriva de Villa Boa enchanté de l'accueil que lui avait fait le colonel Francisco Leite, auquel j'étais recommandé. Le colonel l'avait chargé de me dire qu'il ne fallait pas que j'arrivasse à la ville avant le lendemain au soir, parce qu'il voulait avoir le temps de me chercher une maison; il avait ajouté que je devais descendre au palais du

---

(1) Da Cunha Mattos dit que les villages d'Ouro Fino et de Ferreiro ont perdu leur *importance* depuis que les caravanes passent par le chemin appelé Picada do Correio de Goyaz (*Itin.*, II, 87). Ils avaient certes bien peu de chose à perdre.

(2) Je suis ici la version de Cazal de préférence à celle de Pizarro, qui, sur ce point, n'est pas parfaitement d'accord avec lui-même.

général et accepter toutes les offres que celui-ci pourrait me faire.

Je suivis exactement les prescriptions du colonel Leite, et partis (26 juin) fort tard de Pouso Novo pour me rendre à Villa Boa.

CHAPITRE XX.

VILLA BOA OU LA CITÉ DE GOYAZ.

Histoire de *Villa Boa*. — Désavantages et agréments de sa position. — Le Rio Vermelho la traverse; ponts. — Églises. — Rues; maisons. — Places publiques. — Palais du gouverneur. — Hôtel des finances (*casa da contadoria*). — Hôtel de ville. — Hôtel pour la fonte de l'or. — Population. — Maladies; goître. Absence de secours médicaux. — Occupations des habitants de Villa Boa. — Boutiques. — Ouvriers. — Nourriture. — Aucune ressource pour la société. — Mariages rares. Quelle en est la cause. Mauvais exemples donnés au peuple par ceux qui devraient le guider et l'éclairer. — Les femmes de Goyaz. — Goût pour le tafia. — Manque de délicatesse. — Un dîner au palais. — Description de l'intérieur de cet édifice. — Portrait et histoire du capitaine général FERNANDO DELGADO FREIRE DE CASTILHO. — Portrait de RAIMUNDO NONATO HYACINTHO. Description de sa maison. — Le P. JOSEPH, missionnaire.

Bartholomeu Bueno, qui découvrit la province de Goyaz, jeta aussi les premiers fondements de sa capitale. Après avoir quitté le lieu appelé Ferreiro, il bâtit une maison sur le bord du Rio Vermelho, et celle-ci devint le noyau d'un village auquel on donna le nom de *Santa Anna*. Les autorités du pays établirent leur résidence dans cet endroit, qui bientôt acquit une grande importance, et Santa Anna fut érigé en ville par une ordonnance royale de février 1736. Alors le pays ne formait point encore une province séparée; le gouverneur de S. Paul, de qui il dépendait,

D. Luiz de Mascarenhas, comte de Sarzedas, ne mit l'ordonnance à exécution qu'au mois de juillet 1739, et il donna à la nouvelle ville le nom de *Villa Boa de Goyaz*, en mémoire de Bueno, qui en avait été le fondateur (1). Un décret, rendu par le roi Jean VI, le 18 septembre 1818 (2), éleva au rang de *cité* (*cidade*) la capitale de la province; mais, au lieu de l'appeler *Cidade Boa*, ce qui eût été naturel, on lui donna le nom de *Cidade de Goyaz*, qui a l'extrême inconvénient d'être la répétition de celui de tout le pays, et semble imaginé pour faire oublier un homme dont l'intrépide persévérance avait ajouté à la monarchie portugaise une province plus grande que la France et qu'on avait laissé mourir dans l'indigence (3).

(1) Caz., *Cor.*, I, 333. — Piz., *Mem. hist.*, IX, 152 et suiv. — Pohl, *Reise*, I, 332.

(2) J'emprunte cette date à Pizarro, nécessairement mieux instruit que le docteur Pohl, et qui, d'ailleurs, met, dans son indication, une précision plus grande.

(3) Bartholomeu Bueno, qui avait possédé d'immenses richesses, ne sut point les conserver, et abandonna même à son fils les divers péages qui lui avaient été accordés pour sa récompense. Quand il fut devenu pauvre, le gouverneur de S. Paul vint à son secours et lui donna 1 arrobe d'or sur le trésor royal ; mais ce don ne fut point confirmé par le roi, et, pour pouvoir rendre ce qu'il avait reçu, Bueno fut obligé de mettre à l'encan sa maison, ses esclaves et les bijoux de sa femme (Pohl, *Reise*, I, 332).— M. le général Raimundo José da Cunha Mattos raconte que, au passage du Rio Corumbá, près le village de Santa Cruz, il fut reçu, en 1823, par les arrière-petits-enfants de Bartholomeu Bueno, deux jeunes personnes dont il fait un grand éloge, et un jeune homme de 17 ans qui n'avait point reçu d'éducation, mais se comportait honnêtement, sans oublier son origine. Cette famille habitait une pauvre maisonnette mal meublée et était à peu près réduite à l'indigence. « Quelle « fut ma douleur, dit Mattos, en voyant le prince de la noblesse goya- « naise forcé de se livrer à des travaux manuels, et ses sœurs condam- « nées à toutes les privations... Tel est le sort des descendants du grand

La présence de l'or avait pu seule déterminer la fondation de Villa Boa; car cette ville, située (1) par 16° 10' lat. S., à 200 *legoas* de la côte, dans un canton stérile, loin de toutes les rivières aujourd'hui navigables, communique difficilement avec les autres parties de l'empire brésilien : elle n'a pas même l'avantage d'une grande salubrité, et on l'abandonnerait bientôt si elle n'était la résidence de toutes les administrations de la province.

Elle a été bâtie dans une sorte d'entonnoir et est entourée, de tous les côtés, par des mornes de hauteur inégale qui font partie de la Serra do Corumbá e do Tocan-

« Bartholomeu Bueno, dit Anhanguera, qui, le premier, découvrit Goyaz, « l'un des plus illustres aventuriers de la province de S. Paul! Tel est « le sort des arrière-petits-fils du second Bartholomeu Bueno, cet homme « célèbre qui, après avoir conquis et peuplé la même province, pos- « séda, quelques instants, des monceaux d'or (*Itin.*, I, 114). » Deux ans plus tard, Mattos repassa par le même endroit, et il y vit encore la famille des Bueno : le président de la province, pour les empêcher de mourir de faim, leur avait fait donner la recette du péage du Corumbá, dont le produit avait entièrement appartenu à leur père (l. c., II, 70)! Il n'est personne qui, après avoir lu ce qui précède, ne s'écrie, avec moi, qu'il est de l'honneur, de la dignité du gouvernement de Goyaz de ne pas permettre que tout voyageur qui entre dans le pays ait sous les yeux un si triste exemple de l'instabilité des choses d'ici-bas et surtout de l'ingratitude des hommes. Espérons que quelque personne bienveillante fera connaître à S. M. l'empereur du Brésil la situation déplorable où se trouvent les Anhanguera, rejetons d'une famille qui a ajouté à l'empire qu'il gouverne une province aussi vaste que l'Allemagne.

(1) Cette position a été déterminée par les PP. Diogo Soares et Domingos Chapaci, jésuites et mathématiciens habiles qui avaient été chargés, par le roi Jean V, de lever la carte du Brésil (Piz., *Mem.*, IX, 152). C'est vraisemblablement à eux qu'est due la détermination des positions indiquées par Pizarro, Eschwege et autres, ou au moins d'une partie d'entre elles. — Eschwege écrit, pour Villa Boa, 16° 19' : il y aura sans doute eu une faute de copiste soit dans son manuscrit, soit dans celui de Pizarro.

tins. Sa position n'a cependant rien de triste. Les mornes dont elle est environnée ont peu d'élévation ; ils sont couverts de bois qui conservent toujours une belle verdure et qui, ayant peu de vigueur, ne sauraient donner au paysage l'aspect sévère des pays de forêts vierges ; enfin, même au mois de juin, la couleur du ciel, moins belle ailleurs, avait encore ici le plus brillant éclat. Vers le sud, les collines sont assez basses et laissent voir à l'horizon la Serra Dourada, dont le sommet, pour ainsi dire nivelé, et les flancs nus et grisâtres produisent dans le paysage un effet pittoresque.

La cité de Goyaz a une forme allongée et est divisée, en deux parties presque égales, par la petite rivière appelée Rio Vermelho, qui, après avoir pris sa source dans les montagnes voisines du village d'Ouro Fino, coule de l'est à l'ouest et va se jeter dans l'Araguaya (1). Trois ponts en bois et à une seule arche établissent une communication entre les deux parties de la ville.

Il y a dans Villa Boa un grand nombre d'églises (2) ; mais elles sont petites, et aucune d'elles n'a d'ornements à l'extérieur. L'église paroissiale, la seule où je sois entré, est consacrée à Ste. Anne (*Santa Anna*); elle n'a point de plafond, mais le maître-autel et quelques autres que l'on voit, en outre, de chaque côté de la nef, sont enrichis de dorures

(1) Je n'ai pris dans le pays aucune note sur le cours du Rio Vermelho, et j'emprunte au docteur Pohl ce que je dis ici de cette rivière. Pizarro ne la nomme même pas.

(2) En 1818, Luiz d'Alincourt en comptait huit. Da Silva e Sousa en admet le même nombre en 1832, savoir : Santa Anna, qui, à cette époque, avait le titre de cathédrale et dont je parlerai tout à l'heure ; Rosario, Boa Morte, Carmo, S. Francisco de Paula, Senhora da Abbadia, Senhora da Lapa et S. Barbara, qui nous occupera un peu plus tard.

et ornés avec assez de goût. A un demi-quart de lieue de Villa Boa, du côté du nord, s'élève, sur le sommet d'une colline, une petite chapelle dédiée à sainte Barbe (*Santa Barbara*); de là on découvre la ville, les campagnes environnantes, et plus loin la Serra Dourada : un chemin large et bien battu conduit à cet endroit et forme, pour les habitants, une sorte de promenade.

Les rues de la cité de Goyaz, larges et en général assez droites, sont presque toutes pavées; mais elles le sont mal. On compte dans cette ville environ 900 maisons (1) bâties en terre et en bois, assez élevées pour le pays, mais petites, toutes blanchies sur le devant et couvertes en tuiles; plusieurs d'entre elles ont un étage, outre le rez-de-chaussée, et quelques-unes des fenêtres garnies de carreaux faits avec du talc; la plupart sont bien entretenues, et je trouvai celles des principaux habitants passablement meublées et d'une propreté extrême. Il n'en est pas de Villa Boa comme de la capitale de la province des Mines, où l'on voit des rues entières presque abandonnées (2); on a cessé ici, beaucoup plus promptement qu'à Villa Rica, de s'occuper de la recherche de l'or, et le nombre des maisons s'est trouvé en rapport avec celui des employés civils et militaires, des marchands et des ouvriers que ces employés nécessitent.

Il existe à Villa Boa deux places assez considérables qui

---

(1) Pohl en indique 700, Luiz d'Alincourt quelques-unes de plus, Pizarro 690 ou un peu plus de 720. Selon le général Raimundo José da Cunha Mattos, il y en avait 740 en 1823. Le même auteur ajoute que la population de la cité de Goyaz s'élevait, à la même époque, à 4,000 âmes; mais je ne puis m'empêcher de considérer ce chiffre comme étant inférieur à la vérité.

(2) Voyez mon *Voyage dans les provinces de Rio de Janeiro et de Minas Geraes*, I, 138.

ont la forme d'un triangle irrégulier. Plusieurs édifices publics, le palais du gouverneur, l'hôtel des finances (*casa da contadoria*), celui de la fonte de l'or (*casa da fundiçao*), l'église paroissiale, une autre église beaucoup moins importante, ornent la première de ces deux places que l'on appelle *terreiro do paço*. La seconde, qui est la plus grande, est située à l'une des extrémités de la ville. L'hôtel de ville (*casa da camara*) et la caserne donnent sur cette place, vers le milieu de laquelle s'élève une fontaine. Celle-ci me parut être d'une architecture plus que médiocre, mais, du moins, elle n'offre rien de ridicule.

Lorsque je parle des édifices publics de ce pays, il ne faut pas se représenter des bâtiments immenses comme ceux que l'on voit en Europe : ici tout est petit, tout est mesquin, sans élégance et même, dit-on, sans solidité (1).

Quant à la grandeur, le palais du capitaine général fait peut-être exception, surtout pour le pays; d'ailleurs il n'a que le rez-de-chaussée et est sans ornements extérieurs. Comme il se trouve un peu élevé au-dessus du sol, on monte, pour y arriver, un perron mesquin de quelques marches; mais, auparavant, on passe par un portail qui s'avance sur la place de la manière la plus disgracieuse et qui sert de corps de garde.

Outre le rez-de-chaussée, l'hôtel des finances a encore un étage. Les employés sont réunis dans une salle allongée où se trouvent deux rangs de bureaux placés vis-à-vis l'un de l'autre, et à l'une des extrémités de la salle est un bureau plus élevé où travaille l'employé principal; disposition qui me rappela, de la manière la plus exacte, celle de la

---

(1) Voyez CAZAL, *Corog. Braz.*, I, 334.

plupart des classes de nos colléges. La salle où s'assemble la junte du trésor royal (*junta da fazenda real*) est ornée de fauteuils et de rideaux de damas rouge. C'est là que l'on pèse l'or qui entre dans les coffres, comme celui qui en sort ; mais les balances consacrées à cet usage sont habituellement cachées par des rideaux de même étoffe que le reste de l'ameublement.

L'hôtel de ville et celui de la fonte de l'or ont aussi un étage. Comme c'est la coutume dans toutes les villes de l'intérieur, le rez-de-chaussée du premier de ces bâtiments a été réservé pour la prison.

Sous le portail de la caserne se voient deux petites pièces de canon (1), ce qui, à la distance où Goyaz est de la côte, et avec l'extrême difficulté des transports, peut être considéré comme une merveille.

Les nègres et les mulâtres forment la majeure partie de la population de Goyaz (2). Cette ville, bâtie dans un fond, où l'air ne circule point comme sur les montagnes et dans la plaine, où les eaux paraissent peu salubres, où la chaleur est souvent excessive pendant la sécheresse, où l'humidité doit être très-grande dans la saison des pluies, ne saurait être favorable aux hommes de notre race; aussi les blancs de Villa Boa sont-ils bien loin d'offrir dans leurs

---

(1) C'est sans doute là ce que Cazal appelle un petit fort.

(2) « Relativement au nombre des nègres et des mulâtres, je vois ici « beaucoup de personnes blanches. » Raimundo José da Cunha Mattos écrivait cette phrase le jour même de son arrivée dans la capitale de la province de Goyaz, le 15 juin 1823 (*Itin.*, I, 136). Il était revêtu de la plus haute dignité ; les blancs durent naturellement se rassembler autour de lui ; peut-être même en vint-il des localités voisines pour satisfaire leur curiosité ou pour lui faire honneur. Par la suite, il se sera convaincu qu'ils ne sont pas aussi nombreux qu'il l'avait cru d'abord.

personnes les caractères de la santé, de la vigueur et de l'activité (1).

Les différentes sortes d'hydropisie, et principalement l'hydropisie de poitrine, sont les maladies qui enlèvent à Goyaz le plus grand nombre de personnes. Presque tous les habitants de cette ville et ceux des environs ont un goître, et souvent cette difformité, devenue énorme, empêche de parler ceux qui en sont affligés.

A l'époque de mon voyage, il n'y avait à Villa Boa aucun médecin; il ne s'y trouvait d'autre chirurgien que celui de la compagnie de dragons, qui réunissait, assurait-on, à une nonchalance extrême l'ignorance la plus complète. Les marchands d'étoffes et de quincaillerie vendaient quelques remèdes qu'ils recevaient de Rio de Janeiro, mais personne n'avait la moindre idée de pharmacie. Le capitaine général avait fait au gouvernement central des représentations sur l'absence totale de secours médicaux, elles n'avaient point été écoutées; l'administration de Rio de Janeiro était alors à peu près aussi insouciante qu'on l'était à Goyaz (2).

La nourriture des habitants de Villa Boa est celle de tous les Brésiliens de l'intérieur; la farine de maïs ou de manioc

---

(1) Pohl dit que les blancs de la cité de Goyaz sont d'une constitution délicate, tandis que les nègres et les mulâtres sont fort robustes (*Reise*, I, 362). Cette observation contribuerait à confirmer ce que j'ai insinué ailleurs (*Voyage dans les provinces de Rio de Janeiro*, etc., I), que la race caucasique tend à s'altérer dans l'Amérique du Sud et la race africaine à s'y perfectionner.

(2) « En 1831, dit M. le docteur Sigaud (*Du climat*, etc., 146), Goyaz et Matogrosso étaient encore sans médecins : le président de Goyaz réclama, à cette époque, auprès du gouverneur central, et la société de médecine de Rio de Janeiro appuya cette juste demande. »

en forme le fondement (1). Cependant on peut ici se procurer quelques douceurs que l'on ne trouverait pas dans les *fazendas;* je citerai, en particulier, d'excellent pain que l'on fait avec de la farine de froment qui vient de Santa Luzia, de Meiaponte et de Cavalcante, village plus septentrional que Villa Boa, mais qui est probablement plus élevé et dont les environs sont, dit-on, très-favorables à la culture du blé.

Les emplois publics occupent, autant du moins que l'on s'occupe dans ce pays, une bonne partie des habitants de Goyaz. D'autres sont des marchands, quelques-uns vivent du produit de leurs terres; un petit nombre de personnes, comme je l'ai dit dans le *Tableau général de la province,* emploient encore leurs nègres à chercher isolément un peu d'or dans le Rio Vermelho.

Il existe à Villa Boa (1819) un assez grand nombre de boutiques fort bien garnies où, comme dans toutes celles

(1) Mon *Voyage dans les provinces de Rio de Janeiro et de Minas Geraes* a fait connaître avec détail l'alimentation principalement végétale des habitants de la partie sud du Brésil tropical. Un touriste qui a parcouru la province des Mines du midi au nord dit que les Brésiliens *mangent de la viande salée ordinairement fétide* (SUZAN., *Souv.*, 266). Je présume qu'il aura voulu parler de la viande sèche (*carne seca*) que Rio Grande do Sul expédie sur le littoral du Brésil et qu'on lui aura servie dans quelque *venda* de la province de Rio de Janeiro. Il n'est pas à ma connaissance que Spix et Martius, Pohl et Gardner se soient plaints qu'on leur ait fait manger de la *viande fétide*, et je ne me rappelle pas qu'à Minas et à Goyaz personne m'en ait présenté de semblable. « Les voyageurs, dit M. Sigaud, qui parcourent le pays en s'arrêtant... dans les *vendas* ne tardent pas à voir que tout y manque.....; mais ils reviennent de leur premier jugement lorsqu'ils ont reçu l'hospitalité dans les *fazendas*..... Mawe, Spix et Martius, Aug. de S. H., Koster peuvent attester la vérité de ce que je dis ici (*Du climat*, 93). »

de l'intérieur, on trouve réunis la mercerie, la quincaillerie et tous les genres d'étoffes. C'est à Rio de Janeiro que se fournissent la plupart des marchands de cette ville; ils n'envoient que de l'or en échange des objets qu'ils reçoivent. Le nombre des tavernes (*vendas*) est également ici très-considérable; il s'y débite une quantité prodigieuse d'eau-de-vie de sucre (*cachaça*) (1).

On trouve dans Goyaz des ouvriers très-habiles et qui, pourtant, ne sont pas sortis de leur pays. Ils n'imaginent point, il est vrai, mais ils imitent avec une facilité extrême et mettent beaucoup de fini dans leurs ouvrages. Comme à Minas, il est fort commun qu'un ouvrier ait à la fois plusieurs métiers. J'ai vu le même homme raccommoder les montres, faire de la bougie, des fusils, des crayons, etc. (2).

Goyaz n'offre absolument aucune ressource pour la société; chacun y vit dans son intérieur et ne communique, pour ainsi dire, avec personne.

Nulle part peut-être il n'y a aussi peu de gens mariés que dans cette ville (1819). Jusqu'au dernier ouvrier, il

(1) Da Silva e Sousa dit que, en 1832, il y avait, à Goyaz, 24 boutiques de marchandises sèches et 100 cabarets. Mattos arrivait à peine dans cette ville quand il a écrit (*Itin.*, I, 136) qu'il y voyait peu de cabarets et peu de boutiques; il aura certainement reconnu plus tard qu'il en existait un nombre bien suffisant pour une population qu'il ne fait monter qu'à 4,000 âmes. Sur une population de 42,584 individus, la ville d'Orléans n'a, en 1847, que 104 cabarets: la cité de Goyaz est, par conséquent, sous ce rapport, dix fois mieux partagée. Je m'abstiendrai de faire une comparaison semblable pour l'instruction publique.

(2) Je ne suis point ici d'accord avec M. Pohl, qui parle des ouvriers de Goyaz avec un mépris qu'ils ne méritent certainement pas. Je n'ai pas remarqué non plus que les marchandises qu'on vend dans cette ville fussent plus mauvaises que dans tout le reste du Brésil: comme partout, il y en avait sans doute de mauvaises et de bonnes.

n'est personne qui n'ait une maîtresse ; on l'entretient dans sa propre maison, on élève autour de soi les enfants qui naissent de ces unions illégitimes, dont on rougit aussi peu que d'un lien sacré, et, si par hasard quelqu'un se marie, il devient aussitôt l'objet du ridicule. Ce relâchement dans les mœurs date du temps où le pays fut découvert. Si les aventuriers qui, les premiers, s'enfoncèrent dans ces déserts avaient avec eux quelques femmes, c'étaient des négresses avec lesquelles leur orgueil ne leur permettait pas de s'unir par le mariage ; la même raison les empêcha d'épouser des femmes indigènes : ils n'eurent que des concubines. Dans l'origine, il dut en être de même de la province des Mines ; mais comme elle est moins éloignée des côtes, qu'elle s'est peuplée davantage, que sa splendeur n'a pas été aussi éphémère, les femmes honnêtes durent y arriver en plus grand nombre. Aujourd'hui même qu'il y a partout, dans celle de Goyaz, des établissements fixes, quelle femme ne serait pas effrayée par la distance des ports de mer à ce pays central et par les fatigues d'un voyage de plusieurs mois à travers des déserts où l'on manque souvent des choses les plus nécessaires? Les descendants des premiers colons goyanais ont dû nécessairement marcher sur les traces de leurs pères ; le libertinage est devenu une coutume, et le peuple est continuellement encouragé à s'y livrer par l'exemple de ceux qui le gouvernent.

Il est rare que les employés qui se résignent à s'enfoncer aussi loin dans l'intérieur soient mariés. Ils arrivent dans un pays où le concubinage public est général ; ils trouvent commode de se conformer à l'usage, et, en le suivant, ils l'autorisent. Parmi les capitaines généraux qui gouvernèrent la province de Goyaz jusqu'en 1820, il n'y en eut pas un seul qui fut marié, et tous eurent des maîtresses avec lesquelles ils vivaient publiquement. L'arrivée d'un général à Villa Boa répandait la terreur parmi les hommes et mettait en effervescence l'ambition de toutes les femmes. On savait que bientôt il choisirait une maîtresse, et, jusqu'à ce qu'il eût jeté le gant, chacun tremblait pour la sienne.

Mais les magistrats et les employés de Villa Boa ne sont pas les seuls dont l'inconduite semble justifier celle du peuple. Des hommes dont la vie devrait être une protestation incessante contre des déréglements tout à la fois contraires aux lois de la religion et de la morale, aux progrès de la civilisation, au maintien de la famille et de la société, les prêtres eux-mêmes, par leurs coupables déportements, autorisent les désordres des fidèles qui leur ont été confiés. Leurs concubines demeurent avec eux ; des enfants croissent sous les yeux du père et de la mère, et souvent (1819), je dois le dire la rougeur sur le front, le prêtre, quand il se rend à l'église, est accompagné par sa maîtresse. Si ces abus déplorables n'ont pas entièrement disparu au moment où j'écris, puisse la publicité que je leur donne attirer l'attention de ceux qui sont appelés à en connaître, et les exciter à faire rentrer dans les voies du christianisme et d'une véritable civilisation un peuple qui, lors de mon voyage, tendait, chaque jour, à s'en éloigner davantage (1).

(1) Nous savons, par le *Memoria estatistica* de Luiz Antonio da Silva e Sousa, quel était encore, en 1832, le triste état de l'enseignement dans la capitale de la province de Goyaz. « Les arts libéraux, dit cet écrivain,
« sont actuellement peu cultivés dans le ressort de la justice de cette
« ville, et il en est de même des sciences pour l'enseignement desquelles
« le conseil général a cependant proposé la création de plusieurs chaires.
« Il n'existe actuellement à Goyaz qu'un professeur de grammaire latine,
« une école lancastrienne et quelques écoles privées où l'on suit l'an-

Pendant le jour on ne rencontre que des hommes dans les rues de Goyaz; mais, aussitôt que la nuit vient, des femmes de toutes les couleurs sortent de leurs maisons et se répandent dans la ville. Elles se promènent ordinairement plusieurs ensemble, très-rarement avec des hommes. Tout leur corps est enveloppé dans de longues capotes de laine; leur tête est couverte d'un mouchoir ou d'un chapeau de feutre : ici encore, elles vont à la suite les unes des autres; elles se traînent plutôt qu'elles ne marchent, ne remuent ni la tête, ni les bras, et semblent des ombres qui se glissent dans le silence de la nuit. Les unes sortent pour leurs affaires, d'autres pour rendre des visites, le plus grand nombre va à la recherche des bonnes fortunes.

L'œil noir et brillant des femmes de Goyaz trahit les passions qui les dominent; mais leurs traits n'ont aucune délicatesse, leurs mouvements n'ont aucune grâce, leur voix

« cienne méthode. Des particuliers ont voulu donner gratuitement des « leçons de géométrie, d'arithmétique, de français et de musique; mais « ils ont eu peu d'élèves. » Par ce passage, tiré d'un écrit qui a un caractère à peu près officiel, on peut juger de l'état de l'instruction dans les parties reculées de la province. Gardner dit d'un des villages du nord où il passa en 1840, que l'école n'était nullement suivie et qu'on était privé de livres. Je me rappelle, à ce sujet, que, me trouvant, en 1818, dans la province de Minas Geraes, je passai plusieurs jours chez un très-bon homme, qui tenait tout à la fois une *venda* et une école. Cet homme ne quittait guère son comptoir; mais, comme la petite pièce où étaient les enfants restait ouverte, il pouvait les entendre et voir ce qu'ils faisaient. Ceux-ci n'avaient aucun livre; ils s'exerçaient sur une feuille de papier, éternellement la même, où l'on avait écrit à la main les tristes doléances d'un pauvre prisonnier. Ils passaient leur vie à lire et à relire tout haut la lettre du captif, ou, pour mieux dire, ils devaient la réciter; car, après tant d'années, je n'en ai point encore oublié la dernière phrase : *Nunca verei mais o arraial de S. Bartholomeu* (je ne verrai plus jamais le village de S. Barthélemy)!

est sans douceur. Comme elles ne reçoivent point d'éducation, leur entretien est entièrement dépourvu de charmes; elles se montrent embarrassées, stupides et sont descendues à n'être à peu près que les femelles des hommes (1819).

Il est facile de concevoir que ceux-ci, étrangers aux douceurs de la société, menant une vie oisive entre des femmes sans principes et sans la plus légère instruction, doivent être peu délicats dans tous leurs goûts; aussi celui du tafia (*cachaça*) est-il général chez les habitants de Villa Boa. Enervés par le libertinage, fatigués de leur nonchalance, ils trouvent dans l'eau-de-vie un stimulant qui, pour quelques instants, les arrache à leur apathie et les empêche de sentir la monotonie de leur existence.

Il ne faut pas croire cependant que le goût de ces hommes pour le tafia les conduise fréquemment à l'ivresse. Je dois m'empresser de dire à la louange non-seulement des Goyanais, mais encore des habitants du Brésil en général, que je ne me rappelle pas d'avoir vu, dans le cours de mes longs voyages, un seul homme qui fût ivre, et cette observation se trouve confirmée par un voyageur moderne entièrement digne de foi. Voici, en effet, de quelle manière s'exprime M. George Gardner (1) : « En venant du Brésil, je débarquai un dimanche matin à Liverpool, et dans ce seul jour je vis plus d'ivrognes, au milieu des rues de cette ville, que je n'en avais aperçu, parmi les Brésiliens, blancs ou nègres, pendant toute la durée de mon séjour dans leur pays, qui fut de cinq années. »

En tout pays, les petites villes sont jalouses des grandes, où l'on ne songe point à elles. Personne, à Villa Boa, ne

---

(1) *Travels*, etc.

me parla de Santa Luzia et de Meiaponte, et dans ces deux villages tout le monde se récrie contre la mauvaise foi des habitants de Villa Boa. La province des Mines inspire à celle de Goyaz une semblable jalousie. Les Mineiros ont à peine l'air de soupçonner l'existence de Goyaz, et les Goyanais ne cessent de déclamer contre les Mineiros. Ils conviennent que ceux-ci ont beaucoup d'intelligence, ils leur accordent plus d'activité qu'ils n'en ont eux-mêmes (tout est relatif dans ce monde); mais ils les accusent de manquer de délicatesse. Ce reproche est, au reste, si général, d'une ville à l'autre, d'une province à une autre province, qu'on serait presque tenté de croire que tous le méritent. Quant au pays de Goyaz, en particulier, le défaut de bonne foi y est le résultat nécessaire de l'altération continuelle des valeurs représentatives et de l'habitude de faire la contrebande; et, comme la falsification de l'or en poudre est, ainsi que je l'ai dit au *Tableau général de la province*, plus fréquente à Villa Boa que dans les villages, il est clair que les habitants de Meiaponte et de Santa Luzia ont quelque droit de faire à ceux de la capitale les reproches qu'ils leur adressent (1).

(1) Ceux qui auront lu la citation de Pizarro, que j'ai insérée au *Tableau général de la province*, verront que je suis loin de me permettre, dans tout ce qui précède, quelque exagération. Voici encore de quelle manière s'exprime Luiz d'Alincourt : « Les Goyanais sont peu industrieux ; « mais ce ne sont pas les moyens naturels qui leur manquent; ils se lais- « sent dominer par la paresse et se livrent, sans aucun frein, aux plaisirs « des sens (*Mem.*, 93). » Après avoir fait, dans plusieurs endroits de son livre, un tableau hideux des habitants du pays qui s'étend, en droite ligne, de Barbacena à la frontière de Goyaz, Mattos ajoute ce qui suit en parlant de la population de cette dernière province : « Ce sont les mêmes mœurs, « la même paresse, la même indolence ; des maisons et des jardins aussi « peu soignés, une agriculture également presque nulle, la même ten-

Lorsque j'arrivai à Villa Boa, je descendis au palais et je présentai au gouverneur, M. Fernando Delgado Freire de Castilho, mes passe-ports et les lettres de recommandation que j'avais pour lui. J'en fus parfaitement accueilli ; il m'engagea beaucoup à dîner tous les jours chez lui, pendant le temps que je resterais à Villa Boa, et me fit toutes les offres possibles de service. Du palais je me rendis chez le colonel Francisco Leite, qui me reçut très-bien et me fit conduire à la maison qu'il me destinait.

Le lendemain, d'après l'invitation que m'avait faite le gouverneur, je me rendis au palais à l'heure du dîner. Après avoir traversé le portail dont j'ai parlé plus haut et qui sert de corps de garde, je montai le perron et j'entrai dans un vestibule que le corps de garde prive de lumière et où se tient une sentinelle. Une porte, fermée, suivant l'ancien usage, par une pièce de drap vert aux armes de Portugal, ouvre sur une antichambre entourée de bancs de bois à grands dossiers. J'y trouvai réunies les principales

« dresse, les mêmes complaisances pour les vagabonds, joueurs de guitare « (*Itin.*, I, 138). » Cet auteur se montre, à la vérité, plus indulgent pour la cité de Goyaz en particulier ; mais on doit sentir que sa position lui imposait quelque réserve. Quant au docteur Pohl, quoiqu'il n'entre pas dans beaucoup de détails, il n'est guère moins sévère que Pizarro. On peut même lui reprocher de devenir injuste quand il s'exprime ainsi qu'il suit : « C'est une des particularités de ce pays que les habitants « s'empressent autour de l'étranger et lui témoignent de l'amitié, afin « de s'assurer de lui et de lui faire payer les moindres services de la « manière la plus honteuse (*Reise*, I, 364). » Pohl a pu rencontrer, à Goyaz, des hommes de cette trempe, comme il s'en trouve dans tous les pays ; mais je ne me rappelle pas que rien de semblable me soit arrivé pendant les six ans que j'ai mis à parcourir le Brésil ; j'ai trouvé presque partout l'hospitalité la plus aimable comme la plus généreuse, et je crois qu'il n'y a rien dans le caractère des Brésiliens en général qui justifie l'accusation que l'auteur autrichien porte contre les Goyanais.

autorités du pays, et bientôt parut le capitaine général. La première chose qu'il fit, après avoir salué tout le monde, fut de me présenter deux enfants de sept à huit ans, un garçon et une fille, en me disant : Ce sont deux petits Goyanais, des enfants de la nature; mais Sa Majesté a eu la bonté de les reconnaître pour les miens et de les légitimer (1). On vint annoncer que le dîner était sur la table. Nous passâmes, par une galerie fort large, dans un grand salon assez triste, mais bien meublé. Le dîner avait été servi dans une salle un peu obscure et d'une grandeur médiocre. Les mets étaient abondants et bien préparés; de la porcelaine et de fort belle argenterie brillaient sur la table. Il était impossible de ne pas être émerveillé de ce luxe, en pensant que rien ne vient à Villa Boa qu'à dos de mulets et que nous étions à 300 lieues de la côte.

On voyait sur la table plusieurs carafes de vin; le gouverneur m'en donna un verre pour que je busse à la santé de notre ami commun, João Rodrigues Pereira de Almeida, qui m'avait donné une lettre pour lui (2); mais personne n'y goûta que nous deux. Pendant mon séjour à Villa Boa, le vin reparut tous les jours sur la table, mais il était là à peu près pour la montre; le gouverneur s'en versait, je crois, un petit verre; je ne buvais que de l'eau. Le vin est ici extrêmement cher; on n'en vend pas à moins de 1,500 reis (9 f. 37 c.) la bouteille, et, lors de mon voyage, les ca-

(1) On sait qu'autrefois, en France, la légitimation des enfants naturels appartenait également aux rois.
(2) J'ai fait connaître M. João Rodriguez Pereira de Almeida dans plusieurs parties de mes ouvrages, et en particulier au commencement de mon *Voyage dans les provinces de Rio de Janeiro*, etc.

II. 6

ravanes qui devaient en apporter n'étaient point encore arrivées.

Dans le premier dîner que je fis au palais, une assiette de superbes raisins muscats ne fut, comme le vin, qu'un objet d'envie pour la plupart des convives; je fus plus favorisé, et je les trouvai excellents. Quoique la vigne produise ici de très-bons fruits et que les essais qui ont été tentés pour faire du vin aient été assez heureux, un plat de raisin est encore un objet de luxe, tant il y a dans ce pays de négligence et de paresse.

Le surlendemain de mon arrivée, le capitaine général me montra tout l'intérieur du palais, nom pompeux qui n'est guère mérité par le bâtiment qui le porte. Les appartements en sont vastes, mais tristes et obscurs. L'ameublement a été fait dans le pays même. Un petit jardin, assez négligé, dépend du palais. On en a pavé les allées, comme le sont, en général, celles de tous les jardins un peu soignés de ce pays, ce qui leur donne un air guindé et les rend extrêmement tristes. Un jet d'eau ornait autrefois le jardin du palais; mais les tuyaux étaient en bois, ils n'ont pas tardé à pourrir et on ne les a pas renouvelés.

Fernando Delgado, qui gouvernait Goyaz à l'époque de mon voyage, y était arrivé le 26 novembre 1809. C'était un homme froid; il avait de l'esprit, quelque instruction, un ton excellent, une parfaite intégrité, et connaissait le monde. Il désirait sincèrement faire le bien; mais il avait trouvé partout la résistance passive la plus décourageante, résultat de l'apathie des habitants et de l'insouciance du gouvernement central. Voyant, dès le moment de son arrivée, que la province de Goyaz ne trouvait presque plus de ressources dans l'exploitation de ses mines, il sentit qu'il fallait diriger les efforts des habitants vers l'agriculture et le commerce; il tâcha donc d'ouvrir des débouchés aux produits de leurs terres, et s'attacha à faciliter la navigation de l'Araguaya et du Tocantins. Il fut parfaitement secondé par l'*ouvidor* de la Comarca do Norte JOAQUIM THETONIO SEGURADO, et d'heureux succès couronnèrent les tentatives de ce magistrat; mais, pour donner quelques suites à d'aussi grandes entreprises, il aurait fallu plus de persévérance et d'activité que n'en ont aujourd'hui les Goyanais, et les glorieux efforts de Fernando Delgado sont, en définitive, restés jusqu'à ce jour (1819-1822) à peu près sans résultat (1).

Dans un des dîners que je fis au palais, un jeune magistrat, nouvellement arrivé, témoigna sa surprise de l'étrangeté des mœurs du pays, et fit observer qu'il était inconcevable que les habitants de Villa Boa, ayant leurs maîtresses dans leurs maisons et vivant avec elles comme si elles étaient leurs femmes, ne les épousassent pas. Voulez-vous, s'écria le gouverneur en montrant son fils et sa fille, que j'épouse la mère de ces enfants, la fille d'un charpentier! Ces paroles, qui mirent fin à la conversation, indiquaient déjà les sentiments qui amenèrent la déplorable fin de l'infortuné Fernando Delgado. Il quitta son gouvernement, au mois d'août 1820, pour retourner en Portugal, et partit de Villa Boa avec ses enfants et sa maîtresse. Arrivé à Rio de Janeiro, celle-ci lui déclara qu'elle consentirait à le suivre en Europe, mais comme sa femme et non comme sa concubine. Fernando Delgado, auquel des souffrances ôtaient, dit-on, une parfaite lucidité d'esprit, ne put sup-

(1) PIZ., *Mem. hist.*, IX, 178. — POHL, *Reise*, I, 352 et suiv.

porter l'alternative où il se trouvait d'épouser la fille du charpentier ou de la laisser au Brésil et mit fin à sa propre existence (1).

J'étais à peine arrivé à Villa Boa, que je reçus la visite des principaux fonctionnaires publics. Je leur trouvai des manières très-honnêtes ; tous étaient bien mis et avec une propreté extrême.

Celui d'entre eux qui me fit le plus d'avances fut RAIMUNDO NONATO HYACINTHO, greffier de la junte du trésor royal (*escrivão da junta da fazenda real*). Dès le surlendemain de mon arrivée, il m'envoya chercher pour déjeuner avec lui, et il me dit qu'il voulait que je prisse mes repas dans sa maison, toutes les fois que je ne mangerais point au palais. Raimundo était né en Europe; il avait voyagé, avait eu des aventures et se plaisait à les conter (2). Il aimait ses aises et possédait à Goyaz une maison charmante qu'il avait fait bâtir et qui réunissait à une très-grande propreté toutes les commodités des maisons européennes. Ce qu'il y a de remarquable, c'est que ses meubles et son argenterie avaient été faits à Villa Boa. A la vérité, il en avait donné les dessins, mais l'exécution montrait combien les ouvriers goyanais ont naturellement d'habileté et d'intelligence. Lui seul les avait formés, et sous sa direction ils avaient appris à exécuter une foule d'ouvrages qui, à la même époque, étaient inconnus à Minas. Raimundo me

---

(1) Le fils de Fernando Delgado est mort, à Paris, très-jeune encore, attaché à la légation brésilienne.

(2) Après la révolution qui a pour jamais séparé le Brésil du Portugal, Raimundo Nonato Hyacintho fut nommé membre du gouvernement provisoire de Goyaz; il est mort de 1826 à 1836 (MAT, *Itin.*, I, 136; II, 339).

montra, entre autres choses, une litière qu'il avait fait faire à Villa Boa, et qui offrait toutes les petites recherches de nos voitures de voyage les mieux soignées (1).

Quand j'arrivai à Villa Boa, j'y trouvai le missionnaire italien dont j'ai parlé. Il appartenait, comme je l'ai dit, à l'ordre des Capucins, et avait été envoyé par le gouvernement portugais à *Albuquerque*, dans la province de Matogrosso, pour diriger un *aldea* d'Indiens. Villa Boa se trouvait sur sa route; il y avait séjourné, retenu par les instances du peuple et celles du capitaine général, et avait excité un enthousiasme extraordinaire. On venait se confesser à lui de 15 à 20 lieues à la ronde; les *batuques* avaient cessé; l'église paroissiale était entièrement pleine lorsqu'il prê-

(1) Il paraîtrait que, depuis cette époque, les ouvriers de Goyaz n'ont plus trouvé personne pour les diriger; car voici, selon M. Kidder, comment s'exprime le ministre de l'empire dans son rapport de l'année 1844 : « Il est à peine possible de découvrir, à Goyaz, quelques personnes qui « possèdent un peu d'habileté dans les arts mécaniques, eu égard, sur« tout, aux besoins de cette vaste contrée. Huit ouvriers français se diri« geaient récemment vers Matogrosso : lorsqu'ils passèrent par Goyaz, « le gouvernement provincial décida trois d'entre eux, un charpentier, un « menuisier, un forgeron, à rester dans le pays, et cet événement parut « assez important pour être officiellement relaté dans le message adressé, « par le président, à la plus prochaine assemblée provinciale... »— Luiz Antonio da Silva e Sousa dit que, en 1832, on comptait, dans la cité de Goyaz, 14 serruriers avec 6 apprentis, 27 charpentiers et quelques élèves, 15 cordonniers avec 7 apprentis, 8 orfévres, 4 chaudronniers, 10 potiers, et il ajoute que ce qui nuit singulièrement aux progrès des ouvriers, c'est que tous veulent travailler pour leur propre compte aussitôt qu'ils savent quelque petite chose (*Mem. estat.*, 12). On remédierait facilement à ce grave inconvénient en obligeant les apprentis à passer des traités avec leurs maîtres, et en créant, pour faire respecter les engagements réciproques, un tribunal d'hommes notables, qui, comme nos prud'hommes, régleraient les affaires sans pouvoir exiger aucune rétribution.

chait; on lui amenait les enfants malades pour qu'il les bénît, et, quand il passait dans les rues, on s'empressait autour de lui pour baiser ses mains et ses habits. L'amour de la nouveauté avait certainement sa part dans cet enthousiasme; cependant elle n'en était point l'unique cause.

Je mangeais tous les jours au palais avec le père Joseph; ce n'était ni un homme instruit ni un homme d'esprit, mais, ce qui vaut mieux, il était régulier, charitable, plein de douceur et de patience, gai, d'un caractère égal, et, comme le peuple ne trouvait malheureusement que des vices dans les prêtres qu'il avait tous les jours sous les yeux, il n'avait pu voir, sans une admiration profonde, un homme véritablement chrétien. Telle est l'impression que durent produire sur les païens les exemples des premiers fidèles.

CHAPITRE XXI.

LES INDIENS COYAPÓS.

Départ de Villa Boa. — Pays situé au delà de cette ville. — Halte en plein air au lieu appelé *As Areas. Carrapatos.* — Pays situé au delà d'As Areas. Un Palmier à feuilles en éventail.— *Gurgulho.*— La *Serra Dourada. Arvore do Papel.* — Pays situé au delà de Gurgulho. — *Aldea de S. José.*— Son histoire.— Description de cet aldea.— Régime auquel sont soumis les Indiens Coyapós. — Comparaison de ce régime avec celui que suivaient les jésuites pour les Indiens de la côte. — Visite aux Coyapós dans leurs plantations. — Leurs maisons. — Leurs danses. — Leurs noms. — Leur langue. Vocabulaire. — Leur caractère. — Triste avenir de l'Aldea de S. José. — Maladies des Coyapós. — Leur instruction religieuse. Observation sur les devoirs de leur curé. — Leur industrie dans l'état sauvage et dans l'état demi-civilisé. — Comment ils font les corbeilles qu'ils nomment *jucunús.*— Ce qui, chez eux, remplace les lits. — Les femmes chargées de porter les fardeaux. — Comment elles font cuire la viande. — Boisson forte. — Usages suivis lors des décès, des naissances et des mariages. — Jeu du *touro.* — Visite à Dona Damiana.

Pendant le temps que je passai à Villa Boa, tous les habitants me comblèrent d'honnêtetés, et mon séjour dans cette ville fut très-agréable. Je déjeunais et je soupais chez Raimundo, et je dînais chez le capitaine général. L'arrangement des objets d'histoire naturelle que j'avais déjà recueillis, la conversation, les devoirs qu'il fallait que je rendisse remplissaient la plus grande partie de mes instants.

Je partis le 3 de juillet avec le projet de monter sur la Serra Dourada, de visiter l'*Aldea de S. José,* habité par des Indiens de la nation des Coyapós, enfin d'aller, vers l'ouest, jusqu'au *Rio Claro,* où l'on trouve des diamants, et même jusqu'à la frontière de la province de Matogrosso, si je pouvais espérer quelque fruit de ce voyage.

Après être sorti de la ville, je montai un peu et traversai une certaine étendue de terrain couvert d'arbrisseaux qui, rameux dès la base et rapprochés les uns des autres, me rappelèrent les *carrascos* de Minas Novas (1). Les tiges, cependant, étaient plus grosses, les rameaux plus tortueux, les feuilles plus grandes, et un examen un peu attentif me fit reconnaître, dans ces arbrisseaux, la plupart des arbres des *campos* ordinaires, qui doivent, sans doute, cet état de dégénération non-seulement à la nature du sol pierreux et sablonneux, mais bien plus encore à ce qu'ils ont été cent fois coupés par les nègres de la ville et à ce que les jeunes pousses sont souvent consumées par le feu lorsqu'on brûle les pâturages : ce seraient, en quelque sorte, des taillis de ces arbres nains dont les *campos* sont parsemés. Ce qui prouve évidemment que la nature du sol n'a pas seule influé sur la dégénération de ces arbres, c'est que, à quelque distance de la ville, je retrouvai toutes les formes de la végétation ordinaire des *campos,* quoique le terrain fût peut-être encore plus sablonneux et plus pierreux. Je

---

(1) On appelle *carrascos* des espèces de forêts naines composées d'arbrisseaux de 3 ou 4 pieds, dont les tiges et les rameaux sont grêles, et qui sont, en général, rapprochés les uns des autres (voyez mon *Voyage dans les provinces de Rio de Janeiro et de Minas Geraes,* II, 22, et mon *Tableau de la végétation primitive dans la province de Minas Geraes,* dans les *Nouvelles Annales des voyages,* 1837).

vis quelques espèces que je ne connaissais pas, et je ne doute point que, dans une autre saison, je n'eusse fait une abondante récolte.

Depuis la ville jusqu'à l'endroit où je fis halte, dans un espace de 1 lieue environ, le pays est montueux, et j'eus presque toujours devant moi l'extrémité de la Serra Dourada, montagne éloignée d'environ 5 lieues de la cité de Goyaz, du côté du sud. Cette Serra, qui, comme je l'ai déjà dit, semble nivelée à son sommet et dont le flanc présente des rochers nus et à pic, communique un caractère de grandeur à ces solitudes sauvages et stériles. Ainsi qu'on l'a déjà vu, elle fait partie de la Serra do Corumbá et do Tocantins, qui, au delà de Villa Boa, s'avance vers le sud, pour ensuite se prolonger plus ou moins directement vers le sud-ouest (1).

Je ne vis dans cette courte marche absolument aucune maison, ce qu'explique facilement la mauvaise qualité du

(1) Da Silva e Sousa, Pohl et Mattos disent que la portion de la Serra do Corumbá e do Tocantins, à laquelle on donne, dans le pays, le nom de *Serra Dourada*, s'étend jusqu'à la province de Matogrosso, et je ne trouve rien dans mes notes qui contredise cette opinion; cependant il est clair que Cazal, qui possédait toutes les anciennes traditions, plaçait entre la Serra Dourada et le Rio Claro d'abord la *Serra Escalvada*, puis la *Serra de Santa Martha*, que, plus récemment, on a cru retrouver dans les déserts des Coyapós. — Selon Pizarro (*Mem.*, IX, 230), la Serra Dourada couperait tout le territoire de Goyaz, elle s'étendrait jusqu'à Matogrosso, et les Pyreneos ne seraient que cette même Serra Dourada. L'auteur des *Memorias* a évidemment eu l'idée d'une chaîne continue depuis la frontière de Minas jusqu'à celle de Matogrosso; mais il a eu le tort d'appliquer à toute cette chaîne un nom que les habitants ne donnent qu'à une de ses parties les plus élevées, ce qui peut devenir une source de confusion. La nomenclature que j'ai établie (chap. XI) remédie tout à fait à cet inconvénient, en établissant des noms génériques pour les chaînes continues et conservant soigneusement à leurs diverses portions les noms que donnent à celles-ci les habitants du pays.

terrain : c'est tout au plus si l'on rencontre quelques rares habitants dans les cantons les plus fertiles.

J'étais parti fort tard de la ville ; je ne fis, comme je viens de le dire, que 2 lieues environ, et je m'arrêtai sur le bord d'un ruisseau, dans une espèce de salle formée par des arbres touffus. Ce lieu porte le nom d'*As Areas* (les sables), qu'il emprunte au ruisseau qui l'arrose (*Corrego das Areas*).

Depuis quelque temps, les *carrapatos* devenaient insupportables : ainsi qu'on l'a vu, j'en avais déjà été assailli dans les Montes Pyreneos ; à Mandinga, ils étaient excessivement multipliés ; à Areas, il n'y avait peut-être pas un brin d'herbe qui n'en fût couvert.

Au delà d'As Areas, le sol continue à offrir un mélange de pierres et de sables ; des groupes d'arbres tortueux et rabougris sont dispersés çà et là ; les *Vellosia* (vulgairement *canela d'ema*), amis des lieux élevés et des terrains stériles, se montrent en assez grande abondance. Jusqu'alors, je n'avais trouvé d'autre espèce de Palmier à feuilles digitées que le *bority* ; en deçà et au delà d'As Areas, j'en vis une seconde espèce (n° 765), que je ne crois pas avoir rencontrée depuis.

La veille, j'avais commencé à tourner l'extrémité de la Serra Dourada ; au delà d'Areas, je marchai, dans une partie du chemin, à peu près parallèlement au côté méridional de ces montagnes.

Après avoir fait 1 lieue, j'arrivai à une maison qui alors tombait en ruine, mais qui avait dû être fort jolie. Elle était entre les mains du fisc (*fazenda real*), et, comme on l'a vu, il laisse détruire ici et à Minas toutes les propriétés dont il s'empare.

Depuis cette maison jusqu'au lieu où je fis halte, dans l'espace de 1 lieue, le chemin est très-beau et bordé de *campos* d'arbres rabougris. D'un côté, on découvre une vaste plaine; du côté opposé, le commencement de la Serra Dourada. Après avoir traversé un ruisseau limpide, j'arrivai à une maison assez grande et fort commode, appelée *Gurgulho* (1), qui a eu le sort de celle dont j'ai parlé tout à l'heure; la *fazenda real* l'a aussi laissée tomber en ruine.

Je n'avais fait que 2 *legoas* quand j'arrivai à Gurgulho; mais je ne voulus pas aller plus loin, pour être, le lendemain, très-rapproché de la *Serra Dourada* (2) (la montagne dorée), où je voulais faire une excursion.

Je pris avec moi José Marianno. Après avoir traversé quelques *queimadas* et des *campos*, où les arbres rabougris sont très-éloignés les uns des autres, comme cela arrive toujours dans les mauvais terrains, nous attachâmes nos mulets sur le bord d'un ruisseau et nous commençâmes à monter : si nous n'avions fait plusieurs pauses, il ne nous aurait probablement pas fallu plus d'une demi-heure pour arriver au sommet de la Serra. Elle n'offre aucune anfractuosité remarquable; mais, dans la partie peu considérable où je la parcourus, je la trouvai couverte de grosses pierres entassées, entre lesquelles croissent des arbres rabougris. Comme le terrain est sans eau et, ainsi que je viens de le dire, extrêmement pierreux, la plupart des plantes étaient dessé-

(1) Les mineurs brésiliens donnent le nom de *gurgulho* aux débris de roche encore anguleux au milieu desquels on trouve l'or dans les exploitations de minières dites *lavras de gupiara* (*Voyage dans les provinces de Rio de Janeiro et de Minas Geraes*, I, 252).

(2) Pohl écrit *Serra d'Ourada*; *ourada* n'est pas un mot portugais; *dourado* est le participe du verbe *dourar*.

chées, et je n'en trouvai qu'un petit nombre en fleur.

Parmi les arbres rabougris que l'on voit au milieu des pierres amoncelées, il en est un qui doit être cité, celui qu'on nomme, dans le pays, *Arvore do Papel* (arbre au papier), parce que son écorce, parfaitement blanche, se compose de plusieurs couches séparables et fort minces (1), qui ont la consistance du papier de la Chine ; il s'élève à peu près de 5 à 8 pieds ; sa tige est tortueuse, ses rameaux, qui le sont également, commencent à peu de distance de la base du tronc ; ils ont une position presque verticale et se terminent par un grand nombre de ramules courts et menus. A l'époque de mon voyage, cet arbre était malheureusement dépouillé de ses feuilles, et je ne pus savoir à quel genre il appartient ; mais, plus tard, malgré la difficulté des communications, M. l'abbé Luiz Antonio da Silva e Sousa (2), l'auteur de l'écrit intitulé, *Memoria sobre o descobrimento, etc., de Goyaz*, m'en fit parvenir à Rio de Janeiro un échantillon en fleur. Je reconnus que l'*Arvore do Papel* est une Mélastomée, et, depuis, il a été décrit par le docteur Pohl, sous le nom de *Lasiandra Papyrus* (3). Je n'ai trouvé cet arbre remarquable que dans la Serra Dourada, et M. Pohl dit aussi qu'il ne l'a pas vu ailleurs.

Parvenu au sommet de la montagne, je découvris une étendue considérable de pays ; je distinguais très-bien Villa

---

(1) Pohl, qui était au mois de mars sur la Serra Dourada, paraît croire que le seul épiderme est séparable. Sa mémoire l'aura mal servi, ou bien la séparation ne se fait pas, dans le temps où la plante est en pleine végétation, comme dans celui de la sécheresse.

(2) Je n'écris point *Souza* comme Pohl et Mattos, parce que l'auteur lui-même a signé du nom de *Sousa* son écrit intitulé *Memoria estatistica*.

(3) *Reise*, I, 397.

Boa, qui semble une oasis au milieu d'un désert, et, beaucoup plus loin, je reconnus les deux sommets des Montes Pyreneos.

A la hauteur de la *Fazenda da Conceição*, dont je parlerai tout à l'heure, il existe, m'a-t-on dit, dans la Serra Dourada, une galerie creusée par un des capitaines généraux de Goyaz, qui en tira de l'or pour une valeur de 80,000 cruzades. Tout le monde s'accorde à dire que le précieux métal abonde dans ces montagnes; mais le manque de capitaux, de bras et probablement d'eau ne permet pas qu'on puisse l'extraire.

Dès le bas de la montagne, nous avions commencé à être tourmentés par une espèce d'abeille noire, extrêmement petite, dont l'odeur est celle de l'ambre, et qui se plaisait dans nos cheveux, se posait sur nos visages, entrait dans nos yeux, pénétrait dans nos oreilles; au sommet de la montagne, l'air était rempli de ces insectes : ils devinrent tellement insupportables et je trouvais si peu de plantes que je pris le parti de retourner à Gurgulho.

Le lendemain, je marchai toute la journée parallèlement à la Serra Dourada.

A 1 lieue de Gurgulho, je passai devant une *fazenda* considérable, celle de la *Conceição* (conception), qui appartenait au curé de l'Aldea de S. José : c'était la première maison habitée que je voyais depuis que j'avais quitté la capitale de la province, et cependant j'avais fait 5 *legoas*.

Entre la Conceição et l'*aldea*, le pays est montueux et boisé. Les arbres avaient encore toute leur verdure, ce qui prouve qu'ils la conservent toujours; car, dans la saison où l'on était alors, ils auraient dû en être entièrement dépouillés, s'ils eussent été destinés à la perdre. Dans des espaces considérables, les bois ont été brûlés, le *capim gordura* a pris leur place, et il ne reste plus des arbres qui jadis ombrageaient la terre que quelques troncs noircis et à demi consumés.

Avant d'arriver à l'Aldea de S. José, on le découvre de loin, et, fatigué d'une triste monotonie, on jouit avec délices de l'effet charmant que produisent, dans le paysage, des bâtiments réguliers contrastant avec l'aspect sauvage des déserts qui les environnent.

Cet *aldea*, occupé par des Indiens *Cayapós* ou, comme l'on dit généralement dans le pays, *Coyapós*, n'était point originairement destiné à des hommes de cette nation.

Dès les premiers moments de la découverte de Goyaz, les aventuriers qui se répandirent dans ce pays exercèrent sur les indigènes les plus effroyables cruautés, et ceux-ci se vengèrent plus d'une fois par des représailles non moins horribles. Le gouvernement portugais, presque toujours généreux envers les Indiens, les prit sous sa protection; il ordonna qu'ils fussent traités avec douceur, que les jésuites fussent appelés pour les rendre chrétiens et les civiliser, qu'on n'épargnât aucune dépense et que l'on fît une enquête contre leurs bourreaux. Il y a loin de Lisbonne à Goyaz : ces mesures bienfaisantes restèrent sans résultat.

Quelques *aldeas* furent cependant fondés à grands frais, et, entre autres, ceux de *Douro* et de *Formiga* (1749), près le village *das Almas*, dans la partie septentrionale de la province. D'abord on confia la direction de ces deux aldées aux jésuites, qui bientôt exercèrent sur les *Acroás* (1)

---

(1) Ce n'est certainement ni *Coroás* ni *Aldea do Duro*, comme écrit M. Gardner. Je dois dire cependant que l'orthographe du dernier de ces noms est celle qu'a adoptée Mattos.

qu'on y avait réunis une très-grande influence. Mais, cinq ans plus tard, on plaça une garnison de soldats chez ces Indiens; ceux-ci se révoltèrent et la plupart furent massacrés (1).

Sous le capitaine général JOSÉ DE ALMEIDA, BARON DE MOSSAMEDES (2), vers 1775 ou 1774, ils se révoltèrent encore; on exécuta les chefs, on transplanta dans le voisinage

---

(1) Selon le docteur Pohl, ce seraient les jésuites qui auraient poussé les Indiens à la révolte. J'ai montré ailleurs (*Voyage dans le district des Diamants et sur le littoral du Brésil*, vol. II) que le gouvernement des pères de la compagnie de Jésus était le seul qui fût compatible avec le caractère de ces hommes-enfants, et que ce gouvernement exigeait nécessairement que les blancs fussent éloignés des *aldeas*, ce qui, d'ailleurs, était conforme aux lois du roi Pedro II. Les jésuites préposés aux aldées de Douro et de Formiga durent donc voir avec douleur arriver chez eux des hommes qui allaient détruire leur ouvrage; ils durent prémunir les Acroás contre les mauvais exemples des soldats, et les Indiens, traités, sans doute, par ceux-ci avec cette tyrannie que les aventuriers goyanais exerçaient alors contre leur race, n'auront pu supporter un joug qui contrastait avec la douceur de leurs premiers maîtres. Mais il était bien évident qu'une poignée d'Indiens ne l'emporterait pas sur la puissance portugaise, et que leur révolte amènerait leur destruction et l'expulsion des jésuites eux-mêmes. Prétendre que ceux-ci furent les instigateurs directs de cette révolte, c'est les accuser d'une stupidité grossière, et jusqu'à présent on ne leur a guère fait un semblable reproche. Southey, qui paraît avoir puisé ses renseignements dans le journal intitulé *Patriota*, n'a pas rapporté d'une manière très-satisfaisante les faits qui précèdent; mais il finit par s'écrier : « La conduite des Indiens, dans cette circonstance, n'avait rien « que de bien naturel; on ne manqua pas de l'attribuer aux machinations « des jésuites (*Hist.*, III, 599) ! » Ces religieux ont été chassés de l'Aldea de Douro : nous allons voir ce qu'il est aujourd'hui. Ses habitants, dit M. Gardner qui l'a visité en 1839, sont à peu près abandonnés à eux-mêmes, sans pasteur depuis dix ans, sans maître d'école, à peine abrités par des maisons qui tombent en ruine, se nourrissant du produit de leur chasse et des fruits qu'ils trouvent dans le désert, n'ayant que quelques mauvaises armes pour se défendre contre les sauvages (*Travels*, ch. IX).

(2) Son nom tout entier était JOSÉ DE ALMEIDA DE VASCONCELLOS DE SOBERAL E CARVALHO, BARON DE MOSSAMEDES.

de la capitale les autres prisonniers, et on leur donna une aldée qui avait été construite en 1755 (1), à 5 lieues de Villa Boa. C'était celle de *S. José de Mossamedes* ou, comme l'on dit simplement dans le pays, *S. José*, nom emprunté au capitaine général (2).

Les Acroás ne tardèrent pas à s'éteindre ou à se disperser, et, vers 1781, ils furent remplacés par des Javaes et des Carajás (3) que l'on fit venir de l'*Aldea da Nova Beira*, situé dans le nord de la province, et qui bientôt disparurent à leur tour.

Pendant que ces événements se succédaient, d'autres se passaient ailleurs.

A peine la province de Goyaz avait-elle été découverte, que la guerre avait commencé entre les aventuriers paulistes et les Indiens Coyapós qui errent au sud-ouest de la province dans de vastes solitudes encore presque inconnues. Des deux côtés cette guerre se faisait avec une égale cruauté. Les Coyapós tombaient à l'improviste sur les ca-

(1) Cazal et Pizarro indiquent la date de 1744. Je donne ici celle qui m'a été communiquée dans le pays même et qui a été adoptée par le docteur Pohl. — On attribue la fondation de l'aldea à José de Almeida; mais ou la date de 1755 est erronée, ou ce ne fut pas lui qui bâtit S. José, car il ne gouvernait pas Goyaz en 1755.

(2) L'Aldea de S. José n'a point, à la vérité, d'article spécial dans l'utile *Diccionario geographico do Brazil*; mais il y est indiqué plusieurs fois, sous le nom de *Mossamedes* (vol. I, pag. 398, 528; II, 574). Ce nom, ainsi isolé, n'était certainement point en usage à l'époque du séjour du docteur Pohl et du mien dans l'*aldea* des Coyapós; on ne le trouve pas non plus dans les écrits de Cazal, de Pizarro, de Mattos et de L. A. da Silva e Sousa : il aura peut-être été consacré par quelque décret provincial postérieur à 1832, celui de 1833, par exemple, qui a créé le nouveau district de Jaraguá.

(3) J'écris ce nom tel qu'on le prononce dans le pays. Cazal désigne aussi cette même peuplade sous le nom de *Carajas*; mais on trouve *Carajos* dans les *Memorias* de Pizarro.

ravanes qui se rendaient à S. Paul ou qui venaient de cette ville, et ils forcèrent les Portugais d'abandonner plusieurs établissements formés par ceux-ci dans la partie septentrionale de la province du même nom. Les hostilités duraient encore en 1780, lorsqu'un simple soldat appelé Luiz, qui avait déjà fait partie de plusieurs expéditions contre les Indiens, entreprit, sous la protection du capitaine général, Luiz da Cunha Menezes, de réduire les Coyapós qui passaient pour indomptables. Accompagné seulement de cinquante Portugais et de trois Indiens, il se mit en marche, le 15 février 1780, et s'enfonça dans les déserts des Coyapós. Pendant plusieurs mois, ces hardis aventuriers ne vécurent que de leur chasse et de miel sauvage; ils allaient, avec des signes d'amitié, au-devant de tous les Coyapós qu'ils rencontraient, s'entretenaient avec eux à l'aide des trois interprètes, ne leur témoignaient que de la bienveillance, leur faisaient des présents et finirent par décider un certain nombre d'entre eux à les accompagner jusqu'à Villa Boa, pour faire connaissance avec le *grand capitaine*, nom que les Indiens donnent au chef qui commande à tous les autres (1). Une troupe d'environ qua-

(1) Lorsque j'étais à Rio de Janeiro, au retour de mon voyage à Minas, j'allai, avec Firmiano, à Copocabana, à quelque distance de la ville. Nous montâmes sur une colline : le ciel était d'un bleu d'azur admirable; devant nous, nous découvrions la haute mer; derrière nous s'élevaient de majestueuses forêts; de tous côtés, les mouvements de terrain les plus pittoresques. Je n'avais jamais rien vu de plus beau ; l'Indien exprimait son admiration par une joie enfantine. Plein d'enthousiasme, je profitai de ce moment pour lui parler de Dieu. Le lendemain, je lui demandai s'il se rappelait ce que je lui avais dit à Copocabana. Il se mit alors à faire l'énumération de ce que le Créateur a fait pour les hommes, et la termina par cette exclamation : *O, he um capitão muito grande!*

rante individus, composée d'un vieillard, de six guerriers, de femmes et d'enfants, arriva à la capitale de la province avec le soldat Luiz et fut reçue avec toute la magnificence qu'il fut possible de déployer : on fit des fêtes, on tira le canon, on chanta un *Te Deum* et l'on baptisa les enfants. Le vieillard, enchanté de cet accueil, déclara qu'il ne retournerait plus dans ses forêts; il resta à Goyaz avec les enfants et les femmes, et renvoya les six guerriers en leur recommandant de revenir, après six lunes, avec une troupe plus considérable. Au mois de mai 1781, deux cent trente-sept Coyapós firent leur entrée à Villa Boa sous la conduite de deux caciques et ne furent pas reçus moins bien que les premiers. Le capitaine général fit construire pour tous ces Indiens, à 11 lieues de la capitale, une nouvelle aldée qu'il appela *aldea Maria*, du nom de Dona Maria I, reine de Portugal, et l'on y installa une population de 600 Coyapós. Il ne paraît pas que, depuis cette heureuse époque, les caravanes aient jamais été attaquées par les Indiens sur la route de S. Paul (1).

Cependant, depuis que les Javaes et les Carajás s'étaient éteints, l'Aldea de S. José était resté vacant. Comme il est un peu moins éloigné de la capitale que l'Aldea Maria, on crut vraisemblablement qu'il serait plus économique d'abandonner ce dernier village, et, presque de nos jours, on a transplanté les Coyapós à S. José, malgré l'attache-

(1) Pizarro a rapporté au temps présent de très-anciens mémoires, lorsqu'il a écrit (*Mem.*, IX, 238) que, tous les ans, les Coyapós commettent des hostilités contre les habitants de Santa Cruz et étendent leurs ravages jusqu'à S. Luzia. Il est assez vraisemblable que, sur cette dernière paroisse, un grand nombre de colons n'ont jamais entendu parler des Coyapós.

ment qu'ils avaient pour leurs premières demeures (1).

Ce village, situé sur le sommet d'une colline, est dominé par la Serra Dourada et environné par des mornes qui ne sont guère plus élevés que la colline elle-même; les bâtiments qui le composent sont disposés autour d'une vaste cour de 145 pas de long sur 112 de large et présentent un ensemble d'une régularité parfaite. L'église, édifice simple et d'un bon goût, occupe le milieu d'un des petits côtés de ce carré long. A chacun des angles du carré est un pavillon à un étage; les autres bâtiments n'ont que le rez-de-chaussée. Ces derniers servent en partie de demeure aux soldats chargés de la conduite des Coyapós; le général y a aussi un logement très-agréable, et derrière ce logement est un jardin assez grand, arrosé par un ruisseau que l'on a détourné pour le service de l'*aldea*; enfin une autre portion est employée comme magasin, et l'on y dépose la récolte des plantations communes. Le reste des bâtiments, originairement réservé pour les Indiens, est aujourd'hui (1819) en partie vacant et en partie occupé par une cinquantaine d'*agregados* dont je parlerai tout à l'heure.

Accoutumés, dans les forêts, à coucher sous des huttes où l'on ne peut entrer sans se baisser, les Indiens trouvèrent beaucoup trop froides les maisons assez élevées et couvertes en tuiles où on avait voulu les loger, et eux-mêmes en construisirent d'autres beaucoup plus basses, à quelques pas de l'*aldea*. Le toit de ces dernières est couvert en

(1) Voyez les écrits de Manoel Ayres de Cazal, de Pizarro et de Pohl. — Mattos, dans le peu qu'il dit des Coyapós, n'est point d'accord avec les graves autorités que je cite ici : mais il ne prétendait point écrire l'histoire de Goyaz; il avait pour but d'en tracer l'*itinéraire*, et, ce but, il l'a parfaitement rempli.

chaume; la carcasse est faite à la manière des maisons des Portugais-Brésiliens, avec des perches verticales enfoncées dans la terre et de longs bambous attachés transversalement à ces perches à l'aide d'écorces flexibles; mais, tandis que les Portugais ont coutume de remplir, avec de la terre glaise battue, les intervalles qui restent vides entre ces bâtons croisés, les Coyapós se sont contentés d'y passer des feuilles de Palmier, comme le pratiquent d'autres Indiens qui ont cherché à imiter les constructions européennes. Les chaumières que les Coyapós ont bâties près de l'*aldea* ne sont qu'au nombre de huit à dix; c'est à 1 lieue de S. José, dans leurs plantations, que se trouve la plus grande partie de leurs demeures.

Les *agregados* (1) qui ont pris leur place dans les bâtiments de l'*aldea* sont des mulâtres pauvres auxquels le gouverneur a permis de s'établir parmi les Indiens; ils trouvent à S. José non-seulement un logement qui ne leur coûte rien, mais encore des vivres à bon marché, et ils peuvent faire des plantations sur les terres des Coyapós.

Le régime auquel ceux-ci ont été soumis par les Portugais a été modifié plusieurs fois; je vais le faire connaître tel qu'il était à l'époque de mon voyage.

Le gouvernement général de l'*aldea* est confié à un colonel qui réside à Villa Boa et qui est directeur de tous les *aldeas* de la province. Les Coyapós sont, à S. José, sous la conduite immédiate d'un détachement militaire qui se compose d'un caporal ayant le titre de commandant, d'un simple dragon, tous les deux de la compagnie de Villa Boa,

---

(1) On sait que les *agregados* (agrégés) sont des hommes qui s'établissent sur le terrain d'autrui.

et de quinze *pedestres*, dont deux sont des officiers inférieurs. Parmi les simples *pedestres* se trouvent un serrurier et un charpentier; le premier chargé de réparer les outils des Coyapós, le second d'entretenir les bâtiments de l'*aldea*. Le caporal commandant a le pouvoir de châtier les Indiens en mettant les hommes au *trunco* (1) et en donnant des férules aux femmes et aux enfants. Les Coyapós travaillent la terre en commun pendant cinq jours de la semaine, sous l'inspection des *pedestres*; on dépose la récolte des plantations communes dans les magasins de l'*aldea*, et ensuite elle est répartie, par le caporal commandant, entre les familles indiennes, suivant les besoins de chacune. L'excédant est vendu, soit à la ville, soit aux *pedestres*, qui sont obligés de se nourrir à leurs frais, et, avec l'argent qui résulte de cette vente, le directeur général achète du sel, du tabac, de la toile de coton, des instruments de fer qu'il envoie au caporal commandant pour les distribuer aux Indiens. Il y a dans l'*aldea* un moulin à eau qui fait mouvoir à la fois une meule destinée à moudre le maïs, une machine à dépouiller le coton de ses semences et enfin vingt-quatre fuseaux; une mulâtresse reçoit, chaque année, 50,000 reis

---

(1) Voici de quelle manière j'ai fait connaître ailleurs (*Voyage dans les provinces de Rio de Janeiro*, etc., II, 42) cet instrument de supplice : « Entre quatre pieux sont placées, l'une sur l'autre, horizontalement et de champ, deux grandes planches extrêmement épaisses et d'un poids énorme. Chaque planche présente, dans un de ses bords, des entailles demi-circulaires, faites de manière que les entailles de l'une répondent à celles de l'autre et forment un rond parfait. Lorsqu'on veut punir un homme, on lève la planche supérieure; le coupable passe ses jambes dans deux des entailles de la planche inférieure, et sur celle-ci on laisse tomber la première. Si la faute a été grave, c'est le cou que l'on fait mettre ainsi entre deux planches. »

(312 f. 50 c.) pour enseigner aux femmes coyapós à filer et à faire de la toile de coton, et le résultat de leurs travaux appartient à la communauté comme les produits de la terre. Les deux jours de la semaine dont les Indiens peuvent disposer sont le dimanche et le lundi; ils les emploient à chasser ou à soigner de petites plantations particulières d'ignames (*Caladium esculentum*) et de patates (*Convolvulus Batatas*).

La forme de gouvernement que je viens de faire connaître a été calquée sur celle qu'avaient adoptée les jésuites (1), et il faut avouer qu'elle convient aux Indiens qui, manquant totalement de prévoyance, sont incapables de se gouverner eux-mêmes. Mais les meilleures règles ne suffisent pas; il faut encore des hommes capables de les faire observer, et il n'est certainement personne qui ne sente qu'il est absurde de prétendre obtenir avec des soldats le même résultat qu'avec des missionnaires. Les jésuites étaient mus par les deux mobiles qui font faire les plus grandes choses, la religion et l'honneur; ils auraient réussi, quand même ils eussent choisi, pour les Indiens, une forme de gouvernement plus imparfaite. Mais que peut-on attendre d'hommes comme les *pedestres*, qui, tirés de la dernière classe de la société et tous mulâtres, sont accoutumés au mépris, qui ne sauraient même être excités par la crainte, puisqu'ils vivent éloignés de leurs supérieurs, et qui, mal payés, n'ont d'autre but que de tirer parti des Coyapós pour leurs propres intérêts. Ceux-ci sont mécon-

(1) Voyez ce que j'ai écrit au deuxième volume de mon *Voyage dans le district des Diamants et sur le littoral du Brésil*, relativement aux aldées de la côte et à la conduite des pères de la compagnie de Jésus envers les Indiens.

tents, ils fuient dans les bois; on va à leur poursuite, on les reprend et ils fuient encore. Un seul religieux de la compagnie de Jésus conduisait souvent plusieurs milliers d'Indiens, et avec dix-sept soldats on a de la peine à retenir deux cents Coyapós réunis sans utilité pour l'État et sans une grande utilité pour eux-mêmes.

L'écrit intitulé, *Memoria sobre o descobrimento da capitania de Goyaz* (1), prouve que le gouvernement portugais a dépensé des sommes énormes pour les *aldeas* de cette province : celui de S. José coûta à lui seul 67,346,066 reis (420,912 fr.) pour frais de construction et d'établissement. Cela fait voir que l'on a eu de bonnes intentions; mais l'on a pris de mauvais moyens, et, parmi les dépenses qui ont été faites, il en est dont l'inutilité frappe dès le premier instant. Pourquoi, par exemple, une maison de plaisance pour les gouverneurs de la capitainerie dans l'Aldea de S. José et dans l'Aldea Maria? Pourquoi, dans des *aldeas* d'Indiens, cette foule de bâtiments qui ne devaient jamais être habités par des Indiens? Des chaumières disposées avec régularité, comme dans l'Aldea de S. Pedro et la Villa dos Reis Magos (2), eussent produit, dans le paysage, un effet aussi agréable que les maisons couvertes en tuiles de S. José; elles auraient coûté beaucoup moins d'argent; les Indiens, bien dirigés, auraient pu les construire eux-mêmes, comme faisaient ceux que gouvernèrent autrefois les jésuites, et ils n'auraient eu aucune peine à les habiter.

---

(1) Je parlerai plus tard de ce mémoire et de son auteur, l'abbé Luiz Antonio da Silva e Sousa, que j'ai déjà cité.

(2) Voyez mon *Voyage dans le district des Diamants et sur le littoral du Brésil*, II, 10, 281.

J'avais apporté à S. José une lettre du colonel, directeur général des Indiens, pour le caporal qui commandait dans l'*aldea*. Je trouvai un homme d'un certain âge, tout écloppé, dont le costume ne rappelait en rien l'état militaire, mais dont la figure était assez agréable et les manières honnêtes. A mon arrivée, il me donna un logement fort propre et me fit voir tout l'*aldea*. Je lui exprimai le désir d'aller visiter les Indiens dans leurs plantations ; il me témoigna beaucoup de regrets de ne pouvoir m'y accompagner et me fit conduire par le soldat qui lui servait de second.

Après avoir fait 1 lieue en traversant presque toujours des bois peu élevés et peu vigoureux, nous arrivâmes à une petite éminence qui fait face à la Serra Dourada, et sur laquelle croissent çà et là des arbres rabougris : c'est là que les Coyapós ont construit leurs maisons. Elles sont dispersées entre les arbres, couvertes en chaume, petites, basses, et bâties, comme celles de l'*aldea*, avec des perches enfoncées dans la terre, des bambous qui, attachés horizontalement, se croisent avec ces perches, et des feuilles de palmier qui remplissent les intervalles ; elles n'ont point de fenêtres : l'entrée est fort étroite et se ferme avec des feuilles de palmier. Dans l'intérieur, on voit quelques pierres qui servent de foyer, des corbeilles d'une forme particulière appelées *jucunús*, et quelquefois des *giraos* qui ont à peine la largeur du corps : tel est l'unique ameublement de ces chaumières.

Après les avoir visitées, nous nous rendîmes aux plantations. Nous vîmes d'abord plusieurs femmes qui, sous l'inspection de deux ou trois *pedestres*, détachaient des épis de maïs de leurs tiges. Nous allions passer dans la pièce de terre où travaillaient les hommes, lorsque nous les aperçûmes venant vers nous. On les avait appelés pour les faire danser devant moi. Nous retournâmes donc, le dragon et moi, au lieu où sont les habitations; les Indiens y arrivèrent quelques instants après nous, et bientôt la danse commença.

Les hommes dansèrent seuls, parce qu'on n'avait pas songé à appeler les femmes. Ils formèrent un rond, mais sans se donner la main, et se mirent à chanter. Leurs airs sont d'une monotonie extrême, mais ils n'ont rien de barbare et d'effrayant comme ceux des Botocudos (1). Ils chantèrent d'abord très-lentement et ne faisaient alors que battre la mesure avec leurs pieds sans changer de place. Peu à peu le chant s'anima et les danseurs se mirent à tourner, toujours dans le même sens, indiquant parfaitement la mesure, mais sans aucune vivacité, le jarret un peu plié, le corps courbé en avant et sautillant à peine. Il y avait déjà longtemps que le cercle tournait ainsi, et je commençais à être fatigué d'une telle uniformité, lorsque commença la danse de l'*urubú*, le vautour appelé par les naturalistes *Vultur aura*.

Un des danseurs se plaça au milieu du cercle, et, continuant toujours à faire les mêmes pas, il se baissa, et, avec les trois doigts d'une main qu'il tenait réunis, il donnait des coups répétés sur la terre; ensuite il se redressa à demi, et, se mettant devant les autres danseurs, il faisait des contorsions et feignait de vouloir les frapper de ses doigts qu'il tenait toujours rapprochés, prétendant ainsi imiter l'action de l'urubú, qui déchire les viandes mortes.

(1) Voyez mon *Voyage dans les provinces de Rio de Janeiro et de Minas Geraes*, II, 164.

Cependant on commença à chanter un autre air, et la danse de l'*once* succéda à celle de l'*urubú*. Le même danseur se plaça encore au milieu du rond et se mit à danser, le dos courbé, les deux bras étendus avec roideur vers la terre, les doigts écartés et à demi pliés comme des griffes. Après avoir fait plusieurs tours dans cette position, cet homme sortit du cercle ; se tenant toujours courbé, il se mit à courir après un enfant, le chargea sur son dos, rentra dans le rond et continua à danser : il avait imité le jaguar cherchant sa proie, s'en emparant et l'emportant dans son repaire.

Pendant tout ce temps-là, ces bonnes gens avaient un air de contentement et de gaîté qu'on ne voit jamais chez les tristes Goyanais.

Les Portugais ont donné, je ne sais pourquoi, le nom de Coyapós ou Cayapós à ces Indiens. D'après ce qui m'a été dit, il paraît que ceux d'entre eux qui vivent encore dans les bois, n'ayant dans leur voisinage aucune autre peuplade indienne, n'ont point de nom de nation, mais qu'ils se servent du mot *panariá* pour se distinguer, comme race, des nègres et des blancs : d'où il faut conclure, ce me semble, que ce mot est postérieur à la découverte très-récente du pays, et qu'avant cette époque les Coyapós se croyaient probablement seuls dans l'univers.

On retrouve chez ces Indiens tous les traits caractéristiques de la race américaine : une grosse tête enfoncée dans les épaules, des cheveux plats, noirs, rudes et touffus, une poitrine large, une peau bistrée, des jambes fluettes; comme nation, ils se distinguent, particulièrement, par la rondeur de leur tête, par leur figure ouverte et spirituelle, par leur haute stature, par le peu de divergence de leurs yeux et la teinte foncée de leur peau (1) : les Coyapós sont de beaux Indiens (2).

Parmi ceux de S. José, je vis quelques enfants nés de femmes de leur nation mariées avec des mulâtres. Leurs yeux étaient moins longs et moins étroits que ceux des Coyapós; ils n'avaient ni la grosse tête ni la large poitrine de ces derniers, mais ils se distinguaient entièrement des mulâtres par leurs cheveux qui n'étaient nullement crépus, sans être cependant noirs et durs comme ceux des véritables indigènes.

J'ai dit ailleurs qu'il y a dans la prononciation des langues indiennes des caractères qui appartiennent à toute la race indigène et qui peuvent contribuer à la faire distinguer (3). Comme les diverses nations indiennes que j'avais vues jusqu'alors, les Coyapós parlent du gosier et la bouche presque fermée (4). D'ailleurs, leur langue ne paraît pas avoir de rapports avec les idiomes des peuplades que j'avais visitées jusqu'alors. J'en transcris ici plusieurs mots que j'écrivis sous la dictée d'un Coyapó très-intelligent qui sa-

---

(1) Dans mes deux premières *relations*, j'ai successivement tracé le portrait des Coroados, des Malalis, des Macunis, des Botocudos, des Indiens civilisés de S. Pedro, et j'ai comparé la physionomie des Américains indigènes avec celle des Mongols. — Je ferai remarquer, en passant, que, si l'on veut se conformer à la prononciation actuellement usitée dans le pays, on ne doit pas écrire *Macuanis*, comme ont fait les savants Spix, Martius et d'Orbigny, ni *Penhams*, mais *Panhames* ou bien *Pinhamis*.

(2) M. Pohl trouve les hommes laids et les femmes fort laides. Les Coyapós étaient les premiers Indiens qu'il voyait; il les comparait avec la race caucasique.

(3) *Voyage dans le district des Diamants et sur le littoral*, II, 20.

(4) La mémoire du docteur Pohl l'a certainement mal servi quand il a dit le contraire.

vait fort bien le portugais et faisait partie de la compagnie des *pedestres*. Suivant mon usage, après avoir écrit ces mots, je les lus à celui qui me les avait dictés, afin de savoir s'il les entendait, et si, par conséquent, je ne m'étais point trompé :

Dieu, *puhancá*.
Soleil, *imputé*.
Lune, *puturuá*.
Étoiles, *amsiti*.
Terre, *cúpa*.

L'*u*, dans ce mot, participe de la prononciation d'*iou* français.

Homme, *impuaria*.
Femme, *intiera*.
Enfant à la mamelle, *nhontuára*.
Garçon, *iprintué*.
Fille, *iprontuaria*.
Un blanc, *cacatéta*.
Un nègre, *tapanho*.
Une négresse, *tapanhocua*.
Un Indien, *panariá*.
Tête, *icrian*.

L'*r* se prononce la bouche fermée et participe du son de l'*l*.

Cheveux, *iquim*.
Yeux, *intó*.
Nez, *chacaré*.
Bouche, *chapé*.
Dents, *chuá*.
Oreilles, *chiccré*.
Cou, *impudé*.
Poitrine, *chucóto*.
Ventre, *itú*.

DU RIO DE S. FRANCISCO.

Bras,	*ipá.*
Mains,	*chicria.*
Cuisse,	*icria.*
Jambes,	*ité.*
Pied,	*ipaá.*
Morceau de bois,	*poré.*

L'*r* participe du son de l'*l*.

Feuille,	*parachó.*
Fruit,	*patso.*
Cheval,	*iquitachó.*
Tapir,	*icrite.*
Cerf,	*impó.*
Oiseau,	*itchune.*
Plumes,	*impantsa.*
Chique (Pulex penetrans),	*paté.*
Arc,	*itse.*
Flèche,	*cajone.*

L'*e* se fait à peine entendre.

Eau,	*incó.*
Rivière,	*pupti.*
Viande,	*jóbo.*
Poisson,	*tépo.*
Bon,	*impéimpāré.*
Joli,	*intompéipāré.*
Laid,	*intomarca.*
Blanc,	*macácá.*
Noir,	*cotú.*
Rouge,	*ampiampio.*
Petit,	*ipānré.*

An fort long.

Je danse,	*incréti.*

Comme pour les divers vocabulaires (1) que l'on trouvera dans mes deux relations précédentes, je me conforme ici à l'orthographe portugaise, qui généralement est beaucoup plus d'accord que la nôtre avec la manière dont on prononce, qui admet une accentuation prosodique (2) et peut indiquer des voyelles nasales.

Il est impossible de tirer des conclusions générales du court vocabulaire que je viens de donner; cependant je puis croire que la langue des Coyapós admet une certaine similitude dans des mots qui représentent des choses ou des

---

(1) J'ai publié successivement, dans mon *Voyage dans les provinces de Rio de Janeiro et de Minas Geraes*, un petit vocabulaire de la langue des Coroados (I, 46), de celle des Malalis (I, 427), des Monochos (*id.*), des Macunís (II, 47), des Botocudos (II, 154), des Machaculis (II, 213). Mon *Voyage dans le district des Diamants et sur le littoral du Brésil* présente (II, 293), pour un certain nombre de mots, les différences qui existent entre le dialecte actuel de S. Pedro dos Indios, celui de Villa Nova de Almeida et la *lingoa geral*, telle que les jésuites l'écrivirent dans leur dictionnaire, ouvrage composé probablement dans le XVIe siècle.

(2) L'*u* se prononce *ou*; *nh*, *gn*; l'accent tombe généralement sur la pénultième syllabe, à moins que le signe ' n'indique une ou plusieurs syllabes accentuées; quand l'accent est indiqué sur la lettre *o*, elle se prononce comme dans notre mot *or*; l'*e* accentué a le son de notre *é*; *im* final est un *i* très-nasal; *ão* un *on* également fort nasal. — Pour avoir voulu suivre l'orthographe allemande, M. Pohl, dans son vocabulaire, a été forcé de commettre plusieurs erreurs; ainsi, ne trouvant pas, dans sa langue, de lettre qui corresponde au *j* des Portugais et des Français, il a écrit *cashoné* pour *cojoné*, et, ne pouvant peindre le son du *nh* portugais ou *gn* français, il a admis *tapanio* pour *tapanho*. Je ne puis m'empêcher de croire, d'ailleurs, que, faute d'avoir eu une connaissance suffisante de la langue portugaise, il ne lui soit échappé quelques méprises. Si, par exemple, *itpé* veut dire un *homme blanc*, il n'est guère vraisemblable qu'*itpé-pri*, évidemment un composé d'*itpé*, signifie un *enfant* en général.

qualités offrant quelque analogie. Ainsi *impéimparé* veut dire *bon; intompeiparé, joli; impuaria* signifie homme, et *iprontuaria*, fille; *chicria*, mains, *icria*, cuisse.

Tous les Portugais-Brésiliens s'accordent à dire que les Coyapós ont un caractère fort doux (1). Ces Indiens, il est vrai, se querellent quelquefois les uns avec les autres, mais ce n'est jamais qu'à cause des femmes. Le seul tort que leur reprochent les Portugais est cette propension qu'ils ont à s'enfuir dans leurs forêts : or on sent que ce reproche tombe sur les Portugais eux-mêmes; si les Coyapós n'avaient pas à se plaindre de leur condition présente, ils ne retourneraient pas à leur ancienne manière de vivre, dont ils sentent bien les graves inconvénients. Ces Indiens sont, d'ailleurs, comme tous les autres, insouciants et entièment dépourvus de prévoyance. Pour faire la récolte des légumes qu'ils cultivent dans leurs plantations particulières, ils en attendent rarement la maturité parfaite; ils ne songent point au lendemain, n'amassent jamais, ne vivent que dans le présent et sont souverainement heureux quand ils peuvent satis-

(1) Un homme fort distingué, que je vis à Ubá en 1816 et qui venait de Goyaz, avait amené avec lui deux Coyapós dont il avait fait ses domestiques. Ces Indiens parlaient portugais et n'étaient guère moins civilisés que les mulâtres d'une classe inférieure. L'un d'eux avait une sagacité étonnante pour retrouver les hommes et les bêtes de somme égarés dans les forêts : il ne lui fallait, pour le guider, que les restes d'une feuille broutée par un mulet ou une herbe courbée par les pieds d'un homme. Ces deux Coyapós ne voulurent point voir les Coroados, encore sauvages, qui se trouvaient à Ubá en même temps qu'eux (*Voyage dans les provinces de Rio de Janeiro*, etc., I, 37 et suiv.), soit à cause de l'éloignement que les diverses peuplades ont souvent les unes pour les autres, soit plutôt parce que la vue d'un sauvage est, pour l'Indien civilisé, un sujet d'humiliation, lui rappelant l'état où il a été lui-même, celui, du moins, où étaient ses ancêtres.

faire leur goût pour la viande, pour l'eau-de-vie et le tabac (1).

Les Coyapós possèdent donc aussi peu que les autres Indiens les qualités nécessaires pour vivre au milieu de notre civilisation toute fondée sur l'idée de l'avenir : il leur faudrait des tuteurs bienfaisants, comme ceux qui firent fleurir les *aldeas* de la côte et les réductions du Paraguay ; ces tuteurs, on les a pour jamais enlevés aux Indiens, et bientôt il ne restera plus rien des anciennes peuplades indigènes qui couvraient jadis la terre du Brésil (2). Dans ce même lieu qu'habitaient les Coyapós, lors de mon voyage, avaient vécu, comme on le sait déjà, d'autres Indiens, les Acroas, puis les Carajás et les Javaes; cinquante ans ont suffi pour les faire disparaître tous, et en trente années les Coyapós eux-mêmes ont été réduits à deux cents de six cents qu'ils étaient d'abord. De nouvelles immigrations d'individus entièrement sauvages, si elles ont eu lieu, ce qui n'est pas absolument impossible, comme on le verra tout à l'heure, auront pu prolonger l'existence de l'Aldea de S. José; mais elles auront accéléré l'anéantissement de la peuplade entière, et bientôt le voyageur qui cherchera cet *aldea* ne trouvera plus que des ruines et la continuation d'un désert.

Les Portugais ont communiqué les maladies vénériennes aux Coyapós, et, comme ceux-ci n'ont aucun moyen de s'en

---

(1) La douceur, qui, comme on voit, est, chez les Coyapós, une qualité naturelle, tend à prouver que les cruautés reprochées à leurs ancêtres n'étaient que des représailles. Si, dès l'origine, on s'était conduit avec ces sauvages comme le fit depuis le soldat Luiz, on aurait certainement obtenu des résultats semblables.

(2) **Voyez** ce que j'ai écrit sur les Indiens dans mes deux premières *relations*.

guérir, il paraît qu'elles contribuent beaucoup à les détruire. Ces hommes-enfants, n'ayant point de guide, se livrent à tous leurs caprices et hâtent fort souvent la fin de leur existence : presque tous furent, il y a quelques années, attaqués de la rougeole ; au milieu de la fièvre, ils allaient se baigner dans l'eau froide, et il en périt plus de quatre-vingts. D'ailleurs, je n'en ai pas vu un seul qui eût un goître, difformité qui défigure tous les *pedestres*, leurs surveillants, et qui, comme on l'a vu, est presque générale à Villa Boa.

D'après les renseignements que j'ai pris, il paraît que non-seulement les Coyapós encore sauvages n'ont point de culte, mais encore qu'ils n'ont aucune idée de la Divinité. Pour dire *Dieu*, ceux de l'*aldea* se servent, il est vrai, du mot *puhanca*, qui n'est certainement emprunté ni du portugais ni de la *lingoa geral* (1) parlée jadis par les Portugais-Paulistes ; mais le terme par lequel ils désignent le cheval n'a aucun rapport non plus avec le mot portugais *cavallo* ou le mot de la *lingoa geral*, *cabarú*, et cependant ils ne connaissent cet animal que depuis l'arrivée des Portugais dans leur pays (2). A l'exception d'un petit nombre de vieillards auxquels on n'a pu apprendre les prières les plus

---

(1) La *lingoa geral* était celle des Indiens de la côte. Les jésuites en avaient composé la grammaire et le dictionnaire, et elle avait été adoptée par les Paulistes qui vivaient au milieu des indigènes. La *lingoa geral* et le guarani des réductions du Paraguay sont des dialectes du même idiome (voyez mon *Voyage dans le district des Diamants et sur le littoral du Brésil*, II, 11).

(2) Avant la découverte, les Coyapós n'avaient également vu aucun Africain ; mais ils n'ont pas forgé de terme pour désigner un nègre : leur mot *tapanho* vient évidemment de *tapanhúna*, qui, dans la *lingoa geral*, signifie noir.

courtes et quelques réponses du catéchisme, tous les Indiens de l'*aldea* ont reçu le baptême : ils se marient devant leur curé (1), et quelques-uns même vont à confesse. On peut croire cependant que les idées qu'ils ont du christianisme sont bien superficielles, car le curé de l'*aldea* se contentait (1819) d'y aller dire la messe tous les dimanches et passait le reste du temps à sa sucrerie de la Conceição, située à 2 *legoas* de S. José, ou à celle de *S. Isidro*, qui est beaucoup plus éloignée encore. Personne, dans le pays, ne trouvait cette conduite condamnable, parce que personne ne s'imagine qu'un curé ait d'autres devoirs à remplir que de dire une messe basse chaque dimanche et de confesser ceux qui se présentent. Et cependant, qu'elle était belle la mission du curé de l'*aldea*! il pouvait rendre chrétiens ces hommes-enfants si doux et si dociles, les protéger contre leur propre imprévoyance et contre les vexations de leurs surveillants, prolonger leur existence par de bons conseils, les civiliser autant qu'ils sont susceptibles de l'être, devenir pour eux une seconde providence : il faisait du sucre!

Ceux des Coyapós qui vivent encore dans les bois sont soumis à un cacique général qui a sous lui plusieurs capitaines : dans l'*aldea*, les Portugais ont donné les titres de colonel, de capitaine, d'*alferes* (sous-lieutenant) aux individus les plus considérés de leurs compatriotes. C'est un moyen fort innocent et peu coûteux d'exciter l'émulation de ces Indiens.

(1) Jusqu'en 1832 inclusivement, l'Aldea de S. José a formé une paroisse qui dépendait du district de la cité de Goyaz (Da Silva e Sousa, *Mem. estat.*, 3); mais, en 1833, on l'a compris dans le district de la nouvelle ville de Jaraguá (Milliet et Lopes de Moura, *Dicc. Braz.*, I, 527).

Les Coyapós de S. José ont appris des Portugais à construire des maisons, à cultiver la terre, à filer le coton, etc.; mais ceux de la même nation qui vivent encore au milieu des bois ne connaissent d'autre industrie que celle de faire des arcs, des flèches et l'espèce de panier qu'ils appellent *jucunu* (1), dont l'usage, comme on l'a vu, s'est conservé dans l'*aldea*.

On fait ces *jucunus* en prenant deux feuilles de *bority* (*Mauritia vinifera*); on divise en lanières étroites les folioles qui les composent et forment l'éventail; on tresse les lanières d'une feuille avec celles d'une autre feuille, et il en résulte une sorte de corbeille elliptique ouverte sur les côtés, à laquelle on ajoute pour anse une longue tresse flexible faite également de *bority*. Pour se servir de ces corbeilles, on y introduit une natte mince et elliptique roulée en cylindre; quand celle-ci est presque pleine, on y passe une seconde natte roulée comme la première, et, de cette façon, on peut élever ces espèces de paniers jusqu'à la hauteur de 4 pieds et même davantage. Les nattes dont je viens de parler sont faites chacune avec une feuille de *bority* dont les folioles, également partagées en lanières étroites et tressées les unes avec les autres, sont retenues par l'extrémité du pétiole qui forme un des bouts de la natte.

Les Coyapós se couchent sur des *giraos* quand ils en ont, mais plus souvent ils dorment étendus par terre et sans oreillers sur les nattes minces et extrêmement étroites dont je viens de décrire la fabrication.

---

(1) Je crois que le docteur Pohl se trompe quand il appelle ces paniers *piapa*.

Chez ces Indiens, comme chez toutes les peuplades que j'avais visitées jusqu'alors, ce sont les femmes qui transportent les fardeaux. J'ai vu sur le dos de ces pauvres créatures d'énormes faisceaux de bois ou des *jucunus* pleins de *mandubis* (*Arachis hypogea*) qui descendaient jusqu'au milieu de leurs jambes, et étaient simplement retenus par l'anse, passée comme un bandeau sur le sommet de leur tête.

C'est de la même manière que ces femmes portent leurs enfants lorsqu'elles vont au travail et qu'elles veulent conserver le libre usage de leurs bras. L'enfant est assis sur une liane retenue par le front de sa mère; il a les jambes appuyées sur les hanches de celle-ci, et il se cramponne à ses épaules avec les mains.

Tant qu'il y a quelqu'un dans la chaumière des Coyapós, on y conserve du feu, et les hommes comme les femmes sont ordinairement accroupis tout autour.

Ce n'est cependant point dans l'intérieur de la maison que l'on fait cuire la viande. Les femmes, qui sont chargées de ce soin, creusent des trous dans la terre; elles mettent des pierres au fond, et par-dessus elles allument du feu qu'elles retirent lorsque les pierres sont rouges. Alors elles arrangent sur celles-ci les morceaux de viande qu'elles veulent faire cuire; puis vient un lit de feuilles, et de la terre achève de remplir le trou. De cette manière, la viande cuit inégalement; mais j'ai ouï dire à des Portugais qu'elle avait un fort bon goût (1).

(1) Cette manière de faire cuire la viande était en usage chez les plus anciennes peuplades brésiliennes, les Tupinambas et les Tapuyas, et elle se retrouve dans les îles de la mer du Sud (FERDINAND DENIS, *Brésil*, 18).

Les Coyapós faisaient autrefois une boisson forte avec des piments; mais ils y ont presque entièrement renoncé depuis qu'ils connaissent le tafia (*cachaça*).

Dans l'état de demi-civilisation où ils sont actuellement, ces Indiens ont conservé plusieurs de leurs anciens usages. Ainsi, lorsqu'il meurt parmi eux quelqu'un de considéré, ils se font eux-mêmes des blessures à la poitrine avec de petites flèches, ou bien ils se donnent de grands coups sur la tête, pour en faire sortir le sang.

S'il leur naît un enfant, ils ne se contentent point du nom de baptême portugais; un des anciens de la peuplade en donne encore un autre au nouveau-né, et c'est ordinairement celui de quelque animal.

Les mariages se célèbrent par un grand repas et par des danses pendant lesquelles la mariée tient une corde attachée à la tête de l'époux; usage emblématique qui n'a besoin d'aucune explication.

Devant presque toutes les maisons des Coyapós, je vis des morceaux de gros troncs d'arbres, de 2 à 3 pieds de longueur, qui, évidés aux deux bouts dans leur milieu, se terminent, à chaque extrémité, par un bord épais, long de 2 à 3 pouces. Ces morceaux de bois, appelés *touro* (1), servent à leur jeu favori. Un Indien prend l'énorme morceau de bois par les deux bouts, le charge sur ses épaules et se met à courir de toutes ses forces; un second Indien court après le premier, et, quand il l'a attrapé, il lui enlève le morceau de bois, le place à son tour sur son dos, sans interrompre sa course, la continue tant qu'il n'est pas rem-

---

(1) Ce mot, en portugais, signifie un *taureau*; mais, dans la langue des Coyapós, il a, comme on voit, un sens tout à fait différent.

placé par un troisième, et ainsi de suite jusqu'à ce que l'on arrive à un but désigné (1). C'est au temps de Pâques que ces Indiens se livrent principalement à leurs réjouissances.

Avant de quitter S. José, j'allai rendre visite, avec le caporal commandant, à la personne de tout l'aldea pour laquelle les Coyapós avaient le plus de considération : c'était une femme de leur nation, que l'on appelait DONA DAMIANA, petite-fille d'un cacique et veuve d'un sergent de *pedestres* auquel le gouvernement de l'*aldea* avait été confié pendant longtemps. Dona Damiana parlait assez bien le portugais; elle était polie et avait un air gai, ouvert et spirituel. Elle me confirma ce qui m'avait déjà été dit par d'autres Coyapós, que ceux de la peuplade qui vivent dans l'état sauvage n'ont aucune idée de Dieu (2).

Dona Damiana avait formé le dessein d'aller chercher dans les bois ceux des Coyapós de l'*aldea* qui avaient pris la fuite, et d'amener en même temps un grand nombre de ses com-

(1) Les anciens Tapuyas avaient un jeu à peu près semblable. « Un usage fort remarquable, dit M. Ferdinand Denis, distinguait ce peuple des autres habitants du Brésil. Lorsque les devins avaient ordonné de changer le lieu du campement, ou même lorsque les jeux consacrés commençaient après le repas du soir, des jeunes gens se saisissaient d'une poutre pesante et la portaient, en courant avec une prodigieuse rapidité, jusqu'à ce que la fatigue les obligeât à déposer ce fardeau entre les mains d'un autre guerrier. La victoire appartenait à celui qui avait fourni la plus longue carrière. (*Brésil*, 7). » Nous avons déjà vu que les Coyapós font cuire la viande de la même manière que les anciens Tapuyas. De cette ressemblance dans quelques usages, il serait pourtant, ce me semble, téméraire de conclure que les Coyapós descendent nécessairement des Tapuyas. On trouve des coutumes qui ont entre elles beaucoup d'analogie chez des peuples qui certainement n'ont eu aucun rapport les uns avec les autres.

(2) Ce serait donc à tort qu'on a prétendu qu'ils adoraient le soleil et la lune, et surtout qu'ils sacrifiaient des victimes humaines.

patriotes encore sauvages. Elle avait obtenu du capitaine général la permission de s'absenter pour trois mois et elle comptait bientôt partir. Je lui témoignai quelques doutes sur la réussite de ses projets : Ils me respectent trop, me répondit-elle, pour ne pas faire ce que je leur ordonnerai. D'après ce que me dit cette femme, elle entreprenait ce voyage dans la persuasion que ses compatriotes seraient plus heureux dans l'*aldea* qu'au milieu de leurs forêts. Les notions de christianisme que les Coyapós reçoivent chez les Portugais, toutes faibles qu'elles sont, les élèvent réellement beaucoup au-dessus de leurs compatriotes encore sauvages dont l'existence est purement animale; ces derniers sont plus libres peut-être, mais les autres goûtent quelques-unes des douceurs de la civilisation, leur nourriture est assurée et ils ne sont point exposés à toutes les intempéries des saisons. Avec des hommes tels que ceux qui civilisèrent les Indiens de la côte, les Coyapós de S. José eussent été parfaitement heureux.

CHAPITRE XXII.

L'OR ET LES DIAMANTS DU RIO CLARO.

Départ de S. José. — La *Fazenda d'El Rei*. Ses bestiaux. Sa destination. — Un Indien *chavante*. — Idée générale du pays qui s'étend de la Fazenda d'El Rei au *Rio dos Pilões*. — Halte en plein air à *Tapera*. — L'*Aldea Maria*. — Halte en plein air sur le bord du *Rio Fartura*. *Carrapatos*. Nuits froides.— Halte en plein air à *Porco Morto*.—Journée ennuyeuse. La *Torre de Babel. Campos* incendiés. — Halte sur le bord du *Rio dos Pilões*. — Détails sur cette rivière. Dissertation sur le *minhocão* des Goyanais. — Le hameau *dos Pilões*. Il est situé sur le *Rio Claro*. Ses maisons; son église. Son histoire et celle de l'exploitation des diamants du Rio Claro. — Les habitants uniquement occupés de la recherche de l'or et des diamants. — Avantages qu'ils auraient à cultiver la terre. — Bijoux d'or des femmes. — Chercheurs nomades d'or et de diamants. — Les trois manières d'extraire les diamants et l'or du Rio Claro. — Les *esclaves des diamants*. — Le détachement de militaires cantonnés au hameau dos Pilões. Combien il est facile aux contrebandiers et aux criminels de se soustraire à leurs recherches. — Mon petit diamant. — Détails sur le Rio Claro. Insectes malfaisants. — Tentatives inutiles pour former une collection de poissons.

Après avoir pris congé de Dona Damiana (le 8 juillet), je me mis en route avec ma petite caravane et un *pedestre* que le caporal commandant me donna pour guide. Je voulais me rendre au village de *Pilões*, situé sur la route de Villa

Boa à Matogrosso, et de là au Rio Claro, riche en or et en diamants (1).

Dans un espace de 2 *legoas* nous trouvâmes des bois peu élevés, marchant toujours parallèlement à la continuation de la Serra Dourada, et nous arrivâmes à la *Fazenda* d'*El Rei* (ferme royale), où je passai la nuit.

Cette *fazenda* appartient au roi, ainsi que son nom l'indique, et elle est située sur les terres de l'*aldea*. On n'y voit d'autres bâtiments que deux maisonnettes ; mais, comme on se borne à y élever des bestiaux et que, dans les contrées tropicales, des étables seraient plus nuisibles qu'utiles, on n'a besoin ici que d'un logement pour les hommes aux-

---

(1) Itinéraire approximatif de l'Aldea de S. José au village de Pilões :

De l'Aldea de S. José à la Fazenda d'El Rei.	2	legoas.
— Tapera, lieu désert sans habitation. . . .	3	
— Bords du Rio Fartura, lieu désert sans habitation.	3 1/2	
— Porco Morto, lieu désert sans habitation. .	5	
— Bords du Rio dos Pilões, en plein air. . . .	5 1/2	
— Arraial dos Pilões, village.	1	
	20	legoas.

L. A. da Silva e Sousa avait indiqué la distance de la cité de Goyaz au village de Pilões comme étant de 18 *legoas*; Mattos (*Itin.*, II, 136) admet l'exactitude de ce chiffre pour le chemin qui passe par S. José ; mais, quand il arrive aux détails, il compte 21 *legoas* : 8 de la cité de Goyaz à S. José, 6 de S. José à l'Aldea Maria, 7 de l'Aldea Maria à l'Arraial dos Pilões. Il m'est impossible d'admettre qu'il y ait 8 *legoas* de Goyaz à S. José, par Areas, Gurgulho et Conceição : je suis d'accord avec l'estimable auteur de l'*Itinerario* sur la distance de S. José à l'Aldea Maria; mais nous différons de moitié pour celle de l'Aldea Maria au village de Pilões ou, si l'on veut, du Rio Claro. Existe-t-il un chemin plus court et également abandonné? Mattos, qui ne paraît pas avoir visité ce canton, aurait-il été induit en erreur par les renseignements qu'il a reçus? C'est ce que je ne saurais décider.

quels sont confiés la garde et le soin du troupeau : c'étaient, lors de mon passage, deux *pedestres* et un Indien de la peuplade des *Chavantes* qui habite le nord de la province de Goyaz. On comptait, à cette époque, 400 bêtes à cornes sur les terres de la Fazenda d'El Rei. Les pâturages de cette ferme sont excellents, les bestiaux y multiplient beaucoup, et l'on n'est point obligé de leur donner du sel, parce qu'il existe dans le pays comme dans le Sertão de Minas (1) des terrains salpêtrés.

Quand le gouverneur de la province passait quelques jours parmi les Indiens de l'*aldea*, ce qu'il faisait quelquefois, la Fazenda d'El Rei lui fournissait le bétail nécessaire pour sa consommation. De temps en temps, on envoyait aussi un bœuf aux Coyapós; mais, comme ces Indiens ont pour la viande la même passion que toutes les peuplades de leur race, ils se plaignaient beaucoup de ce qu'on leur économisait ce mets favori.

Si tous les Chavantes ressemblent à celui qui soignait les troupeaux de la Fazenda d'El Rei, cette nation doit être plus belle encore que celle des Coyapós. Ce jeune homme était grand, sa tête n'était pas extrêmement grosse; il avait de beaux yeux, une figure ouverte et agréable (2). Dans

---

(1) *Voyage dans les provinces de Rio de Janeiro et Minas Geraes*, II, 317.

(2) Un savant auquel on doit d'immenses recherches sur une partie de l'Amérique espagnole, mais qui a seulement relâché quelques instants à Rio de Janeiro et n'a pu voir qu'un Indien appartenant au Brésil (AL. D'ORB., *Voyage*, III, 349), a été entraîné, par son sujet, à classer les indigènes de ce vaste empire, et, après les avoir rangés tous sous le titre de race *brasilio-guaranienne*, il divise cette race en deux nations, *guarani* et *botocudo*, entendant par le mot *nation toute réunion d'hommes qui parlent une langue émanant d'une source commune*

leur langue, les Chavantes ne peuvent se faire comprendre des Coyapós; mais ils entendent, m'a-t-on dit, plusieurs autres nations qui, comme eux, habitent le nord de la province.

J'ai tâché de résoudre le problème de l'origine des

(*L'homme américain*, I, 9; II, 249). Les Botocudos, d'un côté, et, de l'autre, les Guaranis avec les Indiens de la côte, ceux que j'ai appelés *la sous-race tupi* (*Voyage dans les provinces de Rio de Janeiro*, etc., II), forment certainement deux groupes distincts et bien tranchés; mais, ensuite, je ne vois plus de classification possible. D'après la définition citée plus haut, nous pourrons mettre ensemble les Malalís, les Macunís et les Machaculís, qui, évidemment, parlent des dialectes d'une même langue; mais nous serons obligés de séparer d'eux les Monochós et les Coroados, et cependant, selon les traditions des Malalís, toutes ces peuplades ont une origine commune : les Malalís, les Macunís et les Machaculís, qui vont ensemble, appartiendraient aussi peu aux Guaranis qu'aux Botocudos, et il en serait de même des Coroados, des Monochós et des Coyapós, également distincts entre eux (voyez les vocabulaires que j'ai donnés dans mon *Voyage dans les provinces de Rio de Janeiro*, etc., I, 46, 427, II, 47, 154, 213, et mon *Voyage sur le littoral du Brésil*, II, 293). Si, à présent, nous prenons pour base de la classification les caractères extérieurs, il est incontestable que nous trouverons deux *nations* bien distinctes dans les Botocudos et les Indiens de la côte : à la rigueur, nous pouvons rapporter à ces derniers les Malalís, les Macunís, les Machaculís; mais nous ne devons pas, je crois, en rapprocher les Coroados, marqués d'une empreinte particulière de laideur, et encore moins ferons-nous d'eux des Botocudos. Personne n'aurait certainement eu l'idée de prendre pour un Botocudo ou pour un Guarani ce Panhame que j'ai vu à Passanha, et qui ressemblait tant à nos paysans français; et il m'est tout aussi impossible de confondre avec ces deux nations les Coyapós et ce beau Chavante dont je viens de parler. Le savant auteur que j'ai cité plus haut s'est vu forcé, je le répète, de faire entrer dans sa classification générale des peuplades qu'il ne connaissait pas : s'il avait parcouru le Brésil comme l'Amérique espagnole, il aurait reconnu que la classification qu'il admet pour sa race *brasilio-guaranienne* est loin de comprendre toutes les peuplades du Brésil; il aurait reconnu que, si les caractères qu'il attribue à cette race entière conviennent ad-

idiomes de l'Amérique (1) ; ces hommes-enfants disparaissent devant notre race prévoyante et usurpatrice, et bientôt il ne restera de leurs langues que des vocabulaires toujours incomplets, presque toujours très-inexacts.

De la Fazenda d'El Rei jusqu'à l'endroit où nous rejoignîmes la route de Villa Boa à la province de Matogrosso, il faut compter environ 16 à 17 *legoas*. Nous mîmes quatre jours dans ce voyage : quelques personnes le faisaient sans doute, lorsque l'*Aldea Maria*, dont je parlerai bientôt, était encore habité; mais, à l'époque de mon passage, qui que ce fût n'avait besoin de traverser ce canton. Depuis que j'avais quitté Rio de Janeiro, je n'avais pas vu un pays aussi désert; si l'on excepte les ruines de l'Aldea Maria, je ne découvris, pendant ces quatre jours, aucun vestige d'habitation, je n'aperçus aucune créature humaine (2). En

---

mirablement bien aux Guaranis de la province de Missões, ils sont loin de s'appliquer aussi exactement aux autres peuplades, ce que prouvent les descriptions spéciales que j'ai données de plusieurs d'entre elles et cette seule phrase, par laquelle Gardner indique comment, dans l'Aldea do Douro (et non Duro), on peut distinguer les véritables Indiens des hommes de sang mélangé : « It is very easy to recognize the pure Indian by his *reddish* colour, long straight hair, *high cheek bones* and the peculiar obliquity of his eyes (*Travels*, 316). » Déjà Lery avait dit de ses *Tououpinambaoults*, habitants de la côte qui se rapprochaient tant des véritables Guaranis, « n'estans pas autrement noirs, ils sont seulement basanéz, comme vous diriez les Espagnols ou Prouençaux (*Hist.*, 3ᵉ édition, 95). »

(1) Chap. II du 1ᵉʳ volume de cet ouvrage.
(2) Mattos dit (*Itin.*, II, 137) que la route de Goyaz au Rio Claro, par S. José, a cessé d'être fréquentée non-seulement à cause de l'abandon de l'Aldea Maria, mais parce que les pâturages n'y sont pas aussi bons que sur l'autre route, et que l'on a peur d'être attaqué par les Indiens Coyapós du village de S. José : personne, à l'époque de mon voyage, ne paraissait avoir une semblable crainte.

certains endroits, les traces du sentier que nous suivions avaient presque entièrement disparu ; dans d'autres, il était extrêmement pierreux et embarrassé par des troncs d'arbres, des branchages, des lianes qui fermaient le passage ; ailleurs il devenait d'une roideur extrême, et il nous semblait que nous allions nous précipiter au fond d'un ravin obscur. Le pays est quelquefois égal, plus souvent il est montueux. En général, il présente de grands bois ; de temps en temps, on y voit aussi des *campos* parsemés d'arbres rabougris ; la sécheresse continuait à être excessive ; je ne trouvais aucune plante en fleur. Des myriades d'insectes malfaisants de toutes les espèces ne nous laissaient pas un seul instant de repos. Quand le soir approchait, nous faisions halte sur le bord de quelque ruisseau, et nous couchions en plein air. Pendant le jour, la chaleur avait souvent été insupportable ; la nuit, j'étais transi de froid, et souvent je soupirais en vain après un peu de sommeil.

Quelques détails achèveront de faire connaître ces déserts.

Le jour où je quittai la Fazenda d'El Rei, je continuai à marcher parallèlement à la continuation de la Serra Dourada ; cependant le pays que je parcourus est assez égal. Il offre un mélange de forêts et de *campos* où dominent les premières ; mais ce sont des pâturages que le chemin traverse presque toujours. Il semblerait que les *campos* d'un pays généralement boisé doivent offrir plus d'arbres que ceux des contrées où il existe peu de bois ; mais il n'en est pas ainsi dans ce canton ; les arbres des pâturages y sont, au contraire, je ne sais par quelle cause, fort éloignés les uns des autres.

Après avoir fait 3 *legoas*, nous nous arrêtâmes, pour y

passer la nuit, dans un *campo*, sur le bord d'une petite rivière, au lieu appelé *Tapera* (maison ruinée). Mes effets furent placés sous des *boritys*; mais, comme ces Palmiers donnent peu d'ombrage et que le soleil était encore excessivement ardent, mes gens me firent une petite baraque avec des bâtons et les cuirs destinés à recouvrir la charge des mulets.

Pendant toute la nuit, le froid fut excessivement vif et m'empêcha de dormir; le lendemain, comme cela était déjà arrivé la veille, la chaleur commença vers dix heures du matin et devint bientôt insupportable. Cette alternative de froid et de chaud agissait fortement sur mes nerfs et tendait à diminuer mes forces. Ce jour-là, nous continuâmes à avoir à notre gauche le prolongement de la Serra Dourada, qui n'a ici qu'une hauteur peu considérable. Quoique le pays soit toujours très-boisé, le chemin traverse, presque sans interruption, des *campos* dont les teintes grisâtres attristaient nos regards.

A une demi-lieue de l'endroit où nous fîmes halte, nous passâmes par l'*Aldea Maria*, qui, comme je l'ai dit, fut autrefois habité par les Coyapós, et qui, alors entièrement abandonné, servait de repaire aux chauves-souris et aux insectes malfaisants (1). Les bâtiments qu'on y voyait encore, la maison du gouverneur, la caserne et le magasin étaient grands et d'un joli aspect, mais disposés sans aucune symétrie. C'était derrière ces édifices qu'avaient été

(1) Selon Mattos (*Itin.*, II, 139), l'Aldea Maria aurait été fondé pour des Indiens Coyapós qu'on y aurait envoyés du village de S. José. D'après les autorités les plus graves, c'est, au contraire, de l'Aldea Maria, comme on l'a vu plus haut (page 99), que les Coyapós ont été transportés à S. José pour succéder aux Javaes et aux Carajás, qui s'étaient dispersés.

construites les chaumières des Indiens. Ces hommes visitent souvent leurs anciennes demeures (1); ils n'y pensent point sans chagrin, et je ne pus m'empêcher de partager leurs regrets. Si l'Aldea Maria n'a pas la régularité de S. José, il est situé plus agréablement, et la Serra Dourada, assez éloignée, jette de la variété dans le paysage, sans masquer la vue (2).

Nous avions fait 3 *legoas* et demie quand nous mîmes pied à terre sur le bord de *Rio Fartura* (rivière abondance), que nous avions passé avant d'arriver à S. José, mais qui n'est là qu'un ruisseau et forme déjà ici une petite rivière. Nous nous établîmes dans une espèce de salle formée par des arbres touffus, et j'aurais trouvé ce lieu fort agréable si nous n'eussions été dévorés par d'innombrables *carrapatos* et forcés de nous visiter le corps à chaque minute, ce qui me faisait perdre un temps considérable.

La nuit fut encore extrêmement froide, et, quoique mon lit eût été placé auprès du feu, je restai très-longtemps sans pouvoir fermer l'œil. Dans cette saison, la rosée est fort abondante; à la fin de la nuit, les feuilles des arbres sont presque aussi mouillées que s'il était tombé de la pluie, et, quand je me levais, ma couverture était presque humectée.

---

(1) POHL, *Reise*, I, 409.
(2) L'estimable auteur brésilien da Cunha Mattos dit (*Itin.*, II, 139) « qu'il existe encore dans ce lieu (Neste lugar ainda hoje perma« nece, etc.) une *fazenda* qui appartient à la nation, et où l'on élève « du bétail. Cet établissement, ajoute le même écrivain, ne donne des « bénéfices qu'à son administrateur et aux personnes qu'il est bien aise « d'obliger. » Il est évident qu'il est ici question de la Fazenda d'El Rei, qui, après le changement de gouvernement, sera devenue une propriété nationale; mais cette *fazenda* n'est point située au lieu où était l'Aldea Maria, elle l'est à 3 *legoas* et demie de cette aldée et 2 de S. José.

Le pays que je parcourus au delà du Rio Fartura, dans une longue journée de 5 *legoas*, est montagneux, couvert de forêts, et n'offre que de très-petits intervalles, parsemés seulement d'arbres rabougris. Les bois, comme tous ceux que j'avais vus jusqu'alors dans cette province, sont loin d'avoir la majesté des forêts vierges de Rio de Janeiro ou même de Minas ; néanmoins, dans les endroits bas et humides, ils se font aussi remarquer par leur vigueur, et partout ils présentent un épais fourré d'arbrisseaux qui donnent beaucoup d'ombrage et de fraîcheur.

Nous fîmes halte au lieu appelé *Porco Morto* (cochon mort), sur le bord d'un très-petit ruisseau, dans une vallée profonde et fort étroite, entourée de montagnes couvertes de forêts. De grands arbres formaient au-dessus de nos têtes une voûte épaisse : cette solitude semblait séparée du reste de l'univers; cependant il était impossible de jouir de la beauté de ce lieu, à cause des milliers d'insectes de toute espèce qui nous y dévoraient. De petites abeilles noires entraient dans nos yeux et nos oreilles ; des *borrachudos* (1) nous piquaient le visage et les mains ; nous ne pouvions faire un pas sans être couverts de *carrapatos* de toutes les grandeurs; enfin nous n'étions pas même exempts de moustiques et de puces pénétrantes.

Mes gens, au commencement de la nuit, jetèrent dans notre feu le tronc tout entier d'un gros arbre mort; mon lit fut dressé tout auprès ; j'étais gelé d'un côté, je brûlais de l'autre et ne pouvais dormir. Tout à coup, des cris effrayants frappent mes oreilles : *a onça, a onça* (le jaguar, le jaguar)! Je me jette en bas de mon lit et me dirige du côté où ces

---

(1) J'ai décrit cet insecte dans ma première *Relation*.

clameurs venaient de se faire entendre. C'était le bon Laruotte qui les avait poussées. Qu'avez-vous, mon ami? m'écriai-je. Ah! monsieur, me répondit-il, je rêvais que l'once me mangeait. Pendant la journée, nos mulets avaient souvent donné tous les signes de la terreur, et mes gens avaient fini par voir sur le sable les traces d'un jaguar. Il n'avait été question que du jaguar dans ma petite caravane, et l'imagination effrayée du pauvre Laruotte lui avait montré, pendant son sommeil, ce féroce animal occupé à déchirer ses membres.

La journée suivante fut peut-être la plus ennuyeuse de tout mon voyage. Nous traversâmes d'abord des bois où nous avions de l'ombre et de la fraîcheur; mais, ensuite, nous entrâmes dans des *campos* où la chaleur était insupportable. Quelquefois le chemin est montueux, plus souvent il est égal; presque toujours il suit une vallée fort large ou, pour mieux dire, une plaine allongée, bordée de montagnes couvertes de bois. Celles de la droite sont les plus élevées; en quelques endroits, elles s'élancent presque à pic; là, par conséquent, elles doivent être fort sèches : aussi les arbres qui y croissent étaient-ils, lors de mon voyage, presque entièrement dépouillés de leurs feuilles. Le sommet de ces montagnes est, en général, assez égal; néanmoins, en deux endroits différents, elles sont couronnées par des éminences qui ressemblent à un château fort accompagné de ses tourelles et ajoutent à l'austérité du paysage : c'est peut-être à l'une de ces montagnes que les premiers aventuriers coureurs de déserts (*sertanistas*) donnèrent le nom de *Tour de Babel* (Torre de Babel) (1). Dans

---

(1) « Sous le gouvernement d'Antonio Furtado de Mendonça, en 1770

plusieurs fonds marécageux, je retrouvai l'immobile et majestueux *bority*, qui s'harmonise si bien avec le calme du désert. Partout les *campos* avaient été récemment brûlés et les moucherons y étaient insupportables ; ils se jetaient dans mes yeux, pénétraient dans mes oreilles, me couvraient le visage et les mains, et, pour m'en débarrasser, j'étais obligé d'agiter sans cesse mon mouchoir. Je ne pouvais deviner qui avait pris la peine de brûler ces pâturages sans maître et éloignés de toute habitation ; mais, plus tard, on me donna l'explication de cette espèce d'énigme. Une femme qui habitait les environs du Rio Grande, limite de la province de Matogrosso, et possédait un troupeau nombreux de bêtes à cornes, était alors sur le point de quitter sa demeure pour aller s'établir au village d'Annicuns, et, d'avance, elle avait envoyé mettre le feu aux pâturages qui avoisinent la route, afin que ses bestiaux y

« ou 1771, dit Pizarro (*Mem. hist.*, IX, 164), le capitaine Francisco
« Soares Bulhões sortit de Jaraguá avec une bande d'aventuriers, et,
« guidé par un itinéraire que lui avait donné Urbano de Couto, l'un
« des compagnons de Bartholomeu Bueno, il se mit à parcourir de
« vastes forêts et des *campos*. Parmi les derniers, Bulhões en trouva
« un qui attira particulièrement son attention : au milieu était une
« montagne formée de pierres qui semblaient avoir été arrangées avec
« art et à laquelle les plus anciens *sertanistas* avaient donné le nom
« de *Torre de Babel*. Après de longs travaux et beaucoup de fatigues,
« nos aventuriers arrivèrent à un ruisseau riche en paillettes d'or ; mais,
« ayant reconnu que ce canton faisait partie du pays où les affluents
« du Rio Claro prennent leur source, et qu'il était compris dans les
« limites des terres diamantines interdites aux chercheurs d'or, ils se
« retirèrent. » Pour parvenir au Rio Claro, Bulhões et ses *sertanistas*, partant de Jaraguá, avaient fait probablement le même chemin que moi ; ce fut avant d'arriver au Rio Claro qu'ils virent la Tour de Babel : ainsi il est assez vraisemblable que cette montagne est une de celles dont je parle ici.

trouvassent, à leur passage, une meilleure nourriture.

Nous avions fait 5 *legoas* et demie, c'était une journée interminable, lorsque enfin le bruit alternativement sourd et criard de la *manjola* nous avertit du voisinage d'une habitation, et bientôt nous arrivâmes auprès de quelques misérables chaumières. J'y demandai l'hospitalité, mais on me la refusa en me disant qu'il n'y avait de place nulle part, que la grange, seul endroit que l'on pût m'offrir, était remplie de puces pénétrantes, et que je serais beaucoup mieux sur le bord de la rivière. La petitesse de ces chaumières me fit croire que l'on ne m'avait pas trompé; cependant ce ne fut point sans humeur que je me résignai à coucher encore une fois à la belle étoile.

Nous passâmes à gué le Rio dos Pilões et nous nous établîmes sur la rive gauche, sous de grands arbres qui, ordinairement, servent d'abri aux caravanes; alors nous entrions dans le véritable chemin de Villa Boa à la province de Matogrosso

Le Rio dos Pilões prend sa source dans les environs d'Annicuns, coule du sud au nord (1) et se jette dans le Rio Claro. Pendant la sécheresse, il a fort peu de largeur; mais,

(1) Ce que je dis ici de la source et du cours du Rio dos Pilões est emprunté au docteur Pohl (*Reise*, I, 420); mais je dois ajouter que Luiz Antonio da Silva e Sousa assure que cette rivière prend naissance sur le plateau appelé *Estreito* et qu'elle se dirige vers l'est (*Mem. est.*, 7). Je ne prétends pas décider entre ces deux auteurs; cependant je serais porté à croire qu'il y a quelque erreur dans l'indication du dernier. Luiz d'Alincourt, Milliet et Lopes de Moura font naître le Rio dos Pilões dans la Serra Dourada (*Mem. viag.*, 119. — *Dicc. Braz.*, II, 303). — J'ai dit ailleurs (vol. I, 311) que cette rivière avait été découverte par le second Bueno pendant sa première expédition, mais que, selon l'exact Cazal, le Rio dos Pilões de Bueno n'était pas la rivière à laquelle on donne aujourd'hui ce nom.

dans le temps des pluies, il augmente d'une manière sensible, et alors on ne peut le passer que dans des pirogues. On assure que cette rivière n'est guère moins riche en or et en diamants que le Rio Claro lui-même, dont je parlerai bientôt; mais, pour profiter de ces trésors, il faudrait des travaux considérables, incompatibles avec la pauvreté des habitants du pays.

Luiz Antonio da Silva e Sousa dit (1), en parlant du lac du *Padre Aranda*, situé dans la province de Goyaz, qu'il est habité par des *minhocões* (2), et il ajoute que ces monstres, c'est ainsi qu'il s'exprime, ont souvent entraîné au fond de l'eau, où ils se tiennent ordinairement, des chevaux et des bêtes à cornes; Pizarro répète à peu près la même chose (3) et indique le lac *Feia*, qui appartient également à Goyaz, comme servant aussi d'habitation aux *minhocões* (4). J'avais déjà entendu parler plusieurs fois de ces animaux et je les regardais encore comme fabuleux, lorsque ces disparitions de chevaux, de mulets et de bestiaux aux passages des rivières me furent attestées par tant de gens, qu'il me parut à peu près impossible de les révoquer en doute. Lorsque j'étais au Rio dos Pilões, on me parla aussi beaucoup des *minhocões*; on me dit qu'il en existait dans cette rivière et que, à l'époque des grandes eaux, ils avaient souvent emporté des chevaux et des mulets pendant que

---

(1) *Memoria sobre o descobrimento, etc., da capitania de Goyaz*, dans le *Patriota*, 1814.
(2) Pluriel de *minhocão*.
(3) *Mem. hist.*, IX.
(4) Le lac Feia est situé dans la nouvelle *comarca* de Palma et dans le voisinage du village de Couros (MILLIET et LOPES DE MOURA, *Dicc. Braz.*, I, 363).

ceux-ci passaient la rivière à la nage. Le mot *minhocão* est un augmentatif de celui de *minhoca*, qui, en portugais, signifie *ver de terre*, et, en effet, on prétend que le monstre dont il s'agit ressemble absolument à ces vers, avec la différence qu'il a une bouche visible ; on ajoute qu'il est noir, court, d'une grosseur énorme ; qu'il ne s'élève point à la surface de l'eau, mais qu'il fait disparaître les bestiaux en les saisissant par-dessous le ventre. Lorsque, vingt jours environ après avoir quitté la rivière et le village de Pilões, je séjournai, comme on le verra, chez le commandant de Meiaponte, M. JOAQUIM ALVES DE OLIVEIRA, l'un des hommes les plus recommandables que j'aie jamais rencontrés, je le questionnai sur les *minhocões* ; il me confirma ce qui m'avait déjà été dit, me cita plusieurs exemples récents de malheurs causés par ces monstres, et m'assura en même temps, d'après le rapport de quelques pêcheurs, que le *minhocão*, malgré sa forme très-arrondie, était un véritable poisson pourvu de nageoires. J'avais d'abord pensé que le *minhocão* pouvait être le *Gymnotes Carapa* qui, suivant Pohl (1), se trouve dans le Rio Vermelho ; mais il paraît, d'après cet auteur, que ce dernier poisson porte dans le pays le nom de *terma termi*, et d'ailleurs les effets produits par les Gymnotes ou anguilles électriques, bien connus, toujours selon Pohl, des mulâtres et des nègres du pays qui les ont souvent éprouvés, n'ont rien de commun avec ce qu'on raconte du *minhocão*. M. le professeur Gervais, à qui j'ai communiqué mes doutes, a porté mon attention sur la description que P. L. Bischoff a donnée du *Lepidosiren* (2) ; et,

(1) *Reise*, I, 360. — Voyez aussi, sur le *terma termi* ou *termeterme*, GARDNER, *Travels*, 354.
(2) *Annales des sciences naturelles*, 2º série, vol. XIV, 116.

en réalité, le peu que nous savons du *minhocão* coïncide assez bien avec ce que l'on dit de l'animal rare et singulier découvert par M. Natterer. Ce naturaliste a trouvé son *Lepidosiren* dans des eaux stagnantes près du Rio da Madeira et de l'Amazone; on indique le *minhocão* non-seulement dans des rivières, mais encore dans des lacs. Il y a sans doute bien loin du lac Feia aux deux localités indiquées par le voyageur autrichien; mais on sait que les chaleurs sont excessives à Goyaz. La Serra do Corumbá e do Tocantins, qui traverse cette province, est un des diviseurs les plus remarquables des eaux gigantesques du nord du Brésil et de celles du midi : le Rio dos Pilões appartient aux premières comme le Rio da Madeira. Le *Lepidosiren paradoxa* de M. Natterer a absolument la forme d'un ver comme le *minhocão*. Tous les deux ont des nageoires; mais il n'est point étonnant qu'on ne les ait pas toujours reconnues dans le *minhocão*, si, comme chez le *Lepidosiren*, elles sont dans l'animal du Rio dos Pilões réduites à de simples rudiments. « Les dents du *Lepidosiren*, dit Bischoff, sont très-propres « à saisir et à déchirer une proie, et, à en juger d'après leur « structure et d'après les muscles de leurs mâchoires, elles « doivent être mues avec une force considérable. » Ces caractères s'accordent d'une manière merveilleuse avec ceux qu'il faut nécessairement admettre dans le *minhocão*, puisqu'il saisit fortement de très-gros animaux et les entraîne pour les dévorer. Il est donc vraisemblable que le *minhocão* est une puissante espèce de *Lepidosiren*, et l'on pourra, si cette conjecture se changeait en certitude, appeler *Lepidosiren minhocão* l'animal du lac Feia et du Rio dos Pilões. Les zoologistes qui parcourront ces contrées lointaines feront bien de séjourner sur les bords du lac Feia, du lac du Padre

Aranda ou du Rio dos Pilões, pour arriver à une connaissance parfaite de la vérité, pour savoir d'une manière précise ce qu'est le *minhocão*, ou si, malgré le témoignage de tant de gens, même des hommes les plus éclairés, son existence doit être, ce qui est peu vraisemblable, rejetée parmi les fables (1).

Au bord du Rio dos Pilões, mon lit avait été fait près du feu; cependant j'éprouvai encore, toute la nuit, un froid très-vif qui m'empêcha de dormir.

Du Rio dos Pilões au village du même nom (*Arraial dos Pilões*) (2), il n'y a que 1 lieue. Le chemin qui y conduit traverse un large *campo* parsemé d'arbres rabougris et encaissé entre deux rangées de collines.

(1) M. le général Raimundo José da Cunha Mattos ne croit point, pour le présent, c'est ainsi qu'il s'exprime, à l'existence des *minhocões*; cependant il avoue que plusieurs personnes lui ont affirmé que ce n'étaient point des animaux imaginaires; il ajoute même qu'un soldat lui a dit en avoir vu un dans le Rio Grande, à la frontière de Matogrosso, et lui en a fait la description. Selon ce militaire, le *minhocão* aurait une longueur prodigieuse, mais serait susceptible de se contracter; sa peau serait lisse, sa bouche fort petite et garnie d'une espèce de barbe (*Itinerario*, II).

(2) On pourrait écrire *Rio dos Piloens* et *Arraial dos Piloens*, mais non *Rio Pilöens*, *Arrayal Pilöens*, comme a fait le docteur Pohl. — Je ne me souviens point d'avoir entendu appeler le village dont il s'agit ici autrement qu'*Arraial dos Pilões*, et c'est aussi le seul nom qu'admette L. A. da Silva e Sousa dans son *Memoria estatistica*. Je dois dire cependant qu'on ne trouve qu'*Arraial do Rio Claro* dans le mémoire de Luiz d'Alincourt (*Mem. viag.*, 119), et qu'on lit l'un et l'autre nom dans l'*Itinerario* de Mattos. On sentira que de cette application de deux noms différents au même lieu il peut résulter facilement des erreurs; ainsi, dans un livre absolument indispensable à ceux qui veulent connaître la géographie générale du Brésil, le *Diccionario geographico historico e descriptivo do Brazil*, on a consacré deux articles au village situé entre le Rio dos Pilões et le Rio Claro : le premier (II, 312), sous le nom de *Pilões*; le second (400), sous celui de *Rio Claro*.

En arrivant au village, ou plutôt au hameau de Pilões, je présentai au commandant du poste qui y était cantonné une lettre que le gouverneur m'avait donnée pour lui; il me reçut fort bien et me procura une petite maison assez commode. Après avoir couché quatre jours de suite à la belle étoile, gelant de froid et dévoré par les insectes, je trouvais bien doux de pouvoir enfin dormir sous un toit.

Le hameau de Pilões se compose d'une vingtaine de maisons aussi misérables, pour la plupart, que celles des Coyapós (1). Toutes ont été bâties sur les deux côtés du chemin qui mène à Matogrosso, et, comme elles sont fort écartées les unes des autres, elles occupent, dans la direction de l'est à l'ouest, une étendue assez considérable. Immédiatement au-dessous du village, coule le Rio Claro, rivière d'une largeur médiocre qui ne pouvait recevoir un nom plus convenable que le sien (la rivière claire), car ses eaux, d'une limpidité sans égale, laissent distinguer (juillet) tous les cailloux et les grains de sable dont est formé son lit. On avait commencé à construire à Pilões une église assez grande; mais elle n'a pas été continuée, et l'on n'a, pour célébrer la messe dans le hameau, qu'une très-petite chapelle sous l'invocation de Notre-Seigneur bon Jésus (*Senhor Bom Jesus*), qui n'est pas non plus entièrement achevée et dépend de la paroisse de Villa Boa.

Il paraît que, presque à l'époque de la découverte de Goyaz, on reconnut déjà qu'il existait des diamants dans le Rio dos Pilões et le Rio Claro. Lorsque, en 1749, les

(1) R. J. da Cunha Mattos en indique 42 (*Itin.*, II, 99); mais lui-même n'avait pas été sur les lieux, et il ne dit point à quelle année se rapporte ce chiffre : ce serait probablement à 1825.

frères Joaquim et Felisberto Caldeira Brant prirent la ferme des diamants de Tijuco dans la province de Minas Geraes (1), on leur imposa la condition de fournir un *service* (*serviço diamantino*) de deux cents nègres (2) pour exploiter les deux rivières diamantines de la province de Goyaz; 40 lieues de terrain furent réservées aux fermiers dans le district de Pilões, et un village se forma sous le nom de Bom Fim, sur les bords du Rio Claro. Malheureusement les résultats ne répondirent point aux espérances que les fermiers avaient conçues; ils se retirèrent bientôt (3), et le village de Bom Fim fut détruit par les Coyapós (4). Cependant une étendue de 40 lieues continua à être interdite aux mineurs; on la

(1) C'est à cette famille qu'appartenait le fameux marquis de Barbacena, dont j'ai parlé dans le *Précis historique des révolutions du Brésil* (voyez mon *Voyage dans le district des Diamants*, etc., II, 378).

(2) On appelle services (*serviços*) les endroits où l'on extrait des diamants et où l'on a placé une troupe de nègres pour faire ce travail (*tropa*) (voyez mon *Voyage dans le district des Diamants*, etc., I, 9).

(3) D'après tout ce qu'on sait, il est bien évident que l'administration des frères Caldeira Brant ne dura pas cinquante ans, c'est-à-dire jusqu'en 1799, comme paraîtraient le croire les auteurs de l'ouvrage éminemment utile, intitulé *Diccionario geographico do Brazil* (article *Pilões*). Il se passa un temps considérable entre la retraite des fermiers mineurs et l'époque où la permission fut donnée à tous (1801) de chercher de l'or dans le Rio Claro, et c'est dans cet intervalle qu'eut lieu la destruction de Bom Fim par les Coyapós, comme aussi l'espèce de découverte que Francisco Soares de Bulhões fit, en 1772, des terres diamantines du Rio Claro, déjà connues depuis longtemps (voyez plus haut, p. 130). Au reste, les deux auteurs du *Diccionario* confirment eux-mêmes tout ce que je dis ici dans leur article intitulé *Rio Claro*.

(4) Je n'ai pu découvrir si ce village était situé sur l'emplacement où se trouve aujourd'hui celui de Pilões. Quoi qu'il en soit, il faut se donner de garde de confondre le village de Bom Fim, dont il est ici question, avec celui du même nom, dont je parlerai bientôt, et par lequel on passe pour se rendre de Goyaz à S. Paul.

garda avec autant de soin que peuvent l'être des déserts (1), et alors il n'y avait à Pilões que le détachement militaire chargé d'empêcher que les défenses du gouvernement ne fussent violées. Les habitants de Goyaz se plaignirent longtemps de ce que, sans utilité pour personne, on les privait, eux si pauvres, des ressources que leur avait accordées la nature : on fit enfin droit à leurs réclamations, et en 1801, sous l'administration de João Manoel de Menezes, le gouvernement permit à tous de chercher de l'or et des diamants dans le Rio Claro; mais, en même temps, il ordonna que ces derniers fussent portés à la caisse du trésor royal (*fazenda real*), où l'on devait en payer la valeur d'après un certain tarif. Comme la réputation des trésors du Rio Claro avait été fort exagérée, une foule de gens accoururent sur les bords de cette rivière, persuadés qu'ils allaient y faire une fortune rapide; mais, voyant leurs espérances trompées, ils se retirèrent au village d'Annicuns, où, dans l'intervalle, on avait découvert des mines fort riches, et actuellement (1819) on compte à peine au hameau de Pilões une population sédentaire de 200 individus (2).

(1) Luiz Antonio da Silva e Sousa, *Memoria sobre o descobrimento*, etc. — Pizarro, *Memorias historicas*, etc. — Pohl, *Reise*, etc. — Eschw., *Pluto Brasiliensis*, etc.

(2) « L'Arraial do Rio Claro, auquel on donne aussi le nom d'Arraial « de Pilões, dit Mattos..... (*Itin.*, II, 99), fut fondé en l'année 1746, « sous le nom d'Arraial do Senhor Jesus de Bom Fim ; il fut détruit par « un ordre du roi de 1749, et réédifié par un autre ordre de 1789. » Ce passage semble s'accorder fort mal avec les récits des graves historiens que j'ai cités tout à l'heure ; cependant on peut, jusqu'à un certain point, les concilier. Comme on savait qu'il existe des diamants dans le Rio Claro, quelques aventuriers durent, dès les premiers temps, s'établir sur ses bords : ce serait là cette première fondation dont parle Mattos et dont il fixe l'époque à 1746. Ces hommes furent nécessairement expul-

Il est très-vrai, cependant, que le Rio Claro, les rivières qui s'y jettent et les terrains les plus proches sont abondants en or; mais, pour extraire celui qui se trouve enfoui dans la terre, il faudrait faire venir de l'eau de fort loin et entreprendre des travaux qui surpassent les forces d'hommes pauvres, ignorants et isolés qui n'ont à leur disposition que leurs bras. C'est presque uniquement dans le Rio Claro qu'ils peuvent se livrer à des recherches qui les dédommagent de leurs peines; et, pour cela, ils sont obligés d'attendre le temps de la sécheresse. Avant cette époque, ils font, en travaillant beaucoup, des journées de 160 à 500 reis; mais, dans les mois de juillet, d'août et septembre, les journées vont jusqu'à 1,200 et 1,500 reis (1 fr., 1 fr. 87 — 7 fr. 50, 9 fr. 37) (1).

Ainsi qu'on l'a déjà vu, le précieux métal n'est pas la seule richesse du Rio Claro : cette rivière fournit, chaque année, des diamants d'une très-belle eau et d'un poids considérable. Comme les premiers, qui, conformément à la

---

sés quand on afferma les terres du district aux Caldeira Brant : ce serait la destruction de 1749. Enfin, lorsqu'il fut permis à tout le monde d'exploiter le district privilégié, on ajouta sans doute quelques maisons à celles qui étaient occupées par les soldats du poste : ce serait la réédification du village. Au reste, je le répète, Mattos n'a pas voulu traiter l'histoire de la province de Goyaz, mais seulement sa topographie, et, sous ce rapport, il mérite la plus grande estime.

(1) Mattos dit (*Itin.*, II, 99), d'après les renseignements qui lui ont été communiqués, que « le village de Pilões reste presque toujours sans « habitants, mais qu'il est très-fréquenté à l'époque où il y a le moins « d'eau dans le Rio Claro, le Coyapó et le Pilões. » Pohl, qui était, en février 1818, au village de Pilões, ne le trouva nullement désert, et Luiz d'Alincourt, qui y passa dans la même année, s'exprime comme il suit : « Dans les mois autres que ceux de la sécheresse, les habitants se livrent à l'oisiveté (*Mem. sobre a viag.*, etc., 120). »

loi, furent portés au coffre de la *fazenda real*, n'ont jamais été payés faute d'argent, il y a longtemps que l'on n'en porte plus. Les travailleurs qui en trouvent les vendent à des marchands de Villa Boa, et plus souvent encore aux caravanes qui se rendent de Matogrosso à la ville de Bahia et ont nécessairement l'habitude de ce commerce, parce que la province de Matogrosso fournit aussi beaucoup de diamants. L'administration ferme les yeux sur la contrebande (1819), et le gouverneur lui-même semblait vouloir ignorer qu'il y eût des trésors dans le Rio Claro. Tout ce qu'on paraît demander aux contrebandiers, c'est un peu de prudence. L'extraction de l'or est entièrement permise; mais, en cherchant de l'or, les travailleurs trouvent des diamants : il serait par trop absurde, comme le fait observer le docteur Pohl, d'exiger qu'ils les rejetassent dans la rivière (1).

Les habitants du hameau dos Pilões, tous mulâtres et nègres libres (2), ne cultivent point la terre; comme les premiers aventuriers paulistes qui arrivèrent à Goyaz, ils ne songent qu'aux diamants et à l'or. Les vivres que l'on consomme dans ce hameau viennent de Villa Boa et sont communément apportés par des marchands de cette ville, qui les revendent avec un bénéfice de plus de 100 pour 1. Dans la saison des pluies, où les chemins sont impraticables, on ne trouve ici rien à acheter (3). Si, comme les habitants de Meiaponte en donnèrent l'exemple à l'époque de la découverte, quelques-uns de ceux de Pilões se livraient à l'agriculture, non-seulement ils rendraient leur existence moins précaire, mais encore ils assureraient leur fortune en

(1) POHL, *Reise*, I, 422.
(2) L. c.
(3) POHL, *Reise*, 428.

vendant des denrées aux caravanes qui, en deçà et au delà du village, ne trouvent que des déserts. Mais la culture des terres ne convient point à ces hommes, non moins imprévoyants que les Indiens eux-mêmes; ils vivent au jour le jour, jouissent de la vie et se reposent quand leur rivière leur a donné un peu d'or; ils lui en redemandent lorsqu'ils n'ont plus rien, n'amassent jamais et, au milieu de leurs trésors, restent toujours misérables. Souvent pour un mouchoir, une bouteille de tafia, la moindre bagatelle qui lui fera envie, un chercheur de diamants abandonne une pierre d'une valeur considérable : en plongeant ma sébile (*batea*) dans la rivière, disent ces hommes insouciants, je puis retrouver demain ce que j'ai perdu aujourd'hui (1).

Dans tous les pays qui fournissent de l'or, les femmes les moins riches portent des colliers et des pendants d'oreilles fort pesants faits avec ce métal. Je fus frappé surtout de la quantité d'or qu'avaient sur elles, au hameau de Pilões, des malheureuses dont l'accoutrement annonçait une extrême indigence. Les travailleurs, qui souvent, pour une bouteille de tafia, donnent un diamant précieux, ne peuvent refuser de l'or à leurs femmes ou à leurs maîtresses. C'est le seul capital que l'on tienne en réserve. Lorsqu'on a besoin d'argent, on ne vend point ses bijoux, on les brise, et il est assez ordinaire de trouver, au milieu de l'or en poudre qui circule dans le commerce, de petits morceaux de ce métal qui ont été travaillés.

Les habitants de Pilões ne profitent point seuls des ri-

---

(1) Un décret du 1er juillet 1833 a établi une école primaire au village de Pilões ou, si l'on aime mieux, du Rio Claro (MILL. et LOP. MOUR., *Dicc. Braz.*, II, 401). Si cette école peut être confiée à un maître zélé et religieux, elle produira certainement quelque bien.

chesses du Rio Claro. Au temps de la sécheresse, pendant les mois de juillet, août et septembre, des hommes de Meiaponte, de Villa Boa, etc., viennent s'établir à quelques lieues du village sur le bord de la rivière; ils apportent avec eux les vivres qui leur sont nécessaires, et construisent des baraques pour y dormir : c'est bien moins l'or qui les attire que l'espérance de trouver des diamants. Parmi les hommes qui exploitent les sables du Rio Claro, il en est même qui, plus ambitieux que les autres et ne voulant pas perdre un temps court et précieux, dédaignent entièrement l'or. Pendant que j'étais à Pilões, je vis arriver une troupe de ces travailleurs nomades; ils ne restèrent point au village, mais s'empressèrent d'aller s'établir à 8 lieues plus loin, près le confluent de la rivière. D'autres avaient formé le projet de suivre celle-ci jusqu'à sa source, que l'on ne connaissait point encore (1819). Ces hommes emportaient avec eux quelques provisions; mais, comme elles ne pouvaient leur suffire pour tout le temps qu'ils comptaient passer dans le pays, ils se proposaient de recourir à leur chasse. Le hameau de Pilões m'offrit ainsi l'image de ce que dut être l'intérieur du Brésil, lorsque l'on commença à y découvrir des mines d'or (1).

Il y a trois manières différentes d'extraire l'or du Rio Claro.

Celle dite de *canoa* consiste à faire tomber un filet d'eau, tiré de la rivière, dans le conduit ouvert appelé *canoa* où l'on a rassemblé le *cascalho* (2), et à remuer celui-ci en le

(1) Voyez mon *Introduction à l'histoire des plantes les plus remarquables du Brésil et du Paraguay*.

(2) Sous ce nom, les mineurs désignent, comme je l'ai dit ailleurs, un mélange de cailloux et de sable qui renferme des parcelles d'or ou des diamants.

ramenant sans cesse vers l'endroit où l'eau tombe : l'or se rassemble au-dessous de la chute d'eau; les parties terreuses délayées s'écoulent, et les diamants restent parmi les cailloux, au milieu desquels on les distingue facilement. Ce mode d'extraction est à peu près celui qui est généralement en usage à Minas dans les grands lavages (*lavras*) d'or et dans ceux de diamants (1).

D'autres personnes se contentent de faire ce qu'on appelle un *cuyacá*; c'est une espèce de trapèze fort étroit, d'environ 9 palmes de longueur sur 2 pieds de haut, que l'on forme sur le bord de la rivière avec des morceaux de bois, de façon que le côté le plus étroit du trapèze, qu'on laisse ouvert, soit le plus voisin de l'eau et lui soit parallèle. On remplit le *cuyacá* de *cascalho*, on y jette ensuite de l'eau qu'on prend dans la rivière; on remue le *cascalho* avec les mains, en le repoussant vers la base du trapèze; l'eau, chargée de parties terreuses, s'écoule par le côté ouvert du trapèze, et l'on continue la même opération, jusqu'à ce que le *cascalho* ait été bien lavé.

La troisième manière, dite de *batea* (2), se réduit à prendre le sable de la rivière et à le laver sur place dans la sébile (*batea*) qui a servi à le puiser. Ce mode est le même qu'emploient généralement ces hommes appelés *faiscadores* qui vont isolément laver le sable des ruisseaux (3).

C'est dans les endroits les plus profonds et sous les ro-

(1) Voyez mon *Voyage dans les provinces de Rio de Janeiro et de Minas Geraes*, I, 247, et mon *Voyage dans le district des Diamants et sur le littoral du Brésil*, I, 68.

(2) Ce n'est point *patea*, comme ont écrit les savants voyageurs Pohl et Martius. Il ne faut pas non plus, avec le premier d'entre eux et avec Mawe, écrire *cascalhão*.

(3) *Voyage dans les provinces de Rio de Janeiro*, etc., I, 259.

chers qui, pendant la sécheresse, se montrent au-dessus de l'eau, que l'on trouve le plus de diamants. Les hommes qui se contentent du mode d'extraction le plus facile, celui de *batea*, vont, généralement, puiser le *cascalho* dans ces trous. Le chercheur de diamants un peu expérimenté devine la présence de cette précieuse pierre à celle de certains cailloux qui l'accompagnent ordinairement et que l'on appelle *esclaves des diamants* (*escravos dos diamantes*), *gouttes d'eau* (*pingos d'agoa*) (1).

Si quelque police peut être maintenue parmi les chercheurs de diamants, les uns sédentaires, les autres étrangers, appartenant à des populations différentes, ce n'est qu'à l'aide du détachement cantonné, comme je l'ai dit, au hameau de Pilões. Ce détachement se compose de quatre *pedestres* et d'un commandant qui est adjudant de la compagnie de dragons (1819). Ces militaires sont chargés de visiter les passe-ports, d'aller à la poursuite des déserteurs et des criminels qui cherchent à s'enfuir dans la province de Matogrosso, enfin d'empêcher que des marchands, en se rendant de Goyaz à cette dernière province, n'emportent plus d'or en poudre qu'il n'est nécessaire pour la consommation de leur voyage. Voici dans quel but avait été prise cette dernière mesure. L'or en poudre a cours à Matogrosso (1819) aussi bien qu'à Goyaz et semblerait pouvoir être transporté sans inconvénient d'une province dans l'autre;

---

(1) Ces noms ne m'ont point été donnés sur les lieux; je les emprunte au docteur Pohl, qui rapporte les *escravos dos diamantes* au *thoneisenstein* (suivant M. Delafosse, la variété compacte de la limonite de Beudant ou du fer oxydé hydraté d'Haüy), et il dit que les *pingos d'agoa* sont des morceaux de quartz. Le même auteur ajoute que ces pierres sont regardées, dans le pays, comme la matrice des diamants et de l'or (*Reise*, I, 427).

cependant, comme chaque capitainerie prélève ses dépenses sur ses revenus, le gouverneur de Goyaz, Fernando Delgado, avait restreint l'exportation de l'or par cette frontière (1), afin que le quint fût plus considérable dans son gouvernement. Mais les localités rendaient sa défense entièrement illusoire, car le Rio Claro, qui est guéable sur tous les points, dans le temps de sa sécheresse, n'est gardé que sur un seul, et, lorsqu'un marchand voulait se rendre à Matogrosso avec une quantité d'or plus considérable qu'il ne lui était permis, il passait par la route tracée et envoyait un de ses gens un peu plus haut ou un peu plus bas, avec la somme qui devait passer en contrebande. Les criminels qui cherchent à se soustraire à la justice, en fuyant d'une province dans une autre, rencontrent aussi peu de difficultés. A la vérité, le Rio Grande, qui se trouve à environ 25 *legoas* de Pilões et sert de limites aux provinces de Goyaz et de Matogrosso, n'est jamais guéable; mais les fugitifs construisent des radeaux avec des morceaux de bois secs ou des tiges de *bority*, et ils passent la rivière au-dessus ou au-dessous du grand chemin, à l'entrée duquel est cantonné, du côté de Matogrosso, un détachement de soldats qui dépend de cette dernière province.

Pendant que j'étais au hameau de Pilões, on vint m'offrir quelques diamants; mais je ne crus point que, protégé par le gouvernement brésilien, je dusse me permettre ce qu'il avait déclaré illicite. Cette délicatesse avait peut être quelque mérite, car je suis sûr que, dans le pays, personne n'aurait voulu y croire. Au reste, je ne puis pas non plus

---

(1) Comme on l'a vu, l'or en poudre ne peut, en aucune manière, passer dans les provinces, où il ne circule point comme monnaie.

me vanter d'avoir été entièrement exempt du péché de contrebande. Un pauvre enfant de six à sept ans, fort mal vêtu, entra un jour dans ma chambre et me dit bien timidement : Monsieur, voulez-vous m'acheter mon petit diamant? — Et combien vaut-il, ton petit diamant? — Quatre *vintens* (95 cent.), me répondit l'enfant. Je lui donnai les 4 *vintens* et il me remit une toute petite étincelle. Au reste, cet essai de contrebande me réussit assez mal ; je mis le diamant dans mon portefeuille, et quelques instants après il était perdu.

On voulut vendre à José Marianno, pour 40,000 reis (250 fr.), un diamant du poids d'une demi-pataque (9 décigrammes), qu'il me dit être d'une très-belle eau.

Comme on l'a déjà vu, le Rio Claro dont j'ai tant parlé dans ce chapitre n'est point encore parfaitement connu (1819) ; on ignore à peu près quelles sont ses sources (1). Cette rivière coule à peu près du sud-est au nord-ouest ; elle reçoit dans son lit les eaux de plusieurs affluents, entre autres du Rio Fartura (2) et du Rio dos Pilões, et, après un cours qui n'est pas d'une étendue très-considérable, elle se réunit au Rio Grande. Dans le temps de la sécheresse, le Rio Claro est guéable au-dessous du hameau de Pilões et probablement dans une très-grande partie de sa lon-

---

(1) Pohl dit qu'il commence dans la *Serra dos Coyapós* ; mais cette Serra dos Coyapós est également à peu près inconnue. Plus récemment, Mattos a écrit (*Itin.*, II, 138) qu'il naissait des montagnes appelées aujourd'hui *Serra das Divisões*, dont il paraît qu'on sait aussi fort peu de chose. MM. Milliet et Lopes de Moura placent sa source dans la *Serra de Santa Martha* (*Dicc. Braz.*, I, 276), sur laquelle il règne également bien des incertitudes, mais qui, pour Mattos, serait la même que la Serra das Divisões.

(2) CAZAL, *Corog.*, I, 326.

gueur; mais, à l'époque des pluies et même quelque temps après, il augmente, devient rapide, très-profond, et on ne le traverse plus qu'avec des pirogues. Alors le passage n'est point libre, il est affermé pour le compte du fisc (*fazenda real*). Le *Rio Grande*, dans lequel se jette le Rio Claro, est un fleuve gigantesque qui divise la province de Goyaz de celle de Matogrosso, et a presque autant de longueur que la première de ces provinces. Il paraîtrait qu'à son origine on l'appelle *Rio Bonito* (la rivière jolie); après avoir reçu les eaux du *Rio Coyapó* et du *Rio dos Barreiros* (la rivière des glaisières) (1), il prend le nom de Rio Grande, le quitte ensuite pour celui d'*Araguaya* (2), et, grossi par les eaux d'un grand nombre de ruisseaux et de rivières, il se réunit au Tocantins.

(1) Ces détails sont empruntés à Cazal (*Corog.*, 1, 326). MM. Milliet de S. Alphonse et Caetano Lopes de Moura se montrent d'accord avec ce géographe à l'article *Bonito* de leur dictionnaire, avec cette différence qu'ils placent le Rio dos Barreiros plus près de la source du Bonito que le Rio Coyapó (*Dicc. Braz.*, I, 156); mais, lorsqu'ils parlent de l'Araguaya (l. c., 70), ils disent « que ce dernier doit son origine au *Ribeiro Caiapós*, qui naît dans la Serra aussi appelée *Caiapós*, et qu'il prend le nom d'*Araguaya* lorsque, grossi par les eaux du Bonito et du Barreiros, il devient navigable. » De tout ceci, il résulte clairement que le Rio Grande de Goyaz ou, si l'on veut, l'Araguaya, est formé, à son origine, par les Rios Bonito, Coyapó, Barreiros; mais qu'on ne sait pas bien dans quel ordre ces rivières sont placées. Cette incertitude, au reste, n'a rien qui doive surprendre; car les pays où elles coulent ne sont encore habités que par des Indiens sauvages.

(2) On peut, sans inconvénient, adopter le nom d'*Araguay* au lieu d'*Araguaya*; mais il faut bien se donner de garde, comme l'a déjà dit le savant Balbi (*Géographie universelle*), d'écrire *Uraguay* ou *Uruguay*, ainsi qu'on l'a fait cent fois : l'*Uruguay* est la rivière qui, réunie au *Paraguay*, forme le *Rio de la Plata*. Il faut tâcher aussi de ne pas confondre le Rio Grande, commencement de l'Araguaya, avec cette foule

J'avais souvent eu à me plaindre des insectes malfaisants; mais, nulle part, ils ne m'avaient fait souffrir autant qu'au Rio Claro. J'étais allé me baigner dans cette rivière : tant que le soleil resta assez haut, je fus peu tourmenté; mais, aussitôt que le jour commença à baisser, des myriades de *borrachudos* me mirent le corps en feu. Je m'étais éloigné de mes habits et ne me possédais plus lorsque j'arrivai au lieu où je les avais laissés.

Je désirais faire une collection de poissons dans la province de Goyaz, et l'on m'avait dit à Villa Boa qu'aucune rivière n'en contient autant que le Rio Claro. Au moment de mon arrivée au hameau de Pilões, je témoignai au commandant le désir d'en réunir le plus qu'il me serait possible. Il mit aussitôt des pêcheurs en campagne; mais, comme aucun ne reparut et que je ne trouvais presque aucune plante dans les environs du hameau, je me décidai à n'y pas prolonger mon séjour.

de *Rio Grande* qu'on trouve dans les diverses provinces du Brésil, et surtout avec celui qui prend sa source dans la *comarca* de S. João d'El Rei et finit par porter ses eaux à la Plata. Pizarro a prouvé, par d'étranges quiproquos, combien il est à regretter que le même nom ait été appliqué à des rivières si différentes (voyez *Mem. hist.*, IX, 53). L'excellent M. Warden a aussi été induit, par une ressemblance de noms, à confondre une rivière de Minas Novas avec la province de Piauhy.

CHAPITRE XXIII.

RETOUR A VILLA BOA.

L'auteur retourne à Villa Boa par la route directe. — Firmiano rendu malade par du miel sauvage. — Aperçu général du voyage du Rio dos Pilões à Villa Boa. — Comment on reconnaît les lieux où s'arrêtent les caravanes quand il n'y a point d'habitation. — Halte en plein air à *Mamoeiros*. — Pays situé entre Mamoeiros et le *rancho* de *Guarda mór*. Les traces d'un jaguar. — Le *rancho* de Guarda mór. — Pays situé au delà de ce *rancho*. Singulière végétation. — Halte en plein air dans un lieu très-pittoresque. — Conversation avec Firmiano sur son grand pou. — *Fazenda de Jacú*. — Pays voisin de Villa Boa tout à fait désert; pourquoi. — Vue dont on jouit auprès de cette ville. — L'auteur y arrive. — Le gouverneur de la province feint de ne pas croire à la contrebande des diamants du Rio Claro. — Visite au missionnaire. On veut le retenir à Goyaz malgré lui. — L'abbé Luiz Antonio da Silva e Sousa. — Manière de blanchir la cire indigène. Le comte da Barca. — Température. — Tableau de l'incendie des *campos*.

J'avais commencé le voyage du Rio Claro avec l'intention de le continuer jusqu'au Rio Grande, qui, comme je l'ai dit, forme la limite des provinces de Goyaz et de Matogrosso; mais, comme il eût fallu, pour aller et revenir, traverser encore, pendant une quinzaine de jours, des *campos* entièrement déserts, où je ne pouvais rien espérer de plus que dans ceux que j'avais déjà parcourus, je renonçai entièrement à ma première résolution. Je quittai donc (15 juillet 1819) le hameau de Pilões pour retourner à Villa

Boa; mais, au lieu de repasser par S. José, je pris la route directe que je ne connaissais point encore, celle que suivent les caravanes qui se rendent de Matogrosso à Goyaz (1).

Comme, avant le départ, on avait été très-longtemps sans pouvoir découvrir les mulets, Firmiano, suivant sa coutume, était allé chercher du miel sauvage dans les *campos*. Il avait trouvé dans la terre un nid d'abeilles noires, et il était revenu à la maison avec un grand vase rempli de miel

---

(1) Itinéraire approximatif du hameau de Pilões à Villa Boa, par la route de Matogrosso :

Du hameau de Pilões au Rio dos Pilões..................	1	legoa.
— — à Mamoneiras, en plein air.......	3	
— — Guarda mór, rancho...........	4	
— — Dona Antonia...............	4	
— — Jacú, habitation............	4	
— — Cité de Goyaz.............	5	
	21	legoas.

Mattos, qui a étudié avec tant de zèle et de succès la topographie de Goyaz, a soigneusement comparé plusieurs itinéraires manuscrits, de Villa Boa au Rio Claro, et a trouvé entre eux des différences notables. Il ne faut pas s'en étonner; car la présence de l'homme peut seule amener la connaissance parfaite des distances et fixer les noms des lieux. Que, dans un pays habité, le voyageur se trompe sur celui d'une ville ou d'une rivière, il trouvera bientôt quelqu'un qui le fera revenir de son erreur; mais, s'il parcourt un pays désert et qu'il retienne mal ou confonde les noms qui lui auront été indiqués d'avance, il persistera nécessairement dans ses méprises et en fera commettre d'autres à ceux qui viendront après lui. Je trouve *Boa Vista*, *Mamoneirus*, qui peut-être serait plutôt *Mamoeiros*, et *Guarda mór* dans l'itinéraire de Luiz d'Alincourt (*Mem. viag.*, 149) et dans celui d'Ant. Seixo de Brito, copié par Mattos (*It.*, II, 94); mais je n'y lis point *Jacú*, qui fait également partie du mien. Il est donc vraisemblable qu'au delà de Guarda mór j'aurai pris quelque chemin de traverse; car, si une *fazenda* habitée et aussi importante que Jacú se fût trouvée sur la route des hommes que je viens de citer et qui n'ont pas omis le plus petit ruisseau, ils n'auraient pas manqué de l'indiquer.

d'un goût aigre et détestable. Il paraît qu'il en avait beaucoup mangé ; il éprouva des vomissements, et, quand nous arrivâmes au Rio dos Pilões, qui, comme on l'a déjà vu, traverse la route, il était pâle et dans l'impossibilité d'aller plus loin. Nous nous arrêtâmes donc pour la seconde fois sur le bord de la rivière de Pilões, et quelques tasses de thé eurent bientôt guéri le malade.

Du Rio dos Pilões à Villa Boa, il faut compter 20 *legoas*; je ne mis pas moins de cinq jours pour faire ce voyage, dont je donnerai d'abord un aperçu général. Le pays, toujours montueux, offre tantôt des bois et tantôt des *campos* : les premiers ont plus d'étendue du côté de Pilões ; vers Villa Boa, où le sol est fort pierreux, ce sont, au contraire, les *campos* qui dominent. Dans ces derniers, les arbres sont plus élevés et disposés moins régulièrement que dans ceux des pays plats ; tantôt ils sont fort rapprochés, et tantôt ils laissent entre eux une distance considérable ; au milieu d'eux croît un petit Palmier, dont la tige, couverte d'écailles épaisses, se termine par un panache de feuilles, du centre desquelles un bourgeon s'élance comme une flèche aiguë, à la hauteur de 5 à 6 pieds (1) ; d'ailleurs, je reconnus dans ces *campos* la plupart des arbres que j'étais accoutumé à voir dans des localités semblables, des *Qualea*, le *Rotala* n° 820, le *pao d'arco*, les mêmes Malpighiacées, etc. A l'époque de mon voyage, la plupart de ces arbres n'avaient que des feuilles jaunes et desséchées ; quelques-uns, entièrement dépouillés de leur feuillage, tels que le *claraïba* et le *pao d'arco*, étaient cependant cou-

---

(1) Les habitants du pays appellent ce Palmier *macauba*. Voyez ce que j'en dis dans le chapitre suivant.

verts de fleurs ; les *paineiras do campo* (***Pachira marginata***) étaient déjà en fruit et n'avaient pas encore de feuilles. La verdure des bois était, au contraire, fort belle, et en quelques endroits ils ont une vigueur remarquable ; un nombre considérable d'arbrisseaux forment, entre les arbres, un fourré épais, et souvent de grandes lianes enlacent ces différents végétaux : ces bois sont encore embellis par une foule de Palmiers de différentes espèces, mais qui malheureusement n'avaient, lors de mon voyage, ni fleurs ni fruits. Au milieu des *campos*, la chaleur était insupportable ; dans les bois, je trouvais de l'ombrage, et une foule de ruisseaux limpides y entretenaient la plus agréable fraîcheur. Le chemin, très-pierreux, souvent embarrassé par des branchages et des troncs renversés, n'est, dans la forêt, qu'un sentier fort étroit, et doit être impraticable lorsque les pluies ont délayé la terre et que les nombreux ruisseaux sont devenus des torrents (1); et, cependant, c'est le seul par lequel la province de Matogrosso communique, par terre, avec les autres provinces; et si, en partant des environs de *Porto Felis*, dans la capitainerie

---

(1) M. le docteur Pohl a eu le courage extrême de faire ce voyage au mois de février ; mais lui et ses gens revinrent à Villa Boa avec la fièvre. De telles fatigues auront probablement contribué à abréger l'existence de cet excellent homme. Des personnes que des circonstances favorables ont placées dans la position la plus heureuse, sans qu'elles aient eu besoin de se donner aucune peine, ont dit cependant que les naturalistes voyageurs étaient assez dédommagés par le plaisir qu'ils avaient goûté !
« Messieurs les délicats, dit naïvement le bon Lery..., voulez-vous vous
« embarquer pour vivre de telle façon ? Comme ie ne vous le conseille
« pas !..... Aussi vous voudrais-ie bien prier que, quand on parle de la
« mer, et surtout de tels voyages....., vous defferissiez un peu et lais-
« sissiez discourir ceux qui en endurans tels trauaux ont été à la pra-
« tique des choses. » (*Hist.*, 3ᵉ édit., 34.)

de S. Paul, on peut arriver à Matogrosso par les rivières, il est très-peu de gens qui aient assez de persévérance et de courage pour tenter une navigation aussi difficile. Toutes les terres que j'avais traversées depuis la Fazenda d'El Rei jusqu'au Rio dos Pilões sont sans propriétaires; le pays qui s'étend de cette rivière à l'habitation de *Jacú*, située à 5 *legoas* de Villa Boa, n'a pas non plus de maître (1819), et pourtant il se trouve, dans ce long espace de 15 *legoas*, des terrains qui, couverts de bois et d'une qualité excellente, pourraient être cultivés avec facilité et avec avantage. Entre Jacú et le chef-lieu de la province, je vis deux maisons à demi ruinées; mais, entre le Rio dos Pilões et Jacú, il n'en existe aucune (1819), et, quoique marchant sur une des routes les plus importantes du Brésil, je fus obligé de coucher dehors quatre nuits de suite. J'étais assailli par des nuées d'insectes malfaisants qui, surtout aux haltes, pendant que je travaillais, ne me laissaient aucun repos, par des *borrachudos*, des moustiques, des *carrapatos*, par les gros taons appelés *mutucas*, et deux ou trois espèces d'abeilles qui me couvraient le visage et les mains, et entraient dans mes yeux et dans mes oreilles : ces insectes ne se montraient cependant pas tous ensemble; à peine le soleil était-il levé, que les *mutucas* venaient nous tourmenter; vers le soir, ils faisaient place aux abeilles, aux moustiques et aux *borrachudos*; aussitôt que le soleil était couché, on n'apercevait ni un *borrachudo*, ni une seule abeille, mais alors restaient les moustiques et les *carrapatos*. Le premier jour, je rencontrai un homme qui se rendait au Rio Claro; le second, je ne vis absolument personne; le troisième, je fus croisé par un jeune officier qui avait été envoyé à Villa Rica, dans la province de Minas, par le gouverneur de Matogrosso, et qui retournait à sa résidence habituelle. Je n'aperçus aucune caravane, et, ce qui prouve combien les rapports de Matogrosso et de Goyaz sont peu multipliés, c'est que, depuis Meiaponte, je n'avais encore rencontré que celle dont j'ai déjà parlé, et il n'en arriva aucune pendant que j'étais à Villa Boa (1).

Je vais à présent entrer dans quelques détails.

Au delà du Rio dos Pilões, dans un espace de 3 *legoas*, je traversai tantôt des *campos* et tantôt des bois ; mais je ne trouvai aucune plante en fleur.

Je reconnus l'endroit appelé *Boa Vista* (belle vue) pour un de ceux où les caravanes ont coutume de faire halte : ces lieux sont assez indiqués par la trace des feux qu'on y a faits et par les grands bâtons, plantés en terre, qui ont servi à attacher les mulets. C'est toujours sur le bord des ruisseaux et ordinairement sous des arbres touffus que l'on fait halte, et, en plusieurs endroits, je retrouvai des baraques de feuilles de palmier qu'avaient laissées des voyageurs.

Comme Boa Vista n'est qu'à 2 *legoas* du Rio dos Pilões, j'allai jusqu'à un autre *pouso* : c'est ainsi que l'on appelle

---

(1) Mattos dit que, sur la route de Pilões à la cité de Goyaz, on court le risque d'être attaqué par les Coyapós de S. José, qui se déguisent en sauvages. Ceci se serait passé en l'année 1825 ou à peu près ; mais, suivant le même écrivain, il ne se trouvait plus, à la même époque, que 140 Indiens dans le village de S. José ; or, sur ce nombre, il ne pouvait guère y avoir que 30 hommes capables de faire de pareilles expéditions, et il me semble que ces 30 hommes pouvaient bien facilement être contenus par leurs surveillants. Il est donc vraisemblable que le récit de Mattos n'est qu'une fable inventée, dans le pays, en haine des Coyapós. Lors de mon voyage dans la province d'Espirito Santo, on y prétendait aussi que les Indiens, amis des Portugais à Minas, se présentaient comme ennemis sur le littoral (voyez ma *seconde relation*).

les lieux où l'on a coutume de s'arrêter. Celui de *Mamoneiras*, où je fis halte (1), offre au voyageur une espèce de salle ombragée par des arbres touffus qui s'élèvent sur le bord d'un ruisseau.

J'ai dit que le chemin de l'Aldea de S. José au Rio dos Pilões parcourt, depuis Porco Morto, une plaine allongée, bordée de deux rangées de montagnes ; entre Mamoneiras et le *rancho* de *Guarda mór*, où je fis halte, la route se prolonge à mi-côte sur l'une de ces rangées de montagnes, et je reconnus cette éminence qui, comme on l'a vu, s'élève, semblable à une forteresse, sur les monts opposés à ceux où je marchais. Pas la plus chétive cabane, point de bestiaux, pas un chasseur, et cependant on ne peut pas dire que ces déserts aient rien d'affreux : le ciel de ce pays pourrait tout embellir. Puis, d'ailleurs, dans les bois, le voyageur est récréé sans cesse par des accidents singuliers de végétation ou des différences merveilleuses de forme et de feuillage ; dans les endroits découverts, le terrain bas et humide est ordinairement parsemé de *boritys* qui majestueusement s'élèvent à des hauteurs plus ou moins grandes ; enfin les montagnes voisines, dont les flancs offrent ou des bois ou des rochers à pic, modifient à chaque moment l'aspect du paysage.

J'avais souvent été surpris de rencontrer aussi peu de mammifères dans les vastes solitudes que je parcourais ; mais, quelques jours avant mon arrivée à Guarda mór, mes gens virent plusieurs cerfs ; ils tuèrent un singe dont nous mangeâmes la chair, que je trouvai fort bonne ; enfin, pendant une grande partie de la nuit que nous passâmes à

(1) Peut-être plutôt, comme je l'ai déjà dit, *Mamoeiros* ou *Mamoeiras*.

Mamoneiras, nous entendîmes les hurlements du guará (*Canis campestris*, Neuw. ex Gervais). Avant d'arriver à cette dernière halte, mes mulets faisaient difficulté d'avancer; ils flairaient à droite, à gauche, et paraissaient inquiets et effrayés. Mes gens m'assurèrent que ces signes de frayeur indiquaient qu'un jaguar (*Felis Onça*) nous avait précédés; ils ne s'étaient point trompés, car, le lendemain, avant d'arriver à Guarda mór, nous reconnûmes sur le sable les traces du féroce animal.

Nous trouvâmes à Guarda mór un petit *rancho* couvert de feuilles de Palmier, qui avait été construit pour recevoir un personnage très-distingué, João Carlos Augusto d'Oyenhausen, lorsque, peu de temps auparavant, il avait quitté le gouvernement de la province de Matogrosso pour prendre celui de S. Paul, où je le vis plus tard. C'était une bonne fortune que de pouvoir coucher sous ce hangar, qui, pourtant, était ouvert de tous côtés, et où les insectes furent encore très-importuns.

Le lendemain, nous ne traversâmes plus autant de bois, et dans les *campos* la chaleur était insupportable; nous avions à notre droite la Serra Dourada, qui souvent produit un fort bel effet dans le paysage.

Ce jour-là, je passai encore plusieurs ruisseaux de l'eau la plus limpide. En général, j'avais trouvé jusqu'alors, dans la province de Goyaz, des eaux aussi abondantes et aussi bonnes que dans celle de Minas.

Au milieu d'un des bois que je parcourus, j'observai un effet de végétation assez singulier. Dans ces bois croît abondamment un Palmier dont la tige, grosse, fort courte et chargée de la base des feuilles anciennes, se termine par une superbe touffe de longues feuilles ailées et d'un beau vert : je vis un arbre qui, après avoir fait trois ou quatre tours de spire autour d'un de ces Palmiers, devenait parfaitement droit et élevait assez haut sa tige grêle, divisée, au sommet, en rameaux nombreux.

A 4 *legoas* de Guarda mór, nous fîmes halte dans un endroit qui probablement n'avait point encore reçu de nom, et que j'appelle *Pouso de Dona Antonia* (1). Nous plaçâmes nos effets sur le penchant d'une colline, sous des arbres touffus ; au bas de la colline coulait un ruisseau d'eau limpide, et au delà s'étendait une vaste plaine couverte de bois ; près de nous un groupe de *boritys* s'élevait

(1) Ce nom était celui de ma sœur, Antoinette de Salvert, née de S. Hilaire, dont on m'avait annoncé la perte au moment où j'étais parti de Rio de Janeiro. Madame de Salvert réunissait aux plus hautes vertus une gaîté douce, une parfaite égalité d'humeur, un esprit cultivé, la mémoire la plus heureuse ; quoique fort jeune, elle se répandait peu, elle faisait le bonheur de ceux qui l'entouraient et était adorée des paysans de son village : j'avais contribué à son éducation ; jamais un frère ne fut aimé plus tendrement que je ne l'étais par elle..... Sans les occupations toujours renaissantes qui m'arrachaient à moi-même, je n'aurais pu résister à ma douleur. J'avais ardemment désiré de passer le reste de mes jours auprès de ma sœur ; quand je sus qu'elle m'avait été enlevée, je ne formai plus de désirs, je n'eus plus d'espérance ; la vie avait perdu tous ses charmes pour moi. Dans mon voyage à Minas, ma sœur était sans cesse présente à mon esprit ; à chaque événement qui m'arrivait, je me réjouissais de pouvoir le lui raconter un jour ; je ne vivais que par elle et pour elle : quand je l'eus perdue, il me sembla que j'étais seul au monde ; le présent était triste et fatigant, l'avenir m'effrayait ; je redoutais de retourner en France, où je ne devais plus la retrouver. ... Si j'avais pu construire un hangar pour les caravanes au lieu que je décris ici et que j'appelle *Pouso de Dona Antonia*, ce nom eût été adopté par les habitants du pays ; il restera perdu dans ces feuilles : cependant je ne pense point, sans quelque douceur, que, si jamais un voyageur qui les aura parcourues s'arrête dans le même lieu, le nom de *Dona Antonia* se présentera peut-être à son souvenir.

majestueusement au-dessus d'un pâturage humide, et tout le paysage était dominé par la Serra Dourada que couronne une masse de rochers à pic, dont le sommet présente une espèce de plate-forme : c'était une magnifique solitude.

Dans ce voyage, je demandai un jour au Botocudo Firmiano pourquoi il était alors si gai, tandis qu'il avait été presque toujours triste lorsque nous parcourions le littoral. C'est, me dit-il, parce que, pendant le voyage du Rio Doce, mon grand pou était resté à Rio de Janeiro, et il m'a accompagné dans celui-ci. — Qu'est-ce que ton grand pou? — C'est un pou gros comme un rat, qui me suit partout; mais je ne le vois que pendant la nuit, lorsque je dors, et encore est-il souvent plusieurs nuits sans se montrer. Quand il veut causer avec moi, il s'attache à mes cheveux et me parle à l'oreille. — Que te dit-il? — Il me dit ce que je dois faire et me gronde quand je le mérite. Par exemple, il me faisait souvent des reproches à Rio de Janeiro, lorsque je cassais tant de plats et tant d'assiettes. — T'a-t-il quelquefois parlé de moi? — Fort souvent, et il m'a dit que vous étiez très-bon. — Tous les hommes de ta nation ont-ils, comme toi, un grand pou? — Quelques-uns en ont un, d'autres n'en ont pas. Mon père n'en a point, mais ma tante en a un. Cette conversation, que j'eus le soin d'écrire, prouve que, si les Botocudos n'ont aucune idée de Dieu, ils ont au moins quelque idée des esprits (1).

---

(1) S'il m'est permis de continuer mes travaux, je donnerai ailleurs, avec quelque détail, la fin de l'histoire de Firmiano. Je dirai seulement ici que, voulant rendre hommage à la liberté des Indiens, j'offris à ce jeune homme, avant mon départ pour l'Europe, ou de s'embarquer avec moi, ou de retourner dans son pays. Il préféra ce dernier parti, et je

Après avoir quitté la belle solitude que j'ai décrite tout à l'heure, nous parcourûmes encore des bois et des *campos*. Enfin des traces de bestiaux nous annoncèrent que nous nous rapprochions des habitations, et effectivement nous arrivâmes à une *fazenda*, celle de *Jacú*, où nous fûmes très-bien reçus. On nous établit dans un grand bâtiment où se faisait la farine de manioc. C'était un gîte peu magnifique, mais je me trouvais heureux de pouvoir travailler sans être dévoré par les insectes, ni brûlé par le soleil, et de penser que je ne serais pas obligé de m'enfumer pendant la nuit, pour ne pas geler de froid.

Entre la *fazenda* de Jacú et Villa Boa, dans un espace de 5 *legoas*, nous traversâmes presque toujours des *campos* où la chaleur ne pouvait se supporter. Ce jour-là, et surtout la veille, nous vîmes plusieurs de ces fonds marécageux où croît le *bority*, asile de deux magnifiques espèces d'aras, ceux dont le plumage est entièrement bleu et ceux qui ont le manteau bleu et le ventre jaune (**Psittacus hyacinthinus** et **P. Ararauna**) (1).

chargeai le bon Laruotte de l'accompagner. Le Botocudo tomba malade à Contendas, dans le Sertão, chez mon digne ami le curé Antonio Nogueira Duarte. La saison des pluies approchait; M. Nogueira conseilla à Laruotte de partir, et lui promit de renvoyer le Botocudo dans son pays. Je n'avais plus entendu parler de celui-ci, lorsque j'ai appris, par les *Souvenirs* de M. le comte de Suzannet, qu'il était mort de la rougeole au milieu de sa peuplade. Si cet ouvrage parvient dans le Sertão comme ma *première relation*, M. Nogueira Duarte saura que j'ai été aussi touché que reconnaissant de la marque d'amitié qu'il a bien voulu me donner en remplissant fidèlement sa promesse.

(1) J'ai déjà dit ailleurs que ces deux espèces d'aras vivent au milieu des *boritys* et en mangent les fruits; j'ai aussi fait connaître l'erreur singulière dans laquelle sont tombés l'illustre Marcgraff et, depuis lui, tous les naturalistes, relativement au nom de ces oiseaux (*Voyage dans les provinces de Rio de Janeiro et de Minas Geraes*, II, 376).

Parmi les arbres rabougris des *campos*, il en est dont les ramules sont très-épais, peu nombreux et obtus. Je remarquai, dans ce voyage, qu'il n'existait point de bourgeons à l'aisselle des feuilles de ces ramules, et que ceux-ci se continuaient seulement par des bourgeons terminaux. Le petit nombre de ces ramules et l'épaisseur de leur écorce, presque semblable à du liége, rendent l'exactitude de cette observation très-vraisemblable ; pour plus de certitude, cependant, les botanistes qui parcourront ces *campos* feront bien de la vérifier (1).

Entre la *fazenda* de Jacú et la cité de Goyaz, nous ne vîmes, comme je l'ai dit, que deux maisons, et elles tombaient en ruine. Partout, en Europe, le voisinage des villes est annoncé par des habitations plus nombreuses, par des cultures mieux soignées ; et il en est de même des villes de la côte du Brésil qui ont été fondées, dans tel ou tel lieu, parce que la position était favorable au commerce ou à l'agriculture. Dans les pays aurifères, les villages et les villes ont été bâtis là où l'on trouvait le plus d'or ; on n'a été déterminé que par cette considération, et, sous d'autres rapports, le local choisi s'est trouvé souvent, comme à

---

(1) Cela est d'autant plus essentiel que d'autres observations m'ont conduit à écrire ce qui suit : « Si le bourgeon ne se développe pas tou-
« jours, peut-être au moins en existe-t-il toujours une légère ébauche :
« j'ai, du moins, retrouvé cette ébauche toutes les fois que je l'ai cher-
« chée avec quelque attention. Les Graminées qui naissent sous les tro-
« piques, douées d'une grande énergie vitale, sont le plus souvent ra-
« meuses ; celles de nos climats, grêles et débiles, sont presque toujours
« simples ; mais il n'en est pas moins vrai que, à l'aisselle de la feuille
« des plus humbles de ces plantes, comme, par exemple, du *Poa an-*
« *nua*, j'ai toujours aperçu un bourgeon, auquel il n'eût fallu, pour se
« développer, qu'un peu plus de vigueur (*Morphologie végétale*, 213). »

Villa Rica (Cidade d'Ouro Preto) et à Villa Boa, le plus défavorable possible. Le système d'agriculture adopté par les Brésiliens ne leur permet pas de cultiver d'autres terrains que ceux qui sont boisés; par conséquent, les *campos* voisins de Villa Boa, près la route de Matogrosso, ont dû rester déserts.

Il ne faudrait pas s'imaginer, cependant, que, même dans l'état actuel des choses, on ne puisse tirer absolument aucun parti des environs de cette ville. Il s'y trouve des terrains salpêtrés, très-favorables, par conséquent, à l'éducation du bétail; et, si, dans le petit nombre d'habitations qui existent, on donne de loin en loin un peu de sel aux bêtes à cornes, c'est pour qu'elles apprennent à connaître la maison de leur maître.

Des collines les plus rapprochées de cette ville, on la découvre tout entière : on voit qu'elle a, dans son ensemble, une forme allongée, qu'elle est située dans un fond et adossée à des montagnes; enfin que, du côté opposé à ces dernières, jusqu'à la Serra Dourada, le terrain est inégal, mais beaucoup moins élevé.

Avant mon départ de la cité de Goyaz, j'avais prié le colonel Francisco Leite, dont j'ai déjà parlé, de me garder la maison où j'avais demeuré à mon premier passage. Je n'eus donc, pour m'installer, aucun de ces embarras que j'éprouvais toutes les fois que j'arrivais dans une ville.

Presque aussitôt après être descendu de cheval, j'allai voir Raimundo Nonato Hyacintho, qui fut pour moi aussi aimable qu'à mon premier passage.

De chez lui, je me rendis chez le gouverneur, et je fus également bien reçu. Ce dernier avait l'air de ne pas croire à la contrebande des diamants du Rio Claro, probablement parce qu'il sentait qu'il serait absurde de la punir; on conçoit, au reste, que je pouvais à peine me permettre de glisser sur un sujet aussi délicat. M. Fernando Delgado prétendait aussi qu'il était faux que les chercheurs d'or du Rio Claro fissent des journées de 12 à 1,500 reis (7 f. 50 c. — 9 f. 37), et il croyait le prouver en ajoutant que tous sont extrêmement pauvres. Il les jugeait comme s'ils eussent été des Européens, et ne savait pas que ces hommes imprévoyants dépensent leur argent aussitôt qu'ils le gagnent; que, par conséquent, ils n'ont rien quand la mauvaise saison arrive.

Lorsque je sortis du palais, il faisait déjà nuit; c'était l'heure à laquelle des femmes de toutes les couleurs se répandaient dans la ville; j'allai voir le missionnaire, et je trouvai sa chambre remplie de pauvres mères qui venaient lui faire bénir leurs enfants malades. Dans les commencements, me dit-il, je trouvais ces visites nocturnes peu conformes à la bienséance, mais le gouverneur m'a assuré que personne n'y trouverait à redire; il a même ajouté que, si je refusais de recevoir les femmes à la nuit, aucune ne viendrait chez moi et que, par conséquent, je les priverais d'une consolation que la charité me fait un devoir de leur accorder.

Le père Joseph devait quitter la ville huit jours plus tard. La veille, nous sortions ensemble du palais, lorsque nous vîmes la place entourée de monde; bientôt l'on s'empressa autour du missionnaire, et je m'échappai avant que la foule m'eût fermé le passage. Je sus plus tard que le peuple et le corps municipal (*camara*) voulaient absolument garder le père Joseph; mais il leur avait répondu que, ayant fait vœu d'obéissance, il ne pouvait, sans manquer à ses devoirs les plus sacrés et se rendre indigne de leur estime, se dispenser de se rendre à sa destination. On gagna encore un jour ou deux en cachant ses mulets.

Lorsque que j'étais à Villa Boa, je fis connaissance avec l'abbé Luiz Antonio da Silva e Sousa (1) qui, en attendant l'arrivée du prélat nommé, gouvernait le diocèse de Goyaz avec le titre de vicaire général. C'était un homme poli et modeste auquel sont dus les premiers renseignements que l'on possède sur l'histoire et la statistique de Goyaz. Il me prêta le manuscrit de son important travail intitulé, *Memoria sobre o descobrimento, população, governo et cousas mais notaveis da Capitania de Goyaz*, travail qui, sans le consentement de l'auteur, avait déjà paru à Rio de Janeiro, dans le journal brésilien *O Patriota* (1814). Cazal a eu le même manuscrit entre les mains, il en a profité et n'a point cité l'auteur; Pizarro ne l'a pas cité davantage, mais Pohl s'est empressé de lui rendre toute justice. En rédigeant cette relation de voyage, je n'ai malheureusement sous les yeux qu'une petite partie de l'extrait que j'ai fait du mémoire de M. Luiz Antonio da Silva e Sousa, mais je crois que c'est à lui qu'il faut rendre la plupart des citations relatives à l'histoire et à la statistique de Goyaz, que j'ai empruntées à Pizarro et au docteur Pohl (2).

Pendant mon séjour dans la cité de Goyaz on vint en-

---

(1) J'écris constamment *Sousa*, et non *Souza*, parce que c'est ainsi que lui-même a signé l'écrit intitulé *Memoria estatistica*, etc.

(2) En 1832, M. l'abbé Luiz Antonio da Silva e Sousa a encore publié un petit écrit plein de faits et que j'ai souvent eu l'occasion de citer dans cet ouvrage; cet écrit est intitulé, *Memoria estatistica da Provincia de Goyaz dividida pelos Julgados e na forma do Elencho enviado pela Secretaria do Imperio*, etc.

core m'offrir des diamants du Rio Claro. Je les trouvai d'une eau très-belle; peut-être même étaient-ils supérieurs à ceux de Tijuco (1), mais si un sentiment de délicatesse ne m'eût pas empêché, comme je l'ai dit, de prendre part à la contrebande de ces précieuses pierres, il est bien clair que c'est sur les lieux mêmes que j'aurais fait mes achats, et non à Villa Boa, où je n'aurais pu les recevoir que de la seconde ou de la troisième main.

Le COMTE DA BARCA, ministre du roi Jean VI (2), avait fait faire beaucoup d'expériences pour blanchir la cire indigène et aucune n'avait eu de succès. Je vis dans la cité de Goyaz un ouvrier qui la blanchissait très-bien et dont tout le secret consistait à la faire fondre, à l'écumer, la diviser par petits morceaux et l'exposer au soleil. Il répétait cette opération jusqu'à seize fois, ce qui prenait deux à trois mois, et au bout de ce temps la cire était presque aussi blanche que celle de nos abeilles domestiques. Je fis usage de bougies faites avec cette cire et j'en fus content; néanmoins je trouvai que leur lumière était beaucoup plus rouge que celle des excellentes bougies que l'on vendait alors à Rio de Janeiro, qu'elle donnait beaucoup plus de fumée et fondait plus facilement; je dois ajouter que la cire indigène,

---

(1) Voyez mon *Voyage dans le district des Diamants*, etc., I, 1 et suiv.

(2) A mon arrivée à Rio de Janeiro, je fus parfaitement accueilli par le comte da Barca. C'était un homme de mérite dont les manières étaient extrêmement distinguées, et qui s'exprimait en français avec une grande élégance. Il était arrivé au Brésil avec le roi : lorsqu'il parvint au ministère, il avait malheureusement atteint un âge assez avancé, il ne jouissait plus d'une bonne santé, et il n'avait peu eu le temps d'apprendre à connaître le pays qu'il devait administrer.

quoique purifiée, conservait un goût amer. Il me serait impossible de dire à quelles abeilles appartenait la cire de Goyaz (1), mais je présume qu'elle n'était pas due à une espèce unique. Quant à celle qu'à cette époque on employait dans tout le Brésil, elle venait d'Afrique; les bougies faites avec cette dernière étaient mal moulées et avaient une couleur jaunâtre, mais elles offraient une extrême dureté et elles ne coulaient point, lors même que je travaillais dehors ou sous des *ranchos* ouverts.

Lorsque je passai pour la seconde fois à Villa Boa (du 20 au 27 juillet), les matinées étaient encore fraîches et les soirées délicieuses, mais, dans le milieu du jour, la chaleur devenait insupportable. Cette température si élevée n'avait, au reste, rien d'étonnant, car les mornes dont la ville est entourée arrêtent les vents qui pourraient rafraîchir l'air et ils reflètent les rayons du soleil.

On commençait alors à mettre le feu aux *campos* voisins

---

(1) Il est difficile de croire que les abeilles de la partie méridionale de Goyaz ne soient pas, du moins pour la plupart, les mêmes que celles du Sertão de Minas (*Voyage dans les provinces de Rio de Janeiro et Minas Geraes*, II, 371 et suiv.). M. Gardner, qui, en se rendant de Piauhy aux Mines, a passé par le nord-est de la province de Goyaz, dit que les abeilles sauvages y sont extrêmement communes, et il indique, par leurs noms vulgaires, dix-huit espèces de ces animaux, dont la plupart appartiennent, dit-il, au genre *Mellipona*, Illig. Parmi les noms qu'il cite, cinq seulement, à la vérité, se retrouvent dans la liste que j'ai donnée des abeilles du Sertão oriental de Minas; mais la partie de Goyaz traversée par M. Gardner est beaucoup plus septentrionale que celle du Sertão de Minas où j'ai voyagé; la végétation n'y est pas la même, comme le prouvent les échantillons de plantes qu'a envoyés en Europe le naturaliste anglais, et il n'est pas impossible, d'ailleurs, que, dans des lieux aussi éloignés les uns des autres, les mêmes insectes portent des noms différents (GARDN., *Travels*, 327).

de la cité de Goyaz. Comme j'ai déjà eu occasion de le dire, la flamme qui consume l'herbe des pâturages a une couleur rougeâtre et s'étend, pour l'ordinaire, en lignes que l'on voit serpenter de diverses manières, laissant entre elles de petites interruptions déterminées par la distance d'une touffe d'herbe à une autre touffe. Les mornes qui environnent la ville m'offrirent un soir un spectacle magnifique; ils semblaient illuminés par des rangées de lampions disposés en différents sens; quelques parties restaient encore dans une obscurité profonde, d'autres étaient éclairées par une vive lumière qui se reflétait sur la ville. Le lendemain, tout changea dès que le jour parut : une fumée rougeâtre remplissait l'atmosphère, le ciel avait perdu son brillant éclat et l'on respirait un air étouffant. Jusqu'alors on n'avait encore mis le feu qu'à une très-petite partie des *campos;* mais tout le monde assure que, lorsqu'il y en a une plus grande étendue d'enflammés, la chaleur, déjà si forte à Villa Boa, ne peut plus se supporter.

Je fus forcé de rester huit jours dans cette ville pour y faire faire différents ouvrages. Pendant tout ce temps, comme à mon premier voyage, je dînai chez le gouverneur, je soupai et je déjeunai chez Raimundo, toujours comblé par eux de politesses et de marques d'égards (1).

(1) A tout ce que j'ai dit de la cité de Goyaz dans ce chapitre et dans le vingtième, j'ajouterai qu'elle est aujourd'hui la résidence de l'évêque du diocèse, comme elle devait être autrefois celle des prélats; que l'assemblée législative provinciale, composée de vingt membres, y tient ses sessions; que celle de 1835 a décrété des fonds pour y établir un hôpital; que la *comarca*, aujourd'hui fort restreinte, dont elle est le chef-lieu, porte le nom de *Comarca de Goyaz;* enfin que cette *comarca* comprend, outre le district propre de la cité, les anciens villages de Crixá, Pilar, Meiaponte et Jaraguá, qui ont été érigés en villes ayant chacune

leur district (MILL. et LOP. DE MOUR., *Dicc. Braz.*, I, 406, 407), mais qui, à ce changement, ne se sont probablement pas beaucoup enrichis. — Je dois faire observer que la ville de Jaraguá ne se trouve pas au nombre de celles que MM. Milliet et Lopes de Moura indiquent, à l'article *Goyaz* de leur dictionnaire, comme faisant partie de la *comarca* dont la capitale de la province est le chef-lieu; cependant je n'hésite pas à la citer avec les autres, parce que, dans l'article *Jaraguá* (*Dicc.*, I, 527), ces messieurs disent positivement que ce lieu appartient à la *comarca* de Goyaz.

CHAPITRE XXIV.

COMMENCEMENT DU VOYAGE DE LA CITÉ DE GOYAZ A S. PAUL. — LE MATO GROSSO. — UNE HABITATION MODÈLE. — LE VILLAGE DE BOM FIM.

Tableau général du voyage de Goyaz à S. Paul. — L'auteur prend, pour se rendre de Villa Boa à Meiaponte, une autre route que celle qu'il avait déjà suivie. — Pays situé au delà d'As Areas. — *Sitio dos Coqueiros.* Le Palmier *macauba.* — Pays situé au delà de Coqueiros. *França.* — Peinture générale du Mato Grosso. — *Manjolinho.* — *As Caveiras.* Température. — Les fêtes de la Pentecôte. — *Lagoa Grande.* Sécheresse. — *Sitio de Gonsalo Marques.* — Une troupe de bohémiens. — La *fazenda* de M. Joaquim Alves de Oliveira. Portrait du propriétaire. Description de sa maison. Comment il conduisait ses nègres. La sucrerie. Les machines à séparer le coton de ses semences. Celle à râper le manioc. Excellent mode de culture. Débit des produits du sol. Exportation du coton. L'idée d'une monnaie provinciale entièrement absurde. L'auteur quitte la *fazenda* de Joaquim Alves. — Idée générale du pays situé entre Meiaponte et le village de *Bom Fim.* — *Sitio das Furnas.* Négociation avec la maîtresse de la maison. Sa grange. — Pays situé au delà de Furnas. — *Sitio da Forquilha.* Ostentation d'argenterie. — Pays situé au delà de Forquilha. — *Fazenda das Antas.* Marchands d'Araxá. Le missionnaire. — Pays situé au delà de la Fazenda das Antas. — Changement de température. — Le hameau de *Pyracanjuba.* — Pays situé plus loin. — Le village de *Bom Fim.* Sa position. Ses rues; sa place; son église; ses maisons. Ses minières. Culture des terres. Débit facile des produits du sol. Poussière rouge. — La fête de Notre-Dame de l'Abbaye.

Je partis de Villa Boa avec l'intention d'aller à S. Paul et de visiter ensuite les parties les plus méridionales du

Brésil. La capitale de la province de Goyaz est située, comme je l'ai dit, par 16° 10′ (1), et S. Paul l'est par 23° 33′ 30″ (2) de latit. sud et 331° 25′ de longit., à compter du premier méridien de l'île de Fer : or il peut y avoir approximativement 1 degré et demi, de l'ouest vers l'est, entre le méridien de la première de ces deux villes et celui de la seconde; par conséquent, pour me rendre de l'une à l'autre, je dus me diriger vers le sud, en inclinant du côté de l'orient. Je mis trois mois à faire ce voyage, me détournant presque uniquement pour aller, du village de *Bom Fim*, visiter les eaux thermales appelées *Caldas Novas* et *Caldas Velhas*. Je ne puis pas compter moins de 242 *legoas* (3) pour ce voyage, y compris le détour dont je viens de parler; je m'arrêtai vingt-trois jours et cheminai soixante-dix, ce qui fait, terme moyen, un peu plus de 3 *legoas* et demie par jour, marche ordinaire des mulets chargés. Il me fallut trente-deux jours, en y comprenant la petite course de Caldas, pour sortir de la province de Goyaz. En quittant cette dernière, j'entrai dans la province de Minas Geraes, sur le territoire de laquelle je voyageai pendant douze jours, et enfin j'arrivai à celle de S. Paul. Je traversai, dans la province de Goyaz, les trois villages de Meiaponte, de Bom Fim et de Santa Cruz (4); dans celle de Minas, les quatre *aldeas d'as Pedras, da Estiva, de Boa Vista, de Santa Anna*, et

---

(1) Voyez le chapitre intitulé *Villa Boa ou la cité de Goyaz*.
(2) Selon d'autres, 24° 30′ ou 23° 5′.
(3) Luiz d'Alincourt compte 212 *legoas* par la route directe (*Mem. viag.*, 115).
(4) Comme on l'a déjà vu, Meiaponte a été honoré du nom de ville par une loi provinciale du 10 juillet 1832, et, comme on le verra plus tard, Santa Cruz l'a été par une loi de 1835, et Bom Fim par une autre de 1836 (MILL. et LOPES DE MOURA, *Dicc. Braz.*).

le village de *Farinha Podre;* enfin, dans la province de S. Paul, les trois villages de *Franca, Casa Branca* et *Mogiguaçu* (1), puis les trois villes de *Mogimirim,* de *S. Carlos* et de *Jundiahy.* La route a été tracée peu de temps après la découverte de Goyaz (année 1736) (2), et, par conséquent, elle date déjà de plus d'un siècle ; aussi est-on sûr de trouver un abri à la fin de chaque marche : cependant, jusqu'à la ville de Mogi, les campagnes sont désertes, sans culture, et, à la fin d'une journée fatigante, je n'avais pas, comme à Minas, la consolation de pouvoir m'entretenir avec un hôte hospitalier ; car les colons chez lesquels on fait halte sont, pour la plupart, des hommes grossiers que le passage des caravanes met en défiance contre les voyageurs. Jusqu'au mois d'octobre, époque à laquelle j'entrai dans la province de S. Paul, la sécheresse fut excessive ; je passai souvent des jours entiers sans apercevoir plus de deux ou trois fleurs, appartenant à des espèces communes ; les coléoptères avaient disparu, les oiseaux devenaient rares ; j'étais dévoré par des nuées d'insectes malfaisants, et, forcé quelquefois de séjourner sur les bords d'une rivière malsaine, telle que le Rio Grande. Au mois d'octobre, les pluies commencèrent à tomber, les pâturages à reverdir et à se couvrir de fleurs (3) ; mais alors je me rapprochais du tropique, et la végétation n'é-

---

(1) Franca est devenue une ville, sous le nom de *Villa Franca do Imperador,* par un décret de l'assemblée législative provinciale de S. Paul de 1836 : aujourd'hui Casa Branca est aussi une ville (MILL. et LOPES DE MOURA, *Dicc. Braz.*); Mogiguaçu soupire encore après le même bonheur.

(2) Voyez le voyage de MM. Spix et Martius (vol. 1), ouvrage si plein de science et où les convenances sont si bien respectées.

(3) Voyez mon *Aperçu d'un voyage dans l'intérieur du Brésil,* dans

tait plus aussi variée que celle de Minas Geraes. Je n'ai pas besoin de dire que, dans une étendue de plus de 7 degrés, passant des régions équinoxiales à un pays situé hors des tropiques, je dus trouver de grandes différences dans les détails de la végétation. Pendant très-longtemps, néanmoins, son ensemble ne m'en offrit aucune : c'étaient toujours des bouquets de bois et des *campos* parsemés d'arbres rabougris; mais, parmi ces derniers, se montrent déjà, sur le territoire de Minas, d'autres *campos* seulement composés d'herbes. Bientôt je passai la limite des *boritys*; le *capim frecha* reparut pour caractériser de gras pâturages; je finis par ne voir dans ces derniers absolument aucun arbre, et enfin, à une distance peu considérable de la ville de S. Paul, je rentrai dans la *région des forêts* : la Flore des *sertões* du S. Francisco et du midi de Goyaz avait fait place à une autre Flore.

J'ai dit, au chapitre intitulé, Le *village de Corumbá, les Montes Pyreneos*, etc., que la route de S. Paul traverse Meiaponte; par conséquent, j'étais obligé de passer une seconde fois par ce village pour aller plus loin. Mais le chemin que j'avais suivi de Meiaponte à Villa Boa n'est pas le seul qui mène de l'un de ces lieux à l'autre; il en existe encore un moins fréquenté : ce fut celui que je choisis à mon retour, afin de voir un canton que je ne connaissais point encore (1).

Il était déjà fort tard quand mes préparatifs furent achevés; cependant je ne voulus point remettre au lendemain

---

les *Mémoires du Muséum*, vol. IX, et l'*Introduction* de mon ouvrage intitulé *Histoire des plantes les plus remarquables*, etc.

(1) Itinéraire approximatif de Villa Boa à Meiaponte par le chemin le moins fréquenté :

mon départ de Villa Boa, pour qu'on n'eût pas une seconde fois l'embarras d'aller fort loin chercher les mulets. Je pris d'abord la route que j'avais suivie pour me rendre à S. José et au Rio Claro, et j'arrivai, par un beau clair de lune, au lieu appelé *As Areas*, où je couchai encore en plein air.

Après avoir fait environ 3 *legoas* depuis Villa Boa, je quittai, à Gurgulho, le chemin de l'Aldea de S. José, et, ayant doublé l'extrémité de la Serra Dourada opposée à la ville, je traversai, dans une direction différente, une vaste plaine. Là s'offrit à mes regards une agréable alternative de bouquets de bois, de *campos* parsemés d'arbres rabougris et d'autres *campos* où, ce qui est fort rare dans ce pays, il ne croît que des herbes; je laissais derrière moi la Serra Dourada, et, vers ma droite, je découvrais les collines qui bornent la plaine.

J'avais fait 2 lieues depuis Areas lorsque j'arrivai sur les bords de la rivière Uruhú, que j'ai déjà fait connaître (p. 61); je la traversai sur un pont en bois fort mal entretenu, comme le sont tous ceux de l'intérieur du Brésil.

A peu de distance de ce pont, je rencontrai une caravane qui se rendait de S. Paul à Matogrosso; elle était com-

De la cité de Goyaz à Areas, en plein air.	1	legoa.
— Sitio dos Coqueiros, petite habitation. . .	2 1/2	
— Mandinga, petite habitation.	4	
— Manjolinho, chaumière.	5	
— As Caveiras, chaumière.	4	
— Lagoa Grande, maison.	3 1/2	
— Sitio de Gonsalo Marques.	3	
— Fazenda de Joaquim Alves, habitation. . .	5	
— Meiaponte, village.	1	
	29	legoas.

posée de plus de cent mulets chargés de diverses marchandises. C'était la première qui, cette année-là, vînt directement de la ville de S. Paul : on était alors au 28 de juillet.

Tous les *campos* que je traversai avaient été brûlés récemment ; le feu avait desséché les feuilles des arbres ; une cendre noire couvrait la terre et, excepté dans les bouquets de bois, on n'apercevait pas la moindre verdure : cependant le ciel est, dans cette contrée, d'un azur si éclatant, la lumière du soleil est si brillante, que la nature semblait encore belle malgré sa nudité.

Ce jour-là, nous fîmes halte au *Sitio dos Coqueiros* (la chaumière des cocotiers), situé sur le bord d'un ruisseau, au milieu d'une multitude de Palmiers. Ces derniers ne diffèrent point de ceux que j'avais déjà vus dans les bois voisins du Rio dos Pilões, et dont j'ai déjà parlé au chapitre précédent. Comme je l'ai dit, on les nomme, dans le pays, *macauba* : ma description prouve qu'ils ressemblent beaucoup à une espèce du même nom qui croît dans le Sertão du S. Francisco, l'*Acrocomia sclerocarpa*, de Martius (1) ; cependant je ne saurais croire que les deux arbres soient identiques.

Au delà du Sitio dos Coqueiros, je traversai un pays plat qui, jusqu'au lieu appelé *França* (France), présente un vaste pâturage parsemé d'arbres rabougris, mais où, plus loin, s'élèvent quelques bouquets de bois. La chaleur était excessive, et, dans les *campos* qui n'avaient pas encore été incendiés, on ne voyait qu'une herbe entièrement desséchée, d'une couleur grisâtre.

(1) Voyez mon *Voyage dans les provinces de Rio de Janeiro et Minas Geraes*, II, 377.

Je ne sais si França peut espérer la destinée brillante que son nom semble annoncer; mais, lors de mon voyage, ce n'était encore qu'une réunion de quelques chaumières. Nous y demandâmes le chemin, on nous l'enseigna mal; nous nous égarâmes et fûmes fort étonnés d'arriver à Mandinga, cette chaumière où environ un mois plus tôt j'avais vu célébrer la fête de S. Jean (1). J'y couchai encore une fois.

Le lendemain, je rentrai dans la route que j'avais quittée. Après avoir fait environ 2 *legoas*, parcourant un pays très-plat, où le chemin est superbe, comme il l'avait été la veille, j'arrivai au Mato Grosso que j'ai déjà fait connaître (2). Jusque-là j'avais traversé des *campos* parsemés d'arbres rabougris. Un peu avant la forêt, les arbres du *campo* sont un peu plus élevés et plus rapprochés les uns des autres; cependant la transition d'un genre de végétation à l'autre est ici presque aussi brusque que vers le Sitio de Lage, autrement de *Dona Maria* (3).

Je marchai dans le Mato Grosso pendant cinq jours, en y comprenant celui où j'y entrai, et j'y fis 18 *legoas* et demie. Le chemin, si beau auparavant, devint, dans cette forêt, extrêmement difficile; ce n'était plus qu'un sentier étroit, sans cesse embarrassé par des branchages et des troncs renversés. Toute la partie de la forêt que je parcourus dans ce second voyage présente une végétation beaucoup moins vigoureuse que celle du voisinage de Lage. Du reste, les terres du Mato Grosso ressemblent, en beaucoup

(1) Voyez le chapitre intitulé, *Les villages de Jaraguá*, *d'Ouro Fino, de Ferreiro.*
(2) *Idem.*
(3) *Idem.*

d'endroits, à celles qui, dans les Minas Novas, produisent un coton d'une qualité si fine (1); elles sont meubles, très-favorables à la culture, et, comme je l'ai dit ailleurs, le maïs y rend 200 pour 1; les haricots de 40 à 50. Il paraît qu'on a commencé depuis longtemps à faire des plantations dans cette forêt; car, en plusieurs endroits, on voit de grands espaces, uniquement couverts de *capim gordura*, plante qui, comme on sait, est l'indice certain d'anciens défrichements. Il s'est établi au milieu du Mato Grosso un grand nombre de colons qui vendent leurs denrées à Villa Boa, mais qui, ayant sans doute commencé sans posséder la moindre chose et n'étant aucunement favorisés par l'administration, restent extrêmement pauvres. Le troisième jour de mon voyage dans ces bois, je passai, au lieu appelé *Pouso Alto* ou *Pousoal* (halte élevée), devant une maison qui méritait ce nom; mais, jusqu'alors, je n'avais vu qu'une demi-douzaine de chaumières qui, plus misérables que les cabanes des Coyapós, n'avaient pour murailles que de longs bâtons rapprochés les uns des autres, entre lesquels devaient nécessairement pénétrer le vent et la pluie. Lors de mon voyage, une partie des arbres de la forêt avaient presque entièrement perdu leurs feuilles, et, excepté, je crois, quatre espèces d'Acanthées et la Composée appelée vulgairement *assa peixe branco*, toutes les plantes étaient sans fleurs; les tiges du *capim gordura* étaient complétement desséchées, et, comme l'air ne circule point dans les endroits découverts et tout entourés de bois où croît cette plante, on y ressentait une chaleur insupporta-

---

(1) *Voyage dans les provinces de Rio de Janeiro et de Minas Geraes*, II, 106.

ble. La terre était restée si longtemps sans être humectée, que les pourceaux et les bêtes à cornes ne marchaient point autour des habitations sans faire voler des tourbillons de poussière : partout on se plaignait de manquer d'eau ; plusieurs ruisseaux étaient à sec, et dans beaucoup d'endroits on ne pouvait faire mouvoir la *manjola* pour avoir de la farine.

De Mandinga, j'allai coucher à *Manjolinho*, l'une de ces chaumières dont j'ai parlé tout à l'heure. Le propriétaire de cette misérable demeure ne portait que des haillons ; mais il fut pour moi d'une politesse extrême.

La chaumière d'*As Caveiras*, où je devais faire halte, à 4 *legoas* de Manjolinho, n'avait également que des perches pour murailles, et elle était si petite, que tout mon bagage n'aurait pu y tenir : il fallut donc me résigner à coucher encore une fois dehors. La nuit fut extrêmement froide, la rosée fort abondante, et, quoique j'eusse fait placer mon lit auprès du feu, il me fut presque impossible de dormir. Au lever du soleil, le thermomètre n'indiquait que + 3° Réaumur ; mais presque aussitôt nous éprouvâmes une chaleur excessive, et, à 3 heures après midi, nous avions encore + 26°.

Nous étant remis en marche, nous passâmes devant l'habitation de Pousoal ou Pouso Alto, dont j'ai déjà parlé, et près de laquelle une grande étendue de terrain couvert de *capim gordura* indiquait de très-anciennes cultures. Cette habitation appartenait sans doute à un homme aisé, car il me fit servir de l'eau, que j'avais demandée à sa porte, dans un de ces grands gobelets d'argent attachés à une chaîne de même métal, qui sont un objet de luxe dans l'intérieur du Brésil.

Ce jour-là, je rencontrai dans la forêt une troupe de gens à cheval, conduisant des mulets chargés de provisions ; parmi eux, l'un portait un drapeau, un autre tenait un violon, un troisième un tambour. Ayant demandé ce que tout cela signifiait, j'appris que c'était une *folia*, mot dont je vais donner l'explication.

J'ai déjà eu occasion de dire ailleurs que la fête de la Pentecôte se célèbre dans tout le Brésil avec beaucoup de zèle et des cérémonies bizarres (1). On tire au sort, à la fin de chaque fête, pour savoir qui fera les principaux frais de celle de l'année suivante, et celui qui est élu porte le nom d'*Empereur (Imperador)*. Pour pouvoir célébrer la fête avec plus de pompe et rendre plus splendide le banquet qui en est la suite indispensable, l'Empereur va recueillir des offrandes dans tout le pays, ou bien il choisit quelqu'un pour le remplacer. Mais il n'est jamais seul quand il fait cette quête ; il a avec lui des musiciens et des chanteurs, et, lorsque la troupe arrive à quelque habitation, elle fait sa demande en chantant des cantiques où se trouvent toujours mêlées les louanges du St.-Esprit. Les chanteurs et les musiciens sont ordinairement payés par l'Empereur ; mais très-souvent aussi ce sont des hommes qui accomplissent un vœu, et, lors même qu'ils reçoivent une rétribution, elle est toujours fort modique, parce qu'il n'est personne qui ne croie faire une œuvre très-méritoire en servant ainsi l'Esprit-Saint. Ces quêtes durent quelquefois plusieurs mois, et c'est aux troupes d'hommes chargés de les faire que l'on donne le nom de *folia*. Comme chaque paroisse, chaque succursale

---

(1) Voyez mon *Voyage dans les provinces de Rio de Janeiro et de Minas Geraes*, II, 236.

est bien aise d'attirer beaucoup de monde, la fête ne se célèbre pas le même jour partout : ainsi la *folia* que je rencontrai dans le Mato Grosso appartenait à la petite chapelle de *Curralinho*, près de Villa Boa, dont la fête ne devait se faire que le 12 du mois d'août.

Au delà du Pousoal, je passai le ruisseau de *Lagoinha* (petit lac), qui sépare la paroisse et la justice de Villa Boa de la juridiction de Meiaponte. Je reconnus, dans le lointain, la Serra de Jaraguá, que j'ai déjà fait connaître.

Tout près du ruisseau de Lagoinha, je fis halte, au lieu appelé *Lagoa Grande* (grand lac), chez un serrurier qui me permit de placer mes effets dans son atelier. Auprès de la maison est le lac auquel elle doit son nom; mais alors on n'y voyait pas une seule goutte d'eau, tant les pluies, cette année-là, avaient été peu abondantes.

A 3 *legoas* et demie de Lagoa Grande, je fis halte à la chaumière appelée *Sitio do Gonsalo Marques* (nom d'homme).

Le lendemain, je commençai à apercevoir, dans le lointain, les montagnes voisines de Meiaponte. Je continuais toujours à parcourir le Mato Grosso; mais, sur une côte aride et pierreuse, je ne vis plus que des arbres rabougris dispersés au milieu des herbes, absolument comme dans les plus vastes *campos*. Cette sorte de végétation indique toujours des terrains moins bons, plus secs ou plus exposés à l'action des vents.

Au delà de Gonsalo Marques, je vis dans la forêt plusieurs troupes d'hommes qui, dès le premier moment, me parurent appartenir à une autre sous-race que les descendants des Portugais. Tous avaient les cheveux longs, tandis que les Brésiliens portent des cheveux coupés; leur figure était plus ronde que celle de ces derniers, et leurs yeux plus grands; leur teint était basané, sans offrir cette nuance de jaune qui se fait remarquer chez les mulâtres. Je leur adressai la parole; ils me répondirent avec un accent traînant et nasillard, me débitant des phrases d'une politesse servile, qui ne sont point en usage chez les Portugais : c'étaient des bohémiens. Quoique le gouvernement ait rendu des ordonnances contre les hommes de cette caste (1), il y en a encore beaucoup qui errent par troupes dans l'intérieur du Brésil, volant, par où ils passent, des cochons et des poules; cherchant à faire des échanges, principalement de chevaux et de mulets, et trompant ceux qui traitent avec eux. Quand il leur naît un enfant, ils invitent un cultivateur aisé à être parrain et ne manquent pas de tirer de lui quelque argent; ils vont ensuite, plus loin, faire la même invitation à un autre colon, et répètent le baptême autant de fois qu'ils trouvent des parrains généreux. Quelques-uns, cependant, ont formé des établissements durables et cultivent la terre. Il en était ainsi de ceux que je rencontrai dans le Mato Grosso; il y avait déjà plusieurs années qu'ils s'étaient fixés dans ce canton; le commandant de Meiaponte, de qui ils dépendaient, m'assura, plus tard,

---

(1) « Par une bizarrerie inconcevable, dit M. de Freycinet, le gouvernement portugais tolère cette peste publique (*Voyage, Uranie, historique*, I, 197). » L'administration française ne repousse pas non plus les bohémiens; car, depuis bien des années, il en existe, à Montpellier, un certain nombre, et il est difficile de deviner ce qu'il y a de bizarre dans cette tolérance. On doit faire des efforts pour incorporer ces hommes dans la société chrétienne et les punir quand ils violent les lois; mais, puisqu'ils existent, il faut bien qu'ils soient quelque part, et pourquoi ne les souffrirait-on pas comme on souffre les Juifs ?

qu'ils se conduisaient bien, qu'ils remplissaient leurs devoirs de chrétiens, mais que, malgré ses défenses, ils revenaient encore de temps en temps à leur goût pour les échanges.

A 5 *legoas* de Gonsalo Marques, je fis halte à la *fazenda* du commandant de Meiaponte, M. JOAQUIM ALVES DE OLIVEIRA, pour lequel le gouverneur de la province m'avait donné une lettre de recommandation, et dont il m'avait fait un grand éloge. Je fus parfaitement reçu de lui, et je passai quelques jours dans son habitation.

M. Joaquim Alves de Oliveira était l'artisan de sa fortune et en possédait une considérable. Il avait été élevé par un jésuite, et il paraît qu'il avait puisé à cette école cet esprit d'ordre et de discrétion qui le distinguait si essentiellement parmi ses compatriotes. Il fit d'abord le commerce; mais, comme il avait plus de goût pour l'agriculture, il finit par renoncer presque entièrement aux affaires mercantiles : cependant il se livrait encore à des spéculations commerciales quand il en espérait un bénéfice de quelque importance; ainsi, lors de mon voyage, il venait d'envoyer son gendre à Cuyabá, avec une caravane très-considérable, chargée de diverses marchandises. Mais le commandant de Meiaponte ne parlait jamais de ses affaires à qui que ce fût, et personne ne savait s'il avait gagné ou perdu dans ses entreprises. De tous les Brésiliens que j'ai connus, c'est peut-être celui auquel j'ai trouvé le plus de haine pour l'oisiveté : j'accorde à mes hôtes, me disait-il en riant, trois jours de repos; mais, au bout de ce temps, je me décharge sur eux d'une partie de la surveillance de ma maison. La conversation de Joaquim Alves annonçait un grand amour pour la justice et de la religion sans petitesse ; c'était un homme de beaucoup de sens, d'une simplicité parfaite et d'une bonté extrême.

La *fazenda* de Joaquim Alves, créée par son propriétaire, n'avait d'autre nom que le sien (1) ; c'était bien certainement le plus bel établissement qui existât dans toute la partie de Goyaz que j'ai parcourue. Il y régnait une propreté et un ordre que je n'ai vus nulle part. La maison du maître n'avait que le rez-de-chaussée ; on n'y voyait rien de magnifique, mais elle était très-vaste et parfaitement entretenue. Une longue *varanda* (2) s'étendait devant les bâtiments et procurait, à tous les instants du jour, de l'ombre et un air libre. La sucrerie, qui tenait à la maison du maître, était disposée de manière que, de la salle à manger, on pût voir ce qui se faisait dans le bâtiment où étaient les chaudières, et de la *varanda*, ce qui se passait dans le moulin à sucre. Cette dernière donnait sur une cour carrée. Une suite de pièces, la sellerie, l'atelier du cordonnier, celui du serrurier, l'endroit où l'on mettait tout ce qui est nécessaire aux mulets, enfin les écuries prolongeaient les bâtiments du maître et donnant, comme ces derniers, sur la cour, formaient un de ses côtés. Un autre côté était formé par les cases des nègres mariés, séparées les unes des autres par des murs, mais placées sous un même toit qui était couvert en tuiles. Des murs en pisé fermaient la cour des deux autres côtés.

Toute cette maison avait été, dans l'origine, si parfaitement montée, que le maître n'avait, pour ainsi dire, plus

---

(1) Mattos appelle cette belle habitation *Engenho* (sucrerie) *de S. Joaquim* ; elle aura sans doute reçu ce nom postérieurement à l'époque de mon voyage.

(2) J'ai décrit ailleurs ces espèces de galeries ouvertes sur le devant.

besoin de donner aucun ordre : chacun savait ce qu'il avait à faire et se rangeait de lui-même à la place qu'il devait occuper. Pour se faire comprendre, le commandant de Meiaponte pouvait se contenter de dire une seule parole ou même de faire un geste. Au milieu de cent esclaves, on n'entendait pas un seul cri; on ne voyait point de ces hommes empressés qui vont, qui viennent, et dont les mouvements, sous l'apparence de l'activité, n'indiquent réellement que l'embarras de savoir à quoi s'occuper; partout le silence, l'ordre et une sorte de tranquillité en harmonie avec celle qui règne dans la nature sous ces heureux climats. On aurait dit qu'un génie invisible gouvernait cette maison; le maître restait tranquillement assis sous sa *varanda*, mais il était aisé de voir que rien ne lui échappait, et qu'un coup d'œil rapide lui suffisait pour tout apercevoir.

La règle que s'était faite Joaquim Alves dans la conduite de ses esclaves était de les nourrir abondamment, de les habiller d'une manière convenable, d'avoir le plus grand soin d'eux quand ils étaient malades et de ne jamais les laisser oisifs. Tous les ans, il en mariait quelques-uns; les mères n'allaient travailler dans les plantations que quand les enfants pouvaient se passer d'elles, et alors ils étaient confiés à une seule femme qui prenait soin de tous. Une sage précaution avait été prise pour prévenir, autant que possible, les jalousies, le désordre et les rixes; c'était d'éloigner beaucoup les cases des nègres célibataires de celles des hommes mariés.

La journée du dimanche appartenait aux esclaves; il leur était défendu d'aller chercher de l'or, mais on leur donnait des terres qu'ils pouvaient cultiver à leur profit.

Joaquim Alves avait établi, dans sa propre maison, une *venda* où ses nègres trouvaient les différents objets qui sont ordinairement du goût des Africains, et c'était le coton qui servait de monnaie ; par ce moyen, il éloignait de ces hommes la tentation du vol ; il les excitait au travail en leur donnant un grand intérêt à cultiver, il les attachait au pays et à leur maître, et en même temps il augmentait les produits de sa terre.

Pendant que j'étais chez le commandant de Meiaponte, je visitai les différentes parties de son établissement ; l'étable à porc, les granges, le moulin à farine, l'endroit où l'on râpait les racines de manioc, celui où était placée la machine destinée à séparer le coton de ses graines, la filature, etc., et partout je trouvai un ordre et une propreté remarquables. Les fourneaux de la sucrerie n'avaient point été construits d'après les principes de la science moderne, mais on les chauffait par le dehors, ce qui rend moins pénible, pour les travailleurs, l'opération de la cuite. Un tambour horizontal que l'eau mettait en mouvement faisait tourner douze de ces petites machines appelées *discaroçadores*, qui servent à séparer le coton de ses semences (1). C'était également l'eau qui faisait mouvoir la machine à râper le manioc dont je vais donner la description. Le bâtiment où était placée la râpe s'élevait sur des poteaux ; au-dessous de son plancher, entre les poteaux, l'eau, apportée par un conduit incliné, frappait une roue horizontale et la faisait tourner ; l'axe de la roue traversait le plancher de

---

(1) Voyez la description de ces petites machines et des tambours dont je parle ici, dans mon *Voyage dans les provinces de Rio de Janeiro et de Minas Geraes*, vol. I, 406 ; II, 91.

la pièce supérieure et s'y élevait jusqu'à hauteur d'appui; à son extrémité était fixée une autre roue horizontale dont le bord était revêtu d'une râpe en fer-blanc; l'axe et la seconde roue étaient encaissés entre des planches qui formaient un prisme quadrangulaire, dont chaque côté offrait une échancrure répondant à la râpe; quand la roue tournait, quatre personnes à la fois présentaient des racines de manioc à la râpe, et, comme elles les appuyaient dans les échancrures des planches du prisme, leurs bras ne pouvaient les faire vaciller, et l'action de la machine n'était jamais interrompue.

Le commandant de Meiaponte avait renoncé, pour une partie de ses plantations, à la manière barbare de cultiver la terre qu'ont généralement adoptée les Brésiliens; il faisait usage de la charrue et fumait son terrain avec de la bagasse (1) : par ce moyen, il n'était point obligé d'incendier, chaque année, de nouveaux bois; il replantait la canne dans la même terre et conservait ses plantations près de sa maison, ce qui rendait sa surveillance plus facile et économisait le temps de ses esclaves. Il vendait à Meiaponte et à Villa Boa son sucre et son eau-de-vie; mais il cultivait le coton pour en faire des envois à Rio de Janeiro et à Bahia. C'est lui qui, le premier, avait donné, comme je l'ai déjà dit, l'utile exemple de ces exportations, et cet exemple avait été suivi par plusieurs autres colons. Lors de mon voyage, il avait le projet d'étendre encore davantage la culture du cotonnier sur son habitation, et il voulait établir, dans le village même de Meiaponte, une machine pour sé-

---

(1) La bagasse est la canne à sucre qui a passé entre les cylindres et dont le jus a été exprimé.

parer le coton de ses graines, ainsi qu'une filature où il comptait employer les femmes et les enfants sans ouvrage. Dépouillé de ses semences, le coton du pays, dont la qualité est fort belle, s'achetait alors, sur les lieux, 3,000 reis (18 fr. 75 c.) l'arrobe (1); le transport de Meiaponte à Bahia était de 1,800 reis (11 fr. 25 c.) par arrobe, ou de 2,000 reis (12 fr. 50 c.) jusqu'à Rio de Janeiro (2), et il y avait un bénéfice si assuré à faire des envois à ces prix, que Joaquim Alves avait offert sans hésitation à tous les cultivateurs du pays de leur prendre leur coton à raison de 3,000 reis.

En signalant une denrée que l'on pouvait exporter avec avantage, le commandant de Meiaponte faisait entrer ses compatriotes dans une voie nouvelle; il montrait ce qu'il fallait faire pour arracher son malheureux pays à l'état de misère ou l'a plongé l'extraction de l'or mal dirigée. Tandis qu'il agissait, plusieurs de ses concitoyens soutenaient qu'il n'y avait de salut, pour la province, que dans la réalisation d'une idée absurde émise par Luiz Antonio da Silva e Sousa (3) : pour arrêter la décadence qui, chaque jour, faisait des progrès, il fallait, disaient-ils, empêcher l'or de

---

(1) L'arrobe de Rio de Janeiro, selon l'évaluation de M. de Freycinet et de M. Verdier, vaut 14 kilog. 74560.

(2) Si Joaquim Alves trouvait à expédier à de si bas prix, c'est qu'il n'y avait aucune demande de chargement de Goyaz pour Rio de Janeiro ; le prix de Rio de Janeiro à Goyaz était bien plus élevé, comme on peut le voir au chapitre de cet ouvrage intitulé , *Voyage d'Araxá à Paracatú* (vol. I, 259). L'augmentation de la quantité de coton à expédier aura fait sans doute hausser les frais de transport; mais ils n'auront pu dépasser certaines limites, parce qu'alors il n'y aurait pas eu d'exportations possibles, et que les muletiers eux-mêmes étaient fortement intéressés à ce qu'elles continuassent.

(3) *Memoria sobre o descobrimento*, etc., *da capitania de Goyaz*.

sortir du pays, en créant une monnaie provinciale. « Mais, pouvait-on leur répondre, si cette monnaie n'est point une valeur métallique, ou n'est pas échangeable à volonté contre une valeur métallique, il n'est pas de puissance humaine qui puisse lui donner quelque crédit. Si, au contraire, la monnaie est de cuivre, d'or ou d'argent, elle sortira de votre province, malgré les plus rigoureuses défenses, comme l'or en poudre en sort tous les jours ; mais au delà de vos limites on la prendra seulement pour sa valeur intrinsèque, et les négociants de votre pays vendront leurs marchandises à des prix qui les dédommageront de la perte (1). L'or altéré qui circule à Goyaz peut déjà être considéré comme une sorte de monnaie provinciale, puisqu'il ne peut avoir cours ailleurs, et, quand le commerçant l'exporte, il est obligé de le réduire à sa véritable valeur en le nettoyant, puis il proportionne ses prix à la diminution qu'il a éprouvée. »

Après tant de journées aussi ennuyeuses que fatigantes, passées au milieu des déserts, j'étais heureux de me trouver dans une maison qui réunissait toutes les commodités que le pays peut offrir, où je jouissais d'une entière liberté, et dont le propriétaire, homme éclairé, était pour moi plein de bienveillance. Le temps que je passai chez Joaquim Alves fut employé très-utilement. Mes gens firent une superbe chasse sur les bords d'un petit lac voisin de l'habitation ; moi, je rédigeai une partie des renseignements que

---

(1) C'est ce qui a dû nécessairement arriver pour la monnaie de cuivre que le gouvernement provincial a introduite dans le pays de Goyaz, et à laquelle on a donné une valeur fictive (voyez le chapitre intitulé, *Tableau général de la province de Goyaz*, vol. I, 341).

j'avais pris sur plusieurs sujets, et j'en puisai de nouveaux dans la conversation de mon hôte (1).

Je quittai la Fazenda de Joaquim Alves plein de reconnaissance pour l'excellent accueil que m'avait fait le propriétaire, et me dirigeai vers Meiaponte, éloigné d'environ 1 lieue.

Je parcourus, jusqu'au village, un pays montueux parsemé d'arbres rabougris, et ne revis plus le Mato Grosso.

A partir de Meiaponte, je rentrai dans le véritable chemin de Goyaz à S. Paul. Le premier village où je passai est celui de *Bom Fim*, situé à 18 *legoas* de Meiaponte. Dans tout cet espace, le chemin est superbe; le pays, d'abord montagneux, finit pas devenir simplement ondulé. La campagne offre toujours une alternative de bois et de *campos* parsemés d'arbres rabougris, les mêmes qui croissent dans le Sertão de Minas. A mesure que la saison avançait, la sécheresse devenait plus grande et la vue des *campos* était d'une tristesse mortelle. Dans ceux que l'on avait nouvellement incendiés (*queimadas*), on n'apercevait sur la terre qu'une cendre noire, et les feuilles qui restaient aux arbres étaient complétement desséchées; partout où on n'avait pas encore mis le feu, l'herbe avait une couleur grise, et les arbres épars au milieu d'elle, ou étaient entièrement dépouillés, ou n'avaient plus qu'un feuillage jaunissant.

(1) Depuis la révolution qui a changé la face du Brésil, Joaquim Alves de Oliveira a été nommé député à l'assemblée législative générale du Brésil; mais il n'a point accepté cet honneur. Non-seulement cet homme généreux a formé une pharmacie pour les pauvres de son district, mais encore il a doté la ville de Meiaponte d'une bibliothèque publique et d'une imprimerie. Il lui avait été prédit qu'on se servirait de cette dernière contre lui-même, et, effectivement, on n'a pas tardé à chercher à le noircir dans un libelle plein de calomnies (MATTOS, *Itin.*, I, 129, 151; II, 341).

J'aurais vainement cherché à découvrir quelque trace de culture; ici comme ailleurs, c'est dans les fonds que l'on a coutume de planter, et les seules *queimadas* m'annonçaient le voisinage des habitations (1).

A 3 *legoas* de Meiaponte, je fis halte au *Sitio das Furnas* (la chaumière des cavernes), qui se composait de quelques petits bâtiments épars et à demi ruinés, construits dans un fond.

Avant que j'arrivasse, la maîtresse de la maison, dont le mari était absent, avait voulu donner à mes gens une chambre fort petite et d'une saleté extrême. Ils avaient demandé qu'on leur permît de s'installer dans la grange; cette légère faveur ne leur avait pas été accordée. A mon arrivée, je réitérai la même demande; mais, si j'obtins ce que je sollicitais, ce fut seulement après bien des prières et des pourparlers. Je ne vis cependant point celle à qui j'avais affaire; elle envoyait sa négresse me porter ses réponses, mais je l'entendais jeter les hauts cris au fond de sa maison, et, à chaque fois que l'esclave paraissait, elle ne manquait pas de me dire que sa maîtresse voulait que je susse qu'elle était bien légitimement mariée et méritait toute sorte d'é-

---

(1) Itinéraire approximatif de Meiaponte au village de Bom Fim :

De Meiaponte au Sitio das Furnas, maisonnettes.....	3 legoas.
— Sitio da Forquilha, maisonnette....	4 1/2
— Fazenda das Antas, habitation......	3
— Pyracanjuba, hameau...........	4 1/2
— Bom Fim, village............	3
	18 legoas.

Mattos n'évalue qu'à 17 *legoas* la distance de Meiaponte à Bom Fim, et Luiz d'Alincourt ne la porte qu'à 15 Ce dernier chiffre est, sans aucun doute, inexact; car il y a certainement plus de 1 lieue de Meiaponte à Furnas, et d'Alincourt n'en admet qu'une (*Mem. Viag.*, 114).

gards. Cette recommandation, tant de fois répétée, indiquait assez ce que sont les mœurs de ce pays ; il faut que le mariage y soit bien rare, puisqu'on s'en fait ainsi un titre d'honneur.

Quoi qu'il en soit, la faveur de coucher dans la grange ne méritait assurément pas qu'on la fît valoir autant, car nous y étions horriblement mal. A chaque pas que nous faisions, les épis de maïs, répandus sur la terre, roulaient sous nos pieds et amenaient quelque chute; les malles qui nous servaient, à toutes les haltes, de tables et de siéges étaient si mal assurées, que nous ne pouvions nous asseoir dessus, et, si quelque objet nous échappait des mains, il fallait perdre un temps infini à le chercher au milieu du maïs.

En quittant le Sitio das Furnas, nous traversâmes un bois, et, montant toujours, nous finîmes par nous trouver sur un plateau élevé, couvert d'herbes et d'arbres rabougris. Dans cet endroit, une vue d'une immense étendue s'offrit à nos regards : nous distinguions, d'un côté, la Serra Dourada, et, de l'autre, les Montes Pyreneos avec leurs pointes pyramidales. Ce plateau se continue, dans un espace de 2 *legoas* et demie, jusqu'au *Sitio dos Abrantes*.

Là est une vallée couverte de bois où coule le *Rio Capivarhy* (*rivière* des Cabiais) (1), sur le bord duquel je vis une sucrerie assez considérable pour le pays. Le Rio Capivarhy est un des affluents de la rive droite du Rio Corumbá dont j'ai déjà parlé (2).

(1) Il existe des rivières du même nom dans les provinces de Rio Grande, de S. Paul, de Sainte-Catherine, de Minas Geraes, etc., ce qui prouve que les cabiais étaient jadis très-communs dans le Brésil. On peut écrire aussi *Capibarhy*.

(2) MM. Milliet et Lopes de Moura disent que les voyageurs traver-

Un peu avant d'arriver aux Abrantes, je me trompai de chemin; mais heureusement j'aperçus un homme qui me remit, avec une extrême complaisance, dans la véritable route. Durant toute cette journée, qui fut de 4 *legoas* et demie, je ne rencontrai pas d'autre personne, et cependant je suivais le chemin le plus fréquenté de la province de Goyaz.

Ce jour-là nous fîmes halte à une maison qui, comme toutes celles de ce pays, était en assez mauvais état, et qui portait le nom de *Sitio da Forquilha* (petite habitation de la fourche). Cette maison, près de laquelle je retrouvai le Rio Capivarhy, appartenait à des femmes blanches; elle ne se cachèrent point à notre aspect et furent beaucoup plus polies que celle de Furnas.

Peu de temps après moi arrivèrent à Forquilha deux propriétaires aisés de Meiaponte qui se rendaient à Bom Fim pour assister à une fête qu'on était sur le point d'y célébrer. Suivant l'usage généralement adopté par les gens riches, ils étaient suivis d'un négrillon qui, à cheval comme eux, portait à son cou un grand gobelet d'argent suspendu à une chaîne de même métal; leurs éperons étaient d'argent; des bandes d'argent serraient les retroussis de leurs bottes; des plaques d'argent garnissaient les brides de leurs chevaux; enfin un grand couteau à manche d'argent était enfoncé dans une de leurs bottes. Cette ostentation d'argenterie est générale, et, la plupart du temps, les gens qui étalent tout ce luxe, quand ils font une visite à cheval ou vont en voyage, n'ont pas un seul meuble dans leur maison.

---

sent le Rio Capivarhy dans des pirogues (*Dicc.*, I, 238). Ce sera peut-être dans la saison des pluies.

Au delà de Forquilha, dans quelques endroits où la terre était moins rouge qu'ailleurs, les pâturages ne se composaient que d'herbes et de sous-arbrisseaux, ce qui, à Goyaz est une véritable rareté. Dans un espace de 7 à 8 *legoas*, depuis Forquilha jusqu'au hameau de *Pyracanjuba*, dont je parlerai tout à l'heure, la campagne, brûlée par l'ardeur du soleil, avait à peu près l'aspect que présente le Gatinais vers la mi-octobre, lorsque toutes les récoltes ont été faites et que la mauvaise saison approche.

A 3 *legoas* de Forquilha, je fis halte à la *Fazenda das Antas* (des tapirs), située au-dessus de la rivière du même nom (*Rio das Antas*), encore un des affluents du Rio Corumbá. Cette *fazenda* était une sucrerie qui me parut en fort mauvais état, mais d'où dépendait un *rancho* très-propre et fort grand, sous lequel nous nous établîmes.

Comme celui d'Areas, dont j'ai parlé dans un des chapitres précédents (1), ce *rancho* était entouré de gros pieux de la hauteur d'un homme, qui formaient une espèce de muraille et préservaient les voyageurs de la visite fort importune des chiens et des pourceaux.

Ce fut sous ce hangar que je trouvai ces marchands d'Araxá dont j'ai déjà eu occasion de dire quelques mots ailleurs (2). Ces hommes parcouraient les *fazendas* avec des couvertures, du plomb pour la chasse et d'autres objets qu'ils échangeaient contre des bêtes à cornes. Ils devaient emmener ces bestiaux, les laisser engraisser dans les excellents pâturages de leur pays, et ensuite les vendre aux marchands de la *comarca* de S. João d'El Rei qui, comme on

---

(1) Voyez le chapitre intitulé, *Le village de Jaraguá; celui d'Ouro Fino, celui de Ferreiro;* vol. II, 56.

(2) Chapitre intitulé, *Tableau général de la province;* vol. I, 362.

l'a déjà vu (1), se transportent, tous les ans, dans le canton d'Araxá pour y acheter du bétail.

Le propriétaire de la Fazenda d'Antas me parla beaucoup du missionnaire capucin qui faisait alors le sujet de toutes les conversations. Quelques ecclésiastiques s'étaient vivement élevés contre l'empressement que le peuple mettait à suivre le P. Joseph, à se confesser à lui, à écouter ses exhortations. Il est très-vrai que les prêtres du pays, quand il leur arrivait de monter en chaire, prêchaient la même doctrine que lui, mais il s'en fallait qu'ils eussent la même conduite. La comparaison avait fait faire de ce digne religieux un prophète et un saint opérant des miracles. On assurait qu'il avait prédit qu'il pleuvrait dans le courant du mois d'août, et il me fut impossible de persuader à mon hôte que je connaissais assez le missionnaire, avec lequel j'avais passé plusieurs jours, pour être bien assuré qu'il n'avait pas tenu ce langage.

Après avoir quitté la Fazenda das Antas, je vis quelques *campos* où la terre, d'un gris jaunâtre, ne produit que des arbres peu nombreux qui appartiennent aux espèces ordinaires et atteignent à peine la moitié de leur hauteur accoutumée, déjà pourtant fort peu considérable.

Je fus bien plus surpris d'apercevoir des bouquets de bois sur quelques hauteurs, car on n'en trouve ordinairement que dans les fonds. Mais, si, en général, il existe, dans le Brésil, une coïncidence entre la nature du sol, l'exposition des lieux, les mouvements de terrain et telle ou telle sorte de végétation, on rencontre pourtant des exceptions dont il est impossible de se rendre compte (2).

(1) Voyez le chapitre intitulé, *Araxá et ses eaux minérales*.
(2) Voyez ce que j'ai écrit à ce sujet dans mon *Voyage dans les pro-*

Entre la Fazenda das Antas et *Pyracanjuba*, dans un espace de 4 *legoas* et demie, je passai devant une petite sucrerie dont le moulin n'était pas même abrité par un toit ; mais je ne vis aucune autre habitation durant toute la journée.

Depuis trois jours, c'est-à-dire depuis le 10 du mois d'août, la température avait changé d'une manière étonnante ; l'air était rafraîchi par une brise continuelle, et il semblait que le soleil eût perdu de sa force. On m'assura, dans le pays, que le vent se fait sentir régulièrement, chaque année, vers la fin de juillet et dure jusqu'aux pluies, qui commencent en septembre.

Pyracanjuba (1), dont j'ai déjà parlé, et où je fis halte le jour de mon départ d'Antas, est une espèce de petit hameau qui se compose de quelques chaumières éparses et situées sur le bord d'un ruisseau, dans une vallée couverte de bois. Le maître de la maison où je m'arrêtai me reçut fort bien et me fit présent d'une jatte de lait.

A 1 lieue de Pyracanjuba, je passai le *Rio de Jurubatuba* (2), qui sert de limite à la paroisse, ainsi qu'à la justice (*julgado*) de Meiaponte, et au delà duquel commence la juridiction de Santa Cruz.

Tandis que, du côté d'Antas, le terrain, d'un gris jaunâtre, ne produit plus que des arbres nains fort peu nombreux, et que, dans un espace de 2 *legoas*, au delà de Pyra-

---

vinces de *Rio de Janeiro et Minas Geraes*, et mon *Tableau de la végétation primitive dans la province de Minas Geraes*.

(1) Pour *Paracájuba*, qui, en guarani, signifie *tête tachetée de jaune*.

(2) Ce nom vient des mots guaranis *jyriba* et *tiba*, réunion de Palmiers.

canjuba, une végétation semblable se retrouve dans un sol mêlé de sable et de petites pierres, les terres, d'un rouge foncé, que l'on commence à voir à 1 lieue du village de Bom Fim, donnent naissance à des arbres qui, quoique appartenant encore aux espèces communes, sont très-rapprochés les uns des autres, ce qui fait prendre aux *campos* un aspect qu'ils n'ont pas ordinairement.

Quelque temps avant d'arriver à Bom Fim, où je fis halte, on descend par une pente douce et l'on arrive à la petite rivière appelée *Rio Vermelho* (rivière rouge), qui coule au-dessous du village.

Bom Fim, dont la fondation remonte à l'année 1774 (1), est une succursale de la paroisse de Santa Cruz et dépend de la justice (*julgado*) du même lieu (2). Sous le rapport de la position, ce village est du petit nombre de ceux qui ont été bien servis par la présence de l'or. Il a été bâti à l'extrémité d'une plaine qui se termine au Rio Vermelho, et qui est un peu moins élevée que le pays que l'on a parcouru en venant de Meiaponte; une lisière de bois se prolongeant sur les bords du Rio Vermelho en dessine les sinuosités; les campagnes environnantes n'offrent que des ondulations, elles sont riantes et agréablement coupées de bois et de pâturages (3).

(1) Piz., *Mem.*, IX, 216.
(2) « Un décret de l'assemblée générale du 29 avril 1833 a érigé en « paroissiale l'église de Bom Fim et a détaché le territoire qui en dé- « pend de celui de la ville de Santa Cruz..... Par une loi provinciale de « 1836, Bom Fim a été honoré du titre de ville..... Le district qui en « dépend est borné par les ruisseaux de Passa-quatro, Peixe, Pyracan- « juba et les rivières d'Antas et Corumbá (Milliet et Lopes de Moura, « *Diccionario do Brazil*, I, 151). »
(3) D'Eschwege place (*Pluto Bras.*, 55) auprès de Bom Fim la petite rivière de Meiaponte et le lieu où fut construit, par Bueno, le pont qui donna son nom à cette rivière; mais la carte du même écrivain suffit

D'ailleurs le village de Bom Fim est peu considérable. Il se compose de quelques rues assez courtes et d'une place triangulaire à une des extrémités de laquelle est l'église dédiée à Notre Seigneur Jésus du bon dessein (*Nosso Senhor Bom Jesus de Bom Fim*) (1). Cette église est fort petite (2), mais, à l'époque de mon voyage, on en construisait une seconde. Les maisons qui bordent les rues sont également petites, mais assez bien entretenues ; elles sont écartées les unes des autres, et toutes ont un *quintal* (espèce de cour) planté principalement de Bananiers et de Papayers.

Une étendue de terrain très-considérable, creusé à la profondeur d'environ 2 mètres et demi à 3 mètres, sillonné, bouleversé de toutes les manières, annonce assez, lorsqu'on arrive à Bom Fim, quelles furent les occupations des premiers qui s'établirent dans ce pays. On a jadis tiré beaucoup d'or des minières qu'on voit de tous les côtés ; mais aujourd'hui elles sont à peu près abandonnées : la plupart des habitants de Bom Fim sont devenus des cultivateurs. Quelques-uns, cependant, envoient leurs esclaves chercher de l'or ; mais ce travail se fait isolément et sans méthode, comme à la cité de Goyaz. Chaque nègre mineur

---

pour montrer que c'est bien réellement, comme je l'ai dit, dans le voisinage de la ville actuelle de Meiaponte que coule le ruisseau dont il s'agit, et non près de la nouvelle ville de Bom Fim.

(1) Piz., *Mem.*, IX, 216.

(2) « Comme l'église de Bom Fim se trouvait entièrement ruinée et « que les revenus municipaux étaient insuffisants pour couvrir les dé- « penses nécessaires à sa reconstruction, un décret de l'assemblée pro- « vinciale de 1839 ordonna que les réparations fussent faites aux frais « de la province (Mill. et Lop. de Mour., *Dicc. Bras.*, I, 151). » Ce fait ne prouve point que le titre de ville ait beaucoup ajouté à la prospérité de Bom Fim.

prend des terres dans les endroits où l'on sait que le métal précieux se trouve encore ; il les amoncelle sur les bords du Rio Vermelho, il les lave et, à la fin de chaque semaine, il est obligé de porter à son maître 900 à 1,000 reis (5 fr. 62 c. à 6 fr. 25), se nourrissant, comme il peut, sur l'excédant qu'il est toujours censé recueillir.

Quant aux agriculteurs, ils trouvent le débit de leurs denrées à Meiaponte, à la cité de Goyaz et dans le village même, où passent nécessairement les caravanes qui se rendent de S. Paul à Goyaz et à Matogrosso. Non-seulement Bom Fim, mais tout le pays que je parcourais alors est, par sa position sur une route assez fréquentée, beaucoup moins malheureux que la contrée qui s'étend depuis la frontière de Minas jusqu'au village de Corumbá (1). Les habitations, sans annoncer l'opulence, sont en meilleur état que du côté d'Arrependidos (2) et de Santa Luzia ; entre Meiaponte et Bom Fim (3), je comptai quatre sucreries, et on m'assura qu'il y en avait trente dans tout le *julgado* de

(1) Voyez le chapitre intitulé, *Commencement du voyage dans la province de Goyaz.— Le village de S. Luzia.*

(2) Les auteurs de l'utile *Diccionario geographico* placent le Registro dos Arrependidos dans la province de Minas Geraes. Lors de mon voyage, il appartenait bien certainement à celle de Goyaz, et il paraîtrait, par les écrits de Mattos et de Luiz Antonio da Silva e Sousa, que, jusqu'en 1836, rien n'avait été changé à cet égard. Les mêmes auteurs donnent à Arrependidos le nom de *povoação* (endroit peuplé, hameau, village). De mon temps, il n'y avait à Arrependidos que le *registro*, et je m'étonnerais qu'il se fût formé un village dans ce lieu désert, lorsqu'on abandonnait Couros et S. Luzia, situés dans son voisinage.

(3) J'ai fait sentir ailleurs combien présente d'inconvénients la fréquente répétition des mêmes noms dans les différentes parties du Brésil. Ce que dit Pizarro de l'ancien village de *Bom Fim*, jadis situé sur le bord du Rio Claro et aujourd'hui détruit, m'avait d'abord paru devoir

Meiaponte, ce qui suppose des esclaves et, par conséquent, quelque aisance. Indépendamment des avantages que leur procure la position de leur village, les colons de Bom Fim en trouvent encore un très-grand dans la nature de leurs terres; tout leur pays en offre de salpêtrées, et, par conséquent, ils n'ont point à faire la dépense considérable d'acheter du sel pour le donner au bétail.

J'ai déjà parlé de la couleur très-rouge des terrains qui avoisinent Bom Fim ; ceux où a été bâti le village ont absolument la même teinte, et de là résulte, pour les habitants, un inconvénient assez grave qui, au reste, comme j'ai déjà eu occasion de le dire ailleurs, se reproduit dans d'autres parties du Brésil. Au temps de la sécheresse, la terre se réduit en une poussière très-fine qui salit le linge et les habits, et, par les pluies, elle forme une boue tenace peut-être encore plus salissante.

En arrivant à Bom Fim, j'envoyai José Marianno remettre une lettre de recommandation du gouverneur de la province au commandant du village, qui était en même temps juge ordinaire (*juiz ordinario*) de tout le *julgado* de S. Cruz. Ce dernier dit à José que, comme il y avait alors à Bom Fim un grand concours d'étrangers à l'occasion d'une fête qu'on devait bientôt célébrer, il aurait beaucoup de peine à me trouver une maison, et je me décidai à me loger sous

---

être appliqué à la ville actuelle de *Bom Fim*, près *Santa Cruz*, et j'aurais peut-être persisté dans mon erreur si je n'avais moi-même visité les deux endroits. On ne doit donc pas s'étonner de la retrouver dans un livre qui n'embrasse pas une province unique, mais le Brésil tout entier, le *Diccionario do Brasil*. Une découverte de diamants dans un ruisseau voisin de Bom Fim, et la défense de chercher de l'or dans le pays, faite en 1749, sont des faits qui appartiennent certainement à l'histoire du village de Bom Fim, près le Rio Claro.

un *rancho* fort commode qui se trouvait à l'entrée du village, et où j'avais l'agrément d'être seul et parfaitement libre.

Le commandant vint me voir peu d'instants après mon arrivée et me fit beaucoup d'offres de services. Bientôt après, il fut suivi du curé de Meiaponte et du jeune prêtre Luiz Gonzaga Fleury, qui étaient venus pour assister à la fête de Notre-Dame de l'Abbaye (*Nossa Senhora da Abbadia*), que l'on fait tous les ans, avec beaucoup de solennité, à Bom Fim et à Trahiras, village de la *comarca* du nord.

Cette fête a pour objet de rappeler un miracle opéré par l'intercession de la Vierge, dans je ne sais quelle abbaye de France ; mais, ce qui est assez singulier, c'est que, tandis qu'on la célèbre avec beaucoup de pompe dans des villages fort reculés du Brésil, il n'en soit nullement question parmi les catholiques de France, pays où, dit-on, a eu lieu le prodige. Quoi qu'il en soit, un grand nombre de personnes se rendent à Bom Fim de S. Luzia, de Meiaponte et de beaucoup plus loin ; mais c'est bien moins la dévotion qui attire ce concours de monde que le désir d'assister aux réjouissances qui accompagnent toujours la fête (1) ; en effet, on la célèbre non-seulement par une messe en musique et un sermon, mais par des fusées, des pétards, un opéra et le simulacre d'un tournoi, divertissements profanes que l'on mêle à la solennité religieuse, comme cela a lieu pour la fête de la Pentecôte. Les acteurs du tournoi et de l'opéra sont ordinairement les gens les plus aisés du voisinage ; le tournoi ne manque presque jamais de représenter quelque histoire du vieux roman de Charlemagne

---

(1) On pourrait en dire tout autant de nos fêtes de village.

et des douze pairs de France, qui est encore fort goûté des Brésiliens de l'intérieur.

Si, pour voir la fête de Bom Fim, il n'avait fallu rester qu'un jour dans ce village, j'aurais peut-être fait ce sacrifice; mais je ne pus me résigner à perdre un temps plus considérable. Je crois, au reste, qu'on ne fut pas fort affligé de mon départ; je soupçonnai certaine personne de craindre que je ne fusse un peu surpris de quelques inconvenances qu'on n'était pas fâché de se permettre et dont on avait le sentiment, ce qui était déjà beaucoup.

Le soir du jour de mon arrivée à Bom Fim, j'allai rendre visite au commandant du village; j'entendis, chez lui, les musiciens qui devaient jouer dans l'opéra que l'on se proposait de représenter, et cette fois encore j'admirai le goût naturel des Brésiliens pour la musique.

CHAPITRE XXV.

LES EAUX THERMALES DITES CALDAS NOVAS, CALDAS VELHAS, CALDAS DE PYRAPITINGA.

Idée générale du voyage de Bom Fim aux *Caldas*. — *Silio do Parí*. Exemple de longévité. Résultat des croisements de la race blanche avec la race nègre. — Tableau de l'incendie des *campos*. — *Sitio de Joaquim Dias*. Maisons rarement isolées. — *Sitio de Gregorio Nunes*. Un vieillard ; les hommes d'autrefois et ceux d'aujourd'hui. — Les arbres qui fleurissent avant d'avoir des feuilles. — *Sitio de Francisco Alves*. Maisons n'annonçant que la misère. Costume des habitants. — Pays situé au delà de Francisco Alves. Insectes, oiseaux, mammifères. — *Sapesal*. — Arrivée aux *Caldas Novas*. Bonne réception. — Excursion aux *Caldas Velhas*. La *Serra das Caldas*. Le *Ribeirão d'Agoa Quente*. Les trois principales sources d'eau minérale. Histoire des Caldas Velhas. La véritable source du Ribeirão d'Agoa Quente. L'auteur monte sur la Serra das Caldas ; description de son sommet. — Description des *Caldas Novas*. Le *Corrego das Caldas*. Chaleur. Terrains aurifères. — *Caldas de Pyrapitinga*. — Départ des Caldas. — La fête de la S.-Louis. — Arrivée à *Santa Cruz*.

En quittant le village de Bom Fim, je me détournai de la route de S. Paul pour aller visiter des eaux minérales dont on vantait beaucoup l'efficacité, surtout dans les maladies de la peau, et que l'on connaît sous les noms de *Caldas Velhas* et *Caldas Novas* (1).

(1) Itinéraire approximatif du village de Bom Fim aux Caldas Novas :

Marchant avec toute ma caravane, je fus obligé de mettre six jours à faire les 22 *legoas* et demie qu'il faut compter de Bom Fim aux Caldas Novas. Grâce aux voyages que le gouverneur avait faits plusieurs fois à ces eaux, je trouvai le chemin superbe et très-large. Le pays, presque désert (1819), est quelquefois plat ou ondulé, plus souvent montueux et s'élève graduellement. Tantôt on fait plusieurs *legoas* sans voir autre chose que des *campos* parsemés d'arbres rabougris; tantôt la campagne présente une alternative de bois et de *campos* qui, dans le voisinage des Caldas, sont souvent couverts uniquement de Graminées et de sous-arbrisseaux. Dans des espaces considérables, je retrouvai ce beau *Vellosia* que j'avais déjà observé entre Arrependidos et le village de Santa Luzia, et qui caractérise les lieux élevés (1). Comme ailleurs, la sécheresse était excessive : point de fleurs, point d'oiseaux, point d'insectes, si ce n'est les espèces malfaisantes qui venaient nous assaillir par myriades; aucune trace de culture, point de voyageurs dans le chemin, une monotonie sans égale, une solitude profonde; rien qui pût me distraire un instant de mon ennui.

La première maison que nous vîmes en sortant de Bom Fim en est éloignée de 3 *legoas*; elle porte le nom de *Sitio*

De Bom Fim au	Sitio do Parí.	3	legoas.
—	Sitio de Joaquim Dias. . . .	3	
—	Sitio de Gregorio Nunes. . .	4 1/2	
—	Sitio de Francisco Alves. . .	3	
—	Sapesal..	4	
—	Caldas Novas..	5	
		22 1/2 legoas.	

(1) Voyez le chapitre XVIII (vol. II, 23).

do Parí (1) et est agréablement située auprès du *Rio dos Bois* (la rivière des bœufs), qui, m'a-t-on dit, se jette dans le Corumbá : ce fut là que nous fîmes halte. Cette maison était originairement un *rancho* que le gouverneur de la province avait fait construire auprès d'une chaumière ruinée, pour s'y abriter dans ses voyages. Les habitants de la chaumière firent du *rancho* une maison et s'y établirent.

Le chef de la famille était un vieillard centenaire qui avait conservé toute son intelligence, et, comme le pays est parfaitement sain, je ne serais point étonné qu'il offrît d'autres exemples d'une telle longévité (2).

Parmi les nombreux habitants du Sitio do Parí, tous frères ou cousins, il y en avait de parfaitement blancs, avec des cheveux blonds et des joues couleur de rose; d'autres dont le teint jaunâtre et les cheveux crépus trahissaient une origine africaine. Malgré le peu de sympathie qui, en général, existe entre les blancs et les mulâtres, ces mélanges ne sont pas fort rares dans les familles pauvres, qui ne peuvent être très-délicates dans leurs alliances. Souvent aussi, des familles où le sang a été mélangé redeviennent blanches par de nouveaux croisements ; ainsi un des habitants de Parí était évidemment quarteron ; il avait épousé une blanche; les cheveux de son fils étaient lisses

---

(1) Les *parís* sont des engins à prendre le poisson, que j'ai décrits au 2ᵉ volume de mon *Voyage dans les provinces de Rio de Janeiro et de Minas Geraes*.

(2) Lorsque, en 1816, M. d'Eschwege visita le village de Desemboque, qui jusqu'alors avait appartenu à la province de Goyaz et n'était composé que de soixante-cinq maisons, on lui présenta deux vieillards bien portants et pleins de vigueur, dont l'un avait 108 ans et l'autre 115.

et d'un beau blond. De tant de croisements divers il résulte que souvent il est difficile de décider si un homme est réellement blanc ou s'il doit être rangé parmi les métis.

Avant que j'arrivasse au Sitio do Parí, l'atmosphère était chargée de vapeurs rougeâtres qui me parurent être le résultat du brûlement des *campos* du voisinage. Ceux que nous parcourûmes le lendemain venaient évidemment de subir l'action du feu ; nous marchâmes longtemps sans voir autre chose que des cendres noirâtres et des arbres dépouillés de verdure ; enfin nous atteignîmes l'incendie qui avançait devant nous. Une flamme rouge et pétillante, poussée par le vent, s'étendait avec rapidité sur une longue ligne, et des tourbillons de fumée s'élevaient dans l'air. Des nuées d'hirondelles et un assez grand nombre d'oiseaux de proie volaient au milieu de la fumée, tantôt s'abaissant avec une extrême vitesse, tantôt s'élevant par des balancements répétés, s'éloignant quelquefois et reparaissant bientôt. Mes gens me dirent qu'il en est ainsi toutes les fois que l'on met le feu aux *campos;* que les oiseaux de proie se rassemblent pour dévorer les *perdizes* et les *cadornas* (1) poursuivies par l'incendie, tandis que les hirondelles cherchent à saisir les moucherons et les autres insectes qui s'élèvent de la terre afin d'éviter la flamme.

Dans toute la journée, nous ne traversâmes que deux

(1) Pohl rapporte la *perdiz* des Brésiliens au *tinamus rufescens* et leur *codorniz* au *tinamus brevipes*. Je soupçonne que la *cadorna* est identique avec la *codorniz*. Si la collection d'oiseaux que j'avais formée avec tant de peine n'avait pas été dispersée et que les étiquettes eussent été conservées, on aurait peut-être eu les moyens de résoudre cette question. Je n'ai pas besoin de dire que les noms de *perdiz* et *codorniz* ont été transportés par les Portugais à des espèces américaines différentes de celles qui les portent en Europe.

ruisseaux, le *Rio Preto* (la rivière noire) et le *Passa quatro* (passe-quatre). Cette partie du Brésil est, comme Minas, si bien arrosée, que voir uniquement deux ruisseaux dans un jour de marche est une espèce de rareté (1). Je fis halte à une petite chaumière nouvellement construite, blanchie en dedans et en dehors, et d'une extrême propreté; cette chaumière, appelée *Sitio de Joaquim Dias*, probablement du nom de son propriétaire, est située à quelques pas du *Passa quatro*, qui est bordé d'une lisière de bois et se jette dans le *Rio do Peixe* (2) (la rivière du poisson), l'un des affluents de la rive droite de Corumbá. Devant la maison est un large espace de terrain découvert, qui s'étend par une pente douce; au delà sont des bouquets de bois, et, de tous les côtés, s'élèvent des mornes d'une hauteur inégale.

La chaumière de Joaquim Dias n'était point isolée; près d'elle, il y en avait encore deux autres. Dans les lieux peu habités, il est rare qu'une maison ne soit pas accompagnée de quelques autres. Le premier qui s'établit est bien aise d'avoir des voisins; il décide des compères (3), des amis, des parents à se fixer près de lui, et le pauvre, de son côté, cherche à se rapprocher de celui dont l'indigence est moindre que la sienne.

Ayant quitté le Sitio de Joaquim Dias, nous montâmes et descendîmes quelques mornes élevés et pierreux, et, de

(1) On peut voir, par mon *Voyage dans les provinces de Rio de Janeiro et de Minas Geraes*, vol. II, que le Sertão de Minas présente de tristes exceptions.

(2) Il existe dans la seule province de Goyaz plusieurs rivières du nom de *Rio do Peixe*, qui se retrouve à Matogrosso, à Minas, à S. Paul, etc.

(3) J'ai montré ailleurs combien sont puissants, dans l'intérieur du Brésil, les liens du compérage.

là, nous passâmes sur un plateau parfaitement uni, qui se continue dans un espace d'au moins 2 *legoas* et demie, au delà duquel le pays devient moins égal.

Le propriétaire du *Sitio de Gregorio Nunes* (nom d'homme), où je passai la nuit après la journée la plus monotone et la plus ennuyeuse, était un vieillard octogénaire qui jouissait de toutes ses facultés. Fils de l'un des premiers Paulistes qui étaient venus chercher de l'or dans la province de Goyaz, il avait vu commencer les établissements les plus anciens. Il y avait vingt-quatre ans, lors de mon voyage, qu'il s'était fixé dans la chaumière qu'il habitait alors ; en y entrant, il planta devant sa grange deux figuiers sauvages (*gamelleiras*), et déjà, depuis un grand nombre d'années, il pouvait jouir de leur ombrage. Les hommes d'aujourd'hui ne ressemblent plus à ceux d'autrefois, me disait ce vieillard, et, pour ce pays, il avait raison. Les habitants actuels de la province de Goyaz, amollis par la chaleur et par l'oisiveté, ne se montrent guère les descendants de ces intrépides Paulistes qui traversaient des déserts encore inconnus, s'exposaient à toutes les fatigues et à toutes les privations, bravaient tous les dangers et semblaient, par leur courage, au-dessus des autres hommes.

Au delà du Sitio de Gregorio Nunes, le pays, qui est montueux, m'offrit tour à tour, non-seulement des bouquets de bois et des *campos* parsemés d'arbres rabougris, mais encore d'autres *campos* entièrement découverts, et d'autres enfin où, comme dans le voisinage d'Antas et de Pyracanjuba (1), les arbres restent tout à fait nains et sont fort éloignés les uns des autres.

(1) Voyez le chapitre précédent.

Au milieu de deux ou trois bouquets de bois que je traversai, je vis quelques plantes ligneuses qui, après avoir perdu leur feuillage, se couvraient de fleurs avant d'avoir des feuilles nouvelles; c'étaient des Bignonées, une Malpighiée et le *Sebastião de Arruda* (*Physocalymna florida*, Pohl), dont le bois est couleur de rose (1). Parmi ces arbres croît avec abondance le *mutombo* (*Guazuma ulmifolia*, Aug. St.-Hil.), qui, après être resté quelque temps dépouillé de verdure, offrait alors (17 août), tout à la fois, des fleurs et des feuilles naissantes, et en même temps était chargé de fruits mûrs, dernier résultat de la pousse précédente. Ce n'est pas la chute des pluies qui détermine, chez tous ces végétaux ligneux, le renouvellement de la végétation, car il ne tombe point d'eau dans la saison où nous étions alors; il y avait plusieurs mois qu'il n'en était tombé, et les vieillards eux-mêmes ne se rappelaient pas d'avoir vu une aussi grande sécheresse que celle de 1819 en particulier; ce n'est pas non plus, du moins pour toutes les espèces, le retour de la plus grande chaleur, puisque les *paineiras do campo* (*Pachira marginata*) et le *caraiba* avaient fleuri dès les mois de juin et de juillet, après avoir perdu leurs feuilles. Cependant il n'y a pas de végétation sans quelque humidité; il faut donc croire que les arbres dont il s'agit sont de nature à pouvoir se contenter, pour le développement de leurs bourgeons à fleurs, du peu de sucs qu'ils puisent encore dans le sol, aidés par la rosée des nuits toujours extrêmement abondante. Ces bourgeons, d'ailleurs, n'ont pas besoin de secours aussi puissants que

(1) Aug. S. Hil., *Flora Brasiliæ meridionalis*, III, 140.

les autres, puisqu'il n'en résulte que des organes altérés portés par des axes extrêmement raccourcis (1).

Cette époque de mon voyage fut certainement une des plus heureuses. Depuis le Rio dos Pilões, je n'avais pas eu le plus léger reproche à faire à mes gens; je jouissais d'une santé parfaite, et m'accoutumais de plus en plus aux fatigues et aux privations de chaque jour. J'étais presque fâché de songer que ce genre de vie devait bientôt avoir un terme. La paix et la liberté dont je jouis dans ces déserts, me disais-je, feront certainement un jour l'objet de mes regrets; si je vois des hommes, ce n'est que pour peu d'instants, ils me montrent seulement leur beau côté....., et je me sentais presque épouvanté à l'idée de me retrouver au milieu d'une société où l'on est si près les uns des autres que, quelque chose qu'on fasse, il faut sans cesse se heurter, où les passions sont parvenues à leur dernier degré d'exaltation et où l'on semble être sans cesse en présence pour se chercher des torts et pour se nuire.

Après avoir fait 4 *legoas*, à partir du Sitio de Gregorio Nunes, je m'arrêtai à l'endroit appelé *Sitio de Francisco Alves* (nom d'homme). On y voyait un moulin à sucre découvert, comme le sont ordinairement ceux des colons peu riches, et une douzaine de maisonnettes éparses çà et là. L'une était habitée par le principal propriétaire, les autres par des nègres et des *agregados*; mais toutes paraissaient également misérables, et il était impossible de distinguer celle du maître. Le costume des habitants de ces chétives

---

(1) Voyez la théorie que j'ai développée dans mon ouvrage intitulé *Morphologie végétale*.

demeures répondait parfaitement à l'indigence qu'elles annonçaient. Le mieux habillé d'entre eux n'avait qu'un caleçon de coton et une chemise de même étoffe passée par-dessus le caleçon, manière de se vêtir qui est celle des plus pauvres habitants de l'intérieur du Brésil.

Le Sitio de Francisco Alves n'est qu'à 2 *legoas* de Santa Cruz, et, pour se rendre de Bom Fim à ce village, plusieurs personnes préfèrent le chemin que j'avais suivi à la route directe, qui, dit-on, est très-pierreuse.

Depuis Francisco Alves jusqu'aux eaux thermales, dans un espace de 9 *legoas*, le pays, lors de mon voyage, était encore entièrement inhabité.

Pendant les 4 ou 5 premières lieues, je vis un assez grand nombre de ces fonds marécageux, où croît le *bority*, et dont j'ai eu occasion de parler plusieurs fois. Il y avait, dans ces marais, des nuées d'insectes malfaisants, et, en général, nous fûmes cruellement tourmentés par ces animaux entre le Sitio de Francisco Alves et l'endroit où nous fîmes halte. C'étaient, dans le courant du jour, des *borrachudos* et des abeilles odorantes de plusieurs espèces ; vers le soir, des moustiques les remplaçaient. Les insectes sont toujours beaucoup plus nombreux dans les cantons encore inhabités qu'ils ne le sont ailleurs ; je présume que l'incendie souvent répété des bois et des pâturages contribue à les détruire. En revanche, on trouve extrêmement peu d'oiseaux dans les déserts et beaucoup auprès des habitations, où ils sont attirés, ceux de proie, par la présence des volailles, les autres par les fleurs et par les fruits des orangers, par les plantations de riz et de maïs, par les semences qui s'échappent des granges. C'est dans les déserts que l'on voit le plus de bêtes fauves ; au delà de Francisco Alves, mes gens aperçurent quelques cerfs et les traces d'un jaguar.

Je dus aux voyages que Fernando Delgado avait faits aux Caldas de ne point coucher en plein air. En l'honneur du capitaine général, on avait élevé un *rancho* couvert de feuilles de palmier, sur le bord d'un ruisseau; ce fut là que je fis halte. Cet endroit porte le nom de *Sapesal*, qui signifie lieu où croît le *sapé*, graminée qu'on emploie pour remplacer le chaume (*Saccharum Sapé*, Aug. de St.-Hil.).

Au delà de Sapesal, nous apercevions devant nous, à l'horizon, la *Serra das Caldas* (montagne des eaux thermales), dont le sommet, qui semble tronqué, est parfaitement égal dans toute sa longueur. Nous nous trompâmes de chemin; mais nous fûmes bien servis par le hasard, car il nous conduisit au ruisseau sur le bord duquel se trouvent les eaux minérales dites *Caldas Novas* (les nouveaux bains).

J'avais une lettre de recommandation du capitaine général pour le propriétaire d'une petite *fazenda* (*Fazenda das Caldas*) située à quelques pas des eaux thermales. Cet homme n'était pas chez lui quand j'arrivai : sa femme me plaça dans une pièce qui faisait partie d'un bâtiment où logeait le général quand il venait prendre les eaux; cette pièce était fort petite, et, lorsque le maître de la maison rentra, il me fit beaucoup d'excuses de ce qu'on ne m'avait pas mieux hébergé (1). Nous convînmes que j'irais le lendemain au lieu appelé *Caldas Velhas* (les vieux bains),

(1) J'ai eu le tort de ne pas m'informer sur les lieux du nom de cet excellent homme; mais, comme il était encore jeune à l'époque de mon voyage et que M. le docteur Faivre dit (*Analyse des eaux thermales de Caldas Novas*, p. 1) que M. le lieutenant Coelho, propriétaire, en 1842,

où sont des eaux chaudes plus anciennement découvertes que les Caldas Novas. On devait me donner un guide, et je me proposais d'emmener José Marianno seul avec un mulet de charge.

Au moment de partir, José Marianno prit de l'humeur, et ce fut Marcellino qui m'accompagna. Quand je m'arrêtais quelque part pour y faire un séjour, chacun était embarrassé de sa personne. C'était un genre de vie nouveau qu'on allait mener; on serait moins libre, peut-être même aurait-on à se plaindre des gens chez lesquels on était reçu; on s'ennuyait, on s'attristait, on devenait mécontent.

Le propriétaire de la Fazenda das Caldas, plein d'attentions pour moi, voulait absolument me guider dans la course que j'allais faire; mais j'exigeai qu'il restât chez lui, et il me donna son frère.

La Serra das Caldas n'est pas à plus de trois quarts de lieue portugaise de la *fazenda*; elle n'a qu'une élévation médiocre, et, de loin, elle se présente sous la forme d'un prisme trapézoïdal et allongé, parfaitement égal à son sommet. Nous nous avançâmes vers cette montagne en suivant un sentier peu fréquenté, et, parvenus presque au pied, nous changeâmes de direction : alors le sentier devint pierreux et souvent très-difficile. Nous doublâmes l'un des deux côtés les plus étroits de la montagne, et, pendant quelque temps, nous cheminâmes parallèlement à l'un des grands côtés. Ce dernier, beaucoup plus irrégulier que le flanc qui lui est opposé, offre tour à tour des en-

---

de la Fazenda das Caldas, était fils de Martinho Coelho qui, en 1777, fit la découverte des nouvelles eaux thermales, il est bien évident que ce fut le lieutenant qui m'accueillit avec tant de bienveillance.

foncements profonds et des saillies à pic; l'autre, au contraire, s'étend par une pente assez douce et ne présente aucune anfractuosité; on y voit seulement des ravins par lesquels s'écoulent les eaux et qui le sillonnent en serpentant.

Dans cette excursion, nous traversâmes presque toujours des *campos* desséchés, comme tous l'étaient alors, mais où cependant je reconnus quelques plantes des lieux élevés, particulièrement la Myrtée n° 881 [4°].

Enfin, après avoir fait environ 3 *legoas*, nous entrâmes dans un bois, et bientôt nous arrivâmes sur le bord d'une rivière assez large, mais peu profonde, qui roule avec rapidité, sur un lit très-pierreux, des eaux dont la limpidité surpasse tout ce qu'on pourrait imaginer. Je descendis de cheval, pour me désaltérer, et fus très-surpris de trouver les eaux de la rivière fort chaudes. « C'est ici, me dit mon guide, le *Ribeirão d'Agoa Quente* (torrent d'eau chaude); il est fourni par les sources des Caldas Velhas, dont nous sommes actuellement tout près, et, dans aucune saison, il n'augmente ni ne diminue d'une manière sensible. » Je m'empressai de le mesurer, et lui trouvai 34 pas de large sur 2 palmes et demie de profondeur (environ 44 centimètres); ses eaux, dans lesquelles je plongeai le thermomètre de Réaumur, le firent monter à 28° (20 du mois d'août).

Après avoir passé la rivière, nous continuâmes à marcher dans le bois, et nous arrivâmes, au bout de quelques minutes, à l'endroit où sont les bains. Là nous retrouvâmes la rivière, qui n'avait plus que 2 ou 3 pas de largeur. D'un côté, les bois s'étendent jusque sur ses bords; l'autre rive présente un espace étroit, couvert de *capim gordura*, au delà duquel la montagne s'élève presque à pic. Dans ce lieu sombre et sauvage, de l'aspect le plus romantique, se voyaient deux cabanes de feuilles de palmier construites pour les baigneurs. Du même côté sont les trois sources d'eaux thermales qui avaient été élargies et creusées pour qu'on pût s'y baigner. On avait donné une forme ovale à la plus élevée, qui est très-voisine des deux cabanes dont je viens de parler, et, pour l'abriter, on avait construit au-dessus d'elle un petit toit de feuilles de palmier.

Cette source, qui, à cette époque de l'année, fournit le commencement du Ribeirão d'Agoa Quente, porte le nom de *Poço da Gamelleira* (le puits de l'arbre aux gamelles, espèce de figuier). Elle est d'une extrême limpidité et fournit, en bouillonnant avec lenteur, une très-grande quantité d'eau. Le thermomètre de Réaumur y monta à 30°; ses eaux n'ont absolument aucun goût; elles font mousser le savon et ne noircissent point l'argent. J'en bus une très-grande quantité avant de manger et en mangeant; je ne les avais pas laissées refroidir, et cependant je n'en fus point incommodé comme on l'est ordinairement lorsqu'on boit de l'eau chaude. Je m'y baignai et y restai fort longtemps sans éprouver non plus la moindre incommodité; pendant que j'étais dans l'eau, une multitude de petits poissons nageaient autour de moi avec une vivacité extrême. La deuxième source, appelée *Poço do Limoeiro* (le puits de l'endroit vaseux), naît à quelques pas de l'autre, sur le bord de la rivière, et réunit ses eaux à celles de cette dernière; comme le *Poço da Gamelleira*, elle fit monter le thermomètre à 30° Réaumur. Plus chaude que les deux précédentes, la troisième, qu'on nomme *Poço do General* (le puits du général), le porta à 31°.

Mon guide m'assura que, outre ces trois sources, il y en avait plus de cent autres, tant sur le bord de la rivière que dans son lit, depuis son origine jusqu'à l'endroit où le chemin la traverse. J'aurais été bien aise de les compter moi-même; mais cela ne me fut pas possible, parce que, au delà du Poço do General, les bois, d'une épaisseur extrême, ne permettent plus d'avancer; au reste, la largeur de la rivière, à l'endroit peu éloigné de la source où je l'avais passée, et la chaleur de ses eaux, me semblent prouver que mon guide ne s'écartait point de la vérité.

Il y a très-longtemps que les eaux thermales appelées Caldas Velhas ont été découvertes. Le fameux Anhanguera (Bartholomeu Bueno) passa, dit-on, le Ribeirão d'Agoa Quente, lorsqu'il pénétra dans le pays de Goyaz, et le chemin, aujourd'hui abandonné, qu'on ouvrit sur ses traces, traversait cette rivière un peu au-dessous de l'endroit où on la passe actuellement (1819) pour se rendre aux bains. Il y a douze ou quinze ans (1819), il y avait encore, dans le voisinage des Caldas Velhas, un *sitio* dont j'ai vu le propriétaire, mais aujourd'hui il n'en existe plus aucun vestige, et la découverte des eaux plus chaudes et moins éloignées dites Caldas Novas a fait entièrement abandonner les anciennes sources. Comme aux Caldas Novas, on leur attribue, dans le pays, la propriété de guérir les maladies cutanées, surtout les douleurs rhumatismales et celles qui proviennent des affections vénériennes, et l'on assure que TRISTÃO DA CUNHA MENEZES, qui gouverna Goyaz de 1785 à 1800, y recouvra une vigueur nouvelle (1).

Dans les temps de sécheresse, le Ribeirão d'Agoa

(1) Piz., *Mem. hist.*, IX.

Quente commence, comme je l'ai dit, au Poço da Gamelleira; mais ce n'est point là sa véritable source. Cette dernière se trouve dans la montagne, à un demi-quart de lieue des bains, et, comme ses eaux sont entièrement froides, celles de la rivière, mitigées par elles, deviennent un peu moins chaudes à l'époque des pluies. Après un cours d'environ 2 *legoas*, le Ribeirão d'Agoa Quente se jette dans le Pyracanjuba (nom d'un poisson), qui se réunit au Corumbá (1). Jusqu'à son confluent, il conserve, dans toutes les saisons, une chaleur sensible (2), et cependant il est souvent remonté, m'assura mon guide, par de très-grands poissons.

Comme ma visite aux Caldas Velhas m'avait pris beaucoup de temps, je ne pus retourner le jour même aux Caldas Novas. Mon guide craignait que, dans l'endroit extrêmement sauvage où se trouvent les eaux thermales et si près de la montagne, nous n'eussions, pendant la nuit, la visite de quelque jaguar, et il voulait que nous retournassions sur nos pas pour aller coucher au milieu du *campo* le plus voisin. Mais alors je me portais bien, j'étais plein d'ardeur, je ne croyais pas au danger; j'insistai pour passer la nuit dans une des deux cabanes voisines des bains; nous attachâmes nos mulets près de nous, au milieu du *capim gordura*, et il ne nous arriva rien de fâcheux. Pendant la nuit, la chaleur fut extrême, et, au lever du soleil, le thermomètre indiquait 15°.

En retournant aux Caldas Novas, nous suivîmes le che-

---

(1) Et non *Curombá*.

(2) On voit que Pizarro se trompe quand il dit (*Mem.*, IX, 224) que le Ribeirão d'Agoa Quente ne conserve sa chaleur que dans une petite partie de son cours.

min que nous avions pris pour nous rendre aux anciens bains ; mais je ne voulus pas m'éloigner de la Serra sans y aller herboriser.

Nous montâmes par celui des deux grands côtés de la montagne qui est le moins escarpé et ne fûmes obligés de descendre de nos mulets qu'un peu au-dessous du sommet. Dans toute sa hauteur, ce côté ne présente, comme je l'ai dit, aucune anfractuosité ; il est aride et pierreux : les plantes y étaient, à l'époque de mon voyage, entièrement desséchées ; mais, au milieu d'elles, les ravins par lesquels les eaux s'écoulent, au temps de l'hivernage, se dessinaient en bandes ondulées d'une assez belle verdure. Le plateau qui termine la montagne peut avoir, me dit mon guide, environ 5 *legoas* de longueur sur 1 de large ; il est très-égal et couvert d'arbres rabougris qui appartiennent aux mêmes espèces que ceux de tous les *campos* : on y trouve en grande abondance le *mangabeira*, petit arbre dont les fruits devenus mous, comme ceux du néflier ou du cormier, sont d'un goût agréable, et dont le suc laiteux fournit, d'après les expériences de l'abbé Vellozo, d'excellent caoutchouc (1). Dans quelques parties un peu basses, le terrain est humide et marécageux (2), et le majestueux

---

(1) Il existe deux espèces de *mangabeiras* qui ont entre elles les plus grands rapports, mais qui pourtant doivent être distinguées par les botanistes, l'*Hancornia speciosa*, Gomes, qui croît dans plusieurs parties du Brésil tropical, et l'*Hancornia pubescens*, Nées et Martius, à fleurs un peu plus grandes, qu'on n'a trouvé jusqu'à présent que dans la province de Goyaz.

(2) Il est très-possible que, dans la saison des pluies, ces endroits bas et marécageux soient couverts d'eau, et c'est là ce qui aura fait dire qu'il existait un ou plusieurs lacs au sommet de la montagne (DA SILVA E SOUSA, *Mem. Goy.*; — MILL. et MOUR., *Dicc.*, I, 201).

bority y croît au milieu d'une herbe épaisse ; cependant, ni là ni ailleurs, je ne trouvai aucune plante en fleur. Nous reconnûmes sur ce plateau les traces de plusieurs cerfs et d'autres animaux, et mon guide me dit que les bêtes sauvages, chassées seulement par son frère, y étaient fort communes (1).

A mon arrivée aux Caldas Novas, je trouvai tous mes effets installés dans la chambre qu'occupait le gouverneur de Goyaz quand il prenait les eaux. Mon hôte, toujours complaisant et attentif, avait fait ce petit déménagement pendant mon absence.

Ce fut MARTINHO COELHO qui, en 1777, découvrit les bains d'eaux thermales dits *Caldas Novas* (2) ; mais, pendant une longue suite d'années, ils restèrent tellement inconnus, que Cazal, qui écrivait en 1817, et Pizarro en 1822, ne font mention que des Caldas Velhas, et ce fut seulement après les voyages qu'y fit le capitaine général Fernando Delgado, que quelques personnes commencèrent à les fréquenter.

---

(1) Cazal attribue, comme moi, à la Serra das Caldas une forme carrée ; mais il semble croire que ses côtés sont égaux, et il ajoute qu'ils ont 4 *legoas* (*Corog. Braz.*, I, 351). Luiz Antonio da Silva e Sousa ne dit rien de la longueur du plateau ; mais il lui donne, ainsi que mon guide, 1 *legoa* en largeur.

(2) FAIVRE, *Anal.*, 1. — Après avoir rapporté ces faits, M. Faivre ajoute que Martinho Coelho fut, pendant son séjour à Caldas Novas, inquiété par les incursions des Coyapós et des Chavantes ; mais je ne puis m'empêcher de considérer les traditions d'après lesquelles il parle de ces attaques comme n'étant pas parfaitement exactes en ce qui concerne les derniers de ces Indiens. En effet, comme on l'a vu au chapitre XXII, p. 122, les Chavantes habitent le nord de la province, et c'est sur les terres du village de Pilar qu'ils exerçaient leurs ravages (CAZ., *Corog.*, I ; — PIZ., *Mem.*, IX, 197, 239).

Les nouveaux bains d'eau thermale, dits Caldas Novas, sont situés dans un vallon étroit sur le bord d'un ruisseau d'eau froide qui descend de la montagne. Tant sur le bord du ruisseau que dans son lit se trouvent un assez grand nombre de sources d'eau chaude ; mais, jusqu'à l'époque de mon voyage, on n'en avait encore arrangé que quatre. On en avait fait des espèces de baignoires de 1^m à $1^m,40$ de profondeur, et par-dessus on avait élevé, comme aux Caldas Velhas, un petit toit de feuilles de palmier ; c'était à mon hôte qu'était dû ce travail. La source appelée *Poço Quente* (le puits chaud) fit monter le thermomètre de Réaumur à 35° ; celle qu'on nomme *Poço d'Agoa Morna* (puits d'eau tiède), à 31° ; le *Poço do Meio* (puits du milieu), à 33°, et le *Poço da Pedra* (puits de la pierre), à 32° (21 août). Les eaux de ces sources, refroidies ou chaudes, n'ont absolument aucun goût et m'ont paru très-légères ; comme celles des *Caldas Velhas*, elles font mousser le savon et ne noircissent point l'argent. Elles jouissent, dans la province de Goyaz, d'une très-grande réputation pour les maladies cutanées et toutes sortes de douleurs (1). Lors

---

(1) M. Faivre, dans son mémoire fort remarquable sur la *morfea* et les Caldas Novas, confirme entièrement ce que je dis de ces eaux ; car il les a trouvées « limpides, sans couleur, sans odeur ni saveur appréciables (*Anal.*, 8). » L'analyse, ajoute-t-il, donne, en résumé, de l'azote, trois acides, le chlorique, le carbonique, le silicique, et, enfin, de la potasse, de la soude, des traces de chaux, de la magnésie et des traces d'alumine. « Employées contre la *morfea*, elles n'ont, dit-il encore, déterminé aucun effet curatif.....; prises intérieurement, leur action sur l'économie doit être très-faible ; mais, appliquées en bains, elles seront un excitant de la peau..... Aidées de la température, elles guériront les rhumatismes chroniques et certains ulcères. » J'ai communiqué le faible résultat de mes observations sur les eaux de Caldas Novas et l'extrait du mémoire de M. Faivre, publié par M. Sigaud (*Du climat*, 508), à M. Pou-

de mon voyage, une douzaine de malades prenaient des bains aux Caldas Novas; tous étaient des hommes pauvres de Meiaponte, de S. Luzia, de Bom Fim; mais on y avait vu quelquefois des malades de Matogrosso, et même un de Rio de Janeiro. Quelques cabanes de feuilles de palmier servaient d'habitation aux baigneurs (1).

Le ruisseau près duquel se trouvent les bains porte le nom de *Corrego das Caldas*. Quoique les sources d'eau chaude se réunissent à lui, et que quelques-unes même sortent de son lit, elles ne sont pas assez abondantes pour échauffer la masse de ses eaux. Après un cours de 1 lieue, ce ruisseau se jette dans la rivière de Pyrapitinga (nom d'un

zin, professeur à l'école de pharmacie de Montpellier, que ses études rendent un juge parfaitement compétent. Après un examen attentif, il lui a paru que les eaux dont il s'agit ne diffèrent réellement des eaux ordinaires que par l'élévation de la température, et il croit qu'il faut les ranger parmi les eaux thermales simples. J'ai fait plus : j'ai communiqué l'analyse même de M. Faivre à M. Pelouze, savant chimiste, membre de l'Institut de France, qui l'a trouvée parfaitement conforme aux règles de la science et partage entièrement l'opinion de M. Pouzin. Il est donc vraisemblable que, pour la guérison des maladies cutanées, on tirerait un meilleur parti des eaux sulfureuses d'Araxá, de Salitre, de la Serra Negra de Paracatú, de Farinha Podre que de celles des Caldas Novas et Velhas; il est à croire, enfin, qu'on ferait bien aussi de leur préférer les eaux de Rio Pardo, dont je dirai quelque chose ailleurs et qui se trouvent à 1 lieue de la route de Goyaz, dans le district de Casa Branca, province de S. Paul.

(1) D'après le mémoire de M. Faivre, cité plus haut, il y avait aux Caldas Novas, en 1842, un village temporaire d'une cinquantaine de maisons. On sait avec quelle promptitude les lieux où se trouvent des sources d'eau minérale changent de face lorsqu'elles prennent de la vogue. Vers 1811 ou 1812, il n'existait, aux bains du Mont-d'Or, que des cabanes en bois; tout y était sauvage : quelques années plus tard, on y voyait des promenades et de beaux hôtels. En 1829, mon ami le docteur Lallemant, sa famille et moi, trouvâmes à peine à nous loger au Ver-

poisson) (1), qui est encore un des affluents du Corumbá.

Comme me l'avait annoncé le gouverneur de la province (2), qui avait séjourné aux Caldas, je trouvai la chaleur extrêmement forte pendant tout le temps que j'y restai. Le 20 août, le thermomètre de Réaumur indiquait, à Caldas Novas, 10° au lever du soleil ; le 21, à la même heure, il s'éleva, comme je l'ai dit, à 15° aux Caldas Velhas.

Les terrains qui avoisinent les bains sont tous aurifères, et la principale occupation du propriétaire de la Fazenda das Caldas était de faire chercher de l'or par les quatre à cinq esclaves qu'il possédait (3).

Je quittai les bains pour me rendre au village de S. Cruz (4), obligé, comme je l'ai dit, de suivre jusqu'à Francisco Alves le chemin que je connaissais déjà. J'envoyai ma caravane en avant, et, accompagné de mon hôte, je me détournai un peu de la route pour aller visiter une source d'eau thermale qui se trouve dans un bois près de la rivière de Pyrapitinga, dont elle prend le nom (*Caldas de Pyrapitinga*).

net, où cependant il n'y avait que nous ; depuis s'y sont élevés, comme par magie, d'immenses établissements. Je ne suis donc point étonné que, malgré l'extrême lenteur avec laquelle s'opèrent de faibles changements dans les contrées désertes, les Caldas aient éprouvé quelques améliorations ; je ne serais pas étonné non plus que le pays qui s'étend de ces bains à Bom Fim et à Santa Cruz fût moins inhabité, et que ce dernier village eût pris un peu de vie ; je ne serais pas étonné, enfin, que quelques noms eussent été changés depuis l'époque de mon voyage : nous avons vu les bains d'Arles devenir les bains d'Amélie, et le *Saut d'Annibal*, qui en est voisin, le *Saut de Castellane*.

(1) *Pyra*, poisson ; *pitiunga*, qui sent mauvais, indien.
(2) Il est assez vraisemblable que ce fut dans la saison de la sécheresse que M. Fernando Delgado alla aux Caldas, et peut-être s'y trouvat-il, comme moi, au mois d'août.
(3) Il en était encore ainsi en 1842 (FAIVRE, *Anal.*).
(4) Itinéraire approximatif des Caldas à Santa Cruz :

Celle-ci, beaucoup plus chaude que toutes celles que j'avais vues aux Caldas Velhas et Novas, fit monter le thermomètre à 39° Réaumur; d'ailleurs, rien, dans son voisinage, n'attira mon attention (1).

Je pris enfin congé de mon hôte, qui, pendant mon séjour aux Caldas, avait été, pour moi, plein d'égards, et j'allai rejoindre mes gens (2).

Ce jour-là était la veille de la Saint-Louis; c'était alors la fête de la France, je voulus la célébrer avec mes gens au milieu du désert. La vie que je menais au Brésil, malgré les fatigues et les privations dont elle était accompagnée, me plaisait chaque jour davantage et, comme je l'ai dit, je ne pensais point sans quelque effroi à mon retour en France; mais la France est ma patrie; c'est là qu'étaient réunis tous les objets de mes affections, je devais la revoir un jour; comment aurais-je pu ne pas m'intéresser plus vivement à son bonheur que je ne m'intéressais au mien propre? En arrivant à Sapesal, je donnai la pièce à chacun de mes gens : à la chute du jour, ils mirent le feu aux *campos* qui bordent les deux côtés du ruisseau, près duquel avait été construit le *rancho*. En peu d'instants, une

De Caldas Novas à Sapesal............	5	legoas.
— Sitio do Francisco Alves....	4	
— Santa Cruz, village........	2 1/2	
	11 1/2 legoas.	

(1) Il paraît, d'après ce que dit M. Faivre, que la source dont je parle ici n'est pas la seule qui se trouve près de Pyrapitinga (*Anal.*).

(2) M. Faivre rapporte que le bon lieutenant Coelho ne prend pas la moindre chose aux malades qui viennent s'établir sur son terrain, près des sources d'eau thermale. En Europe, on leur mesurerait la place au millimètre, et chaque millimètre aurait son prix. On voit combien les Brésiliens sont encore éloignés de notre civilisation avancée.

flamme brillante s'étendit en ligne droite dans les deux *campos*; chaque touffe d'herbe semblait être un vase enflammé, et nous eûmes le spectacle d'une illumination vagabonde plus belle cent fois que toutes celles qu'on prépare dans les villes avec tant d'art et de symétrie. J'avais emporté avec moi, de Rio de Janeiro, un petit baril d'eau-de-vie de Portugal ; depuis longtemps j'en gardais, avec soin, une petite portion pour célébrer cette fête. Le punch excita la gaîté. Marcellino joua de la guitare en chantant des *modinhas*, accompagné par José Marianno. Laruotte les fit valser tous les deux, et la soirée se termina par les quatre coins et la main chaude, jeux que mes Brésiliens ne connaissaient point encore et qui parurent les amuser beaucoup. Cet instant de joie fut de courte durée ; d'insupportables ennuis, des contrariétés sans nombre, des fatigues que rien ne compensait allaient bientôt lui succéder.

De Sapesal, je me rendis au Sitio de Francisco Alves, et, le lendemain, je partis pour S. Cruz qui n'en est qu'à 2 *legoas* 1/2.

En sortant du *sitio*, je traversai le Rio do Peixe dont j'ai déjà parlé. Cette rivière était alors extrêmement basse, d'une très-grande limpidité, et pouvait avoir environ la largeur d'une de nos rivières de quatrième ordre (25 août). On m'assura qu'on trouvait beaucoup d'or dans son lit, tant au-dessus qu'au-dessous de Francisco Alves, mais qu'il n'y en avait point en face de cette petite habitation ; ce qui pouvait tenir à la nature ou plutôt à la forme des cailloux qui, en cet endroit, constituent sans doute le fond de la rivière.

A environ 1 lieue 1/2 portugaise de Francisco Alves, le pays devient plus montueux et en même temps plus boisé, comme cela arrive toujours. Nous entrâmes dans les bois et nous traversâmes deux ruisseaux dont les bords, exploités autrefois par des mineurs, présentent de tous côtés des amas de cailloux, résidus de leurs lavages. Bientôt après, nous arrivâmes à S. Cruz.

J'avais une lettre de recommandation pour le commandant du village; je le découvris après beaucoup de recherches inutiles, et il m'installa dans une maison fort grande et très-commode, mais qui, n'étant pas habitée depuis fort longtemps, était devenue le repaire des puces et des chiques (*pulex penetrans*).

CHAPITRE XXVI.

LE VILLAGE DE SANTA CRUZ. — UNE ROUTE TRÈS-PÉNIBLE.

Histoire du village de *Santa Cruz de Goyaz*. Ses habitants actuels. Sa misère. Sa position. Ses minières. Ses rues ; ses maisons ; ses églises. Limites de la justice dont Santa Cruz est le chef-lieu ; population. — *Sitio Novo*. — Pays situé entre cette habitation et le *Rio Corumbá*.— Cette rivière. — Une caravane. — *Sitio de Pedro da Rocha*. Des malles et un mulet. — Tableau général du pays situé entre le Corumbá et le Paranahyba. — *Sitio da Posse*. Émigrés *geralistas*. — État de l'atmosphère.— Le *Braço do Verissimo ; son rancho.*— Le *Sitio do Verissimo*. Chaleur. Incommodités. — Une journée très-fatigante. — *Sitio do Ribeirão*. Halte désagréable. Fertilité. Difficulté de placer les produits de la terre. — Insectes malfaisants. — José Marianno. — *Sitio do Riacho*. Les habitants de ce pays privés d'instruction et de secours religieux. — *Fazenda dos Casados*. — Incendie dans une forêt.

Le village de *S. Cruz de Goyaz* (Sainte Croix de Goyaz), ou simplement *Santa Cruz*, situé par 17°,54′ latit. sud, est un des plus anciens établissements de la province (1).

(1) Pizarro raconte (*Mem.*, IX, 216) que le nommé Manoel Dias da Silva, traversant le désert pour se rendre à Cuyabá, découvrit, vers l'année 1729, les terrains aurifères où a été bâti le village de Santa Cruz, et qu'il y éleva une croix avec cette inscription : *Vive le roi de Portugal*. Il ajoute que le roi d'Espagne se plaignit de cette prise de possession, mais qu'on ne tint nul compte de sa réclamation, et que Silva fut ré-

On a tiré beaucoup d'or des terrains qui l'entourent; il a été habité par des hommes qui possédaient un assez grand nombre d'esclaves ; il a eu son moment de splendeur; mais il a fini par éprouver le même sort que tous les autres établissements dus à des mineurs. L'or a été dissipé; les esclaves sont morts; S. Cruz est tombé dans un état de décadence qui surpasse (1819) celle de tous les autres villages que j'avais visités jusqu'alors (1), et le mineur qui, lors de mon voyage, passait pour le plus riche du canton, ne travaillait qu'avec trois esclaves. La route de Goyaz à S. Paul a passé, pendant longtemps, par Santa Cruz, et alors les caravanes y laissaient un peu d'argent ; mais cette faible ressource a encore été enlevée à ce village; car aujourd'hui, en sortant de Bom Fim, on prend un nouveau chemin qui abrége de 4 *legoas*.

La plupart des habitants de S. Cruz sont aujourd'hui (1819) de pauvres cultivateurs, qui n'y viennent que le dimanche. Extrêmement faible, la population permanente

---

compensé par son gouvernement. Je suis loin de nier ces faits ; cependant, je dois l'avouer, je m'explique difficilement comment le roi d'Espagne put se plaindre de la plantation de cette croix dans un désert si éloigné de ses possessions, ou même comment il put en être instruit.

(1) Malgré l'état de décadence et de misère dans lequel il est tombé, le village de Santa Cruz a été érigé en ville par l'assemblée provinciale de 1835 et est devenu le chef-lieu d'une des *comarcas* de la province de Goyaz (MILL. et LOP. DE MOUR., *Dicc. Braz.*, II, 488). Il est incontestable que, voulant former une *comarca* entre celle de Goyaz et la frontière méridionale de la province, on ne pouvait mieux faire que de choisir Santa Cruz pour en être le chef-lieu ; mais, accoutumé, comme je l'étais, à ne voir pour capitales des *comarcas* que des villes d'une importance notable, telles que Sabará, Villa do Principe, S. João d'El Rei, Hytú, etc., je ne puis me faire à l'idée de la métamorphose du pauvre village de Santa Cruz en chef-lieu de *comarca*.

de ce village se compose d'un très-petit nombre d'ouvriers, de femmes de mauvaise vie, de deux ou trois cabaretiers, enfin de quelques mulâtres et nègres libres qui passent la plus grande partie de leur vie à ne rien faire. Ce sont ces derniers qui vont encore à la recherche de l'or. Lorsque la sécheresse a mis à découvert une partie du lit du Rio Corumbá, du Rio do Peixe et de quelques autres ruisseaux voisins, ces hommes lavent le sable et les cailloux dans les endroits où les eaux ont déposé la poudre d'or. Ils font souvent de très-bonnes journées ; mais, quand ils se voient riches de quelques *vintens*, ils interrompent leurs travaux, boivent le tafia (*cachaça*) et savourent l'oisiveté à côté de leurs maîtresses.

Quoique Santa Cruz soit le chef-lieu d'une justice (*julgado*) et d'une paroisse, ce village est si pauvre qu'on y chercherait vainement une boutique, et qu'on ne trouve guère que du tafia dans les deux ou trois misérables *vendas* qu'on y voit encore (1). J'avais absolument besoin de clous pour ferrer mes mulets ; il n'y avait qu'un serrurier dans le village, et n'ayant ni fer ni charbon, il était allé à la campagne. Les colons des alentours qui n'ont pas l'espérance de vendre leurs denrées, et payent la dîme d'après l'étendue de leurs plantations, cultivent uniquement pour nourrir leurs familles (2) et se procurer, par échange, du sel et du fer ; ils n'envoient presque rien au village, et les objets de première nécessité y manquent presque entièrement ; il

---

(1) Ainsi que je l'ai dit ailleurs, on a coutume de vendre dans les *vendas* non-seulement du tafia, mais encore divers comestibles.

(2) Voyez, plus haut, le chapitre intitulé, *Tableau général de la province de Goyaz*, paragraphe *Résultats de la dîme*.

me fallut des protections pour obtenir une quarte (*quarta*) de maïs (1).

Santa Cruz est entouré de bois et bâti sur une plateforme allongée, un peu au-dessus d'un très-petit ruisseau qui porte le nom de *Corrego Vermelho* (ruisseau rouge). Un espace de terrain de quelques centaines de pas s'étend, par une pente insensible, entre le village et le ruisseau. Comme ce terrain contenait autrefois beaucoup d'or, il a été retourné de toutes les manières par les mineurs, et, après avoir été couvert de bois, il n'offre plus aujourd'hui que des broussailles. Au delà du Corrego Vermelho s'élèvent des mornes boisés et assez roides qui dominent le village (2).

Celui-ci se compose de deux rues larges et assez bien alignées qui s'étendent parallèlement au ruisseau. Les maisons qui les bordent sont très-petites, en mauvais état, et un grand nombre d'entre elles sont aujourd'hui abandonnées ; on voit que toutes ont jadis été blanchies, mais le crépi est presque entièrement tombé. On compte deux églises à Santa Cruz, l'église paroissiale dédiée à Notre-Dame de la Conception (*Nossa Senhora da Conceição*) et

(1) La *quarta* de Rio de Janeiro équivaut à 1 décalitre, celle de Goyaz est plus forte.

(2) Je ne me suis malheureusement pas fait indiquer le nom de ces mornes ; c'est vraisemblablement le *Morro do Clemente*, où Cazal et Pohl assurent qu'il existe des mines très-riches, que le manque d'eau empêche d'exploiter. « La province de Goyaz, dit d'Eschwege, est, de tout le Bré-
« sil, une des plus riches en or ; ses montagnes n'ont point encore été
« fouillées ; c'est tout au plus si, en quelques endroits, on a gratté leur
« surface..... Quand la population sera plus considérable et que les
« Brésiliens sauront exploiter leurs mines d'une manière régulière,
« on en tirera des avantages qu'on ne se procurerait pas aujourd'hui
« sans faire d'immenses sacrifices (*Pluto Bras.*, 78). »

une petite chapelle demi-ruinée consacrée à Notre-Dame du Rosaire.

La justice (*julgado*) et la paroisse, dont Santa Cruz est le chef-lieu, s'étendent, dans une longueur d'environ 40 *legoas*, du nord au midi, depuis le Rio Jurubatuba jusqu'au Paranahyba, frontière de la province; il n'y a point encore de limites fixes du côté de l'ouest, où est un immense pays encore inhabité et inconnu (1). On ne compte (1819), dans toute la paroisse de Santa Cruz, que 3,000 âmes, en y comprenant les esclaves, et l'église paroissiale n'a d'autre succursale que celle de Bom Fim (2).

(1) L'abbé Luiz Antonio da Silva e Sousa, d'accord avec moi sur l'étendue de la justice de Santa Cruz du septentrion au midi, ajoute (*Mem. estat.*, 29-35) qu'elle a 60 *legoas* et même davantage dans sa plus grande longueur. Suivant le même écrivain, il y avait, en 1832, sur ce territoire, à peu près aussi grand que le Portugal, sans les Algarves, 816 plantations (*roças*), dont 19 sucreries, 387 métiers à faire divers tissus de laine et de coton, 15 potiers, 22 tuiliers, 22 tailleurs, 24 cordonniers, 22 charpentiers, 2 menuisiers, 10 selliers, 2 maçons, 16 serruriers, 8 orfévres, 12 boutiques et 31 cabarets. On sera sans doute étonné de trouver dans cette liste quatre fois plus d'orfévres que de maçons : les femmes des cultivateurs portent toutes quelques bijoux d'or, et l'on fait aisément soi-même ou à l'aide de ses esclaves les murs en terre de sa maison et les chétifs meubles qu'elle renferme. Depuis 1832, le territoire de Santa Cruz n'a plus la même étendue, puisqu'on en a séparé, comme on l'a vu, celui de la nouvelle ville de Bom Fim ; par conséquent, il y aurait beaucoup à retrancher de l'état statistique fourni par Luiz Antonio da Silva e Sousa, et il ne faut pas croire qu'il y ait eu compensation dans un état plus prospère : les choses n'ont malheureusement pas beaucoup changé; en 1844, le collége électoral de Santa Cruz ne comptait encore que 14 membres (MILL. ET LOP. DE MOUR., *Dicc. Braz.*, II, 487).

(2) Postérieurement à mon voyage, on a ajouté à cette succursale celle de *Madre de Deos* (Mère de Dieu), dans le village de *Catalão* (LUIZ DA SILVA E SOUSA, *Mem. est.*, 29), dont je dirai quelques mots plus tard. En 1832, on a, comme je l'ai dit, détaché de la paroisse de Santa Cruz

Quoique, dans ce voyage, mes récoltes de plantes fussent loin d'être considérables, mes malles s'étaient peu à peu remplies, et il m'en fallait de nouvelles avec un mulet pour les porter. Le commandant de Santa Cruz se donna inutilement beaucoup de peine pour me procurer ces objets ; je fus obligé de partir sans qu'il eût rien découvert ; mais il m'indiqua un propriétaire qui demeurait dans le voisinage du Corumbá, et qui, disait-il, pourrait me vendre le mulet et les malles.

Au delà de Santa Cruz (1), je parcourus un pays passablement boisé ; à une lieue du village, je passai devant une sucrerie assez belle qui appartenait au commandant ; je me détournai de la route pour éviter un mauvais gîte, et j'allai coucher au *Sitio Novo*, habitation qui paraissait avoir eu jadis de l'importance, mais dont les bâtiments à demi

---

la succursale de Bom Fim : ainsi cette paroisse serait encore restée avec une seule succursale ; mais il paraîtrait qu'actuellement elle n'en a plus du tout, car MM. Milliet et Lopes de Moura donnent à Catalão le titre de paroisse (*freguezia*).

(1) Itinéraire approximatif du village de Santa Cruz au Rio Paranahyba :

De Santa Cruz au Sitio Novo, habitation.	2 1/2	legoas.
— Sitio de Pedro da Rocha, chaumière. .	4	
— Sitio da Posse, chaumière.	3	
— Sitio do Braço do Verissimo, maisonnette.	4 1/2	
— Sitio do Verissimo, maisonnette. . . .	4 1/2	
— Sitio do Ribeirão, maisonnette.	5	
— Sitio do Riacho, chaumière.	4	
— Porto Real da Paranahyba.	4	
	31 1/2	legoas.

On voit, par le court itinéraire de Luiz d'Alincourt, qu'il n'a pas passé par Santa Cruz et qu'il a suivi un autre chemin que moi.

ruinés étaient alors, pour la plupart, uniquement habités par des chauves-souris.

Le lendemain, en voulant regagner la route, je m'égarai, et fis 2 *legoas* de plus qu'il ne fallait. Pendant cette fatigante journée de 6 *legoas*, je ne remarquai aucun changement dans l'aspect du pays ni dans sa végétation. Après avoir fait 2 *legoas*, j'arrivai au *Sitio do Brejo* (la maisonnette du marais), qui se composait de deux ou trois misérables chaumières dont les murs, construits, suivant la coutume, avec des bâtons croisés, n'avaient pas même été enduits de terre. A quelque distance de là, je trouvai un autre *sitio* qui n'était pas beaucoup plus magnifique que le premier, et enfin j'arrivai au Rio Corumbá, sur le bord duquel on voyait une sucrerie qui ne me parut pas en meilleur état que les deux *sitios*.

Le Corumbá que j'avais déjà vu au village du même nom (1) prend sa source près des Montes Pyreneos, dans un lieu qui, m'a-t-on dit, porte le nom de *Curral*; et, après avoir reçu les eaux d'un grand nombre de rivières et de ruisseaux, il se jette, comme on l'a vu, dans le Paranahyba. A l'endroit où on le traverse, il pouvait avoir, lors de mon voyage, environ la même largeur que le Loiret, quelques centaines de pas au-dessus du pont d'Olivet, et il doit être beaucoup plus large au temps des pluies. Au-dessus et au-dessous de ce même endroit, son lit est embarrassé par de grosses pierres qui, pendant la sécheresse, paraissent au-dessus des eaux, mais que celles-ci doivent recouvrir dans une autre saison. Sur ses deux bords s'élè-

---

(1) Voyez le chapitre intitulé, S. *Antonio dos Montes Claros*. — Le village de *Corumbá*, etc.

vent de grands arbres dont la verdure très-fraîche, que l'humidité entretenait sans cesse, reposa, pour quelques instants, ma vue fatiguée par les teintes grisâtres des *campos*. Le Corumbá était une des rivières dont le péage avait été concédé, pour la durée de trois vies, à la famille de Bartholomeu Bueno, et, à l'époque de mon voyage, la troisième vie n'était pas encore éteinte (1). Je montrai mon passe-port royal au jeune homme chargé de recevoir le péage, et, après quelques difficultés, il me dispensa de payer, comme on avait fait partout ailleurs. On passe dans des pirogues les hommes et les marchandises, et l'on tient à la longe les chevaux et les mulets, que l'on force de traverser la rivière à la nage. Chaque personne paye 40 reis; les animaux chargés, 120 reis; ceux qui ne le sont pas, 80 (0 fr. 25, 0 fr. 75, 0 fr. 50).

A peu de distance du Corumbà, j'avais déjà rencontré une caravane très-considérable qui se rendait à Cuyabá; une seconde attendait, sur le bord de la rivière, que nous eussions passé, afin d'avoir son tour. Je me mis à causer avec le marchand à qui elle appartenait; il me dit qu'elle se composait de soixante bêtes de somme, et que, en outre, il emmenait une douzaine de négrillons de la côte d'Afrique. Il venait de S. Paul et allait à Cuyabá. Il s'attendait à être obligé de vendre à de longs termes presque toutes ses mar-

(1) Comme on l'a vu au chapitre XIV du premier volume de cet ouvrage, l'honneur d'avoir découvert la province de Goyaz appartient bien réellement aux deux Bueno; mais il n'en est pas moins vrai que Manoel Correa y avait pénétré avant eux. D'Eschwege n'est point d'accord avec les historiens quand il place (*Pluto Brasiliensis*, 54) l'expédition du premier Bueno avant celle de Manoel Correa, et qu'il indique celle-ci, qui remonte à 1670, comme étant de 1719.

chandises, et il ne croyait pas pouvoir retourner à S. Paul avant deux ans. Des affaires de ce genre sont fort lucratives, sans doute; mais, si elles procurent de grands bénéfices, ils sont, certes, achetés bien cher. Les Paulistes qui font ces interminables voyages à travers les déserts ont dû nécessairement conserver quelque chose de l'esprit aventureux et de la persévérance de leurs ancêtres.

Après avoir passé le Corumbà, je fis encore 1 lieue pour me rendre au *Sitio de Pedro da Rocha* (nom d'homme), où l'on avait à vendre des malles et un mulet. J'avais si bien appris, par ma propre expérience, à profiter de l'occasion, dans ce pays où manquent les choses les plus nécessaires à la vie, que, craignant de ne point trouver de malles jusqu'à Mogimirim, la première ville de la province de S. Paul, j'achetai celles que l'on m'offrait, quoiqu'elles fussent fort chères, et, par là, je me vis forcé d'acheter un mulet qui ne l'était pas moins.

Du Corumbà au Paranahyba, on ne peut pas compter moins de 25 *legoas*. Dans cet espace, le pays, tantôt montueux, tantôt simplement ondulé, continue à présenter une alternative de bois et de *campos*, les premiers dans les fonds, les seconds sur les hauteurs et sur les côtes. Le terrain devient très-souvent pierreux ou sablonneux, et alors les arbres des *campos* ont moins de vigueur et se montrent plus écartés les uns des autres : d'ailleurs ce sont toujours à peu près les mêmes espèces. Aussi loin que la vue peut s'étendre, on ne découvre aucune trace de culture, on ne voit point de bestiaux dans les pâturages; partout une profonde solitude, la monotonie la plus fatigante. Dans ce pays, il n'existe aucune *fazenda* (1819); mais, à quelques lieues de distance les uns des autres, on trouve, sur le bord de la route, de misérables *sitios* toujours accompagnés d'un *rancho* ouvert de tous les côtés. Les propriétaires font construire ces hangars auprès de leurs demeures pour attirer les caravanes et pour pouvoir débiter leur maïs; mais, cette année-là, on ne trouvait de grain nulle part, parce qu'on ne plante absolument que pour obtenir la quantité qu'on est assuré de vendre, et la sécheresse avait dérangé toutes les prévisions. En voyant l'indolence et l'ennui qui se peignent sur la figure des campagnards voisins de la route, il est difficile de se défendre d'un sentiment de mépris. Ces hommes sont d'une pauvreté extrême et ne font rien pour en sortir. Ainsi on voit partout d'excellents pâturages, presque partout il existe des terrains salpêtrés qui dispenseraient les propriétaires de donner du sel au bétail, et c'est à peine s'ils possèdent deux ou trois vaches pour avoir un peu de lait. Leur costume consiste, comme celui des plus pauvres Mineiros, en un caleçon de grosse toile de coton et une chemise de la même toile passée par-dessus le caleçon en manière de blouse; les plus riches d'entre eux y ajoutent un gilet d'étoffe de laine.

Le jour où je quittai le Sitio de Pedro da Rocha, je fus extrêmement fatigué par le mouvement de paupières que je faisais sans cesse pour empêcher les petites abeilles et les *borrachudos* de se précipiter dans mes yeux; j'en fus principalement tourmenté sur le bord d'un petit ruisseau marécageux où j'allai herboriser; si je cessais un instant d'agiter mon mouchoir devant ma figure, elle était aussitôt couverte de ces insectes malfaisants.

A 1 lieue de Pedro da Rocha, je passai devant le *Sitio do Palmital* (maisonnette du lieu planté de Palmiers), qui se composait de quelques chaumières et d'un *rancho*; ensuite je ne vis plus d'habitation jusqu'à l'endroit où je fis halte, le *Sitio da Posse* (maisonnette de la prise de possession).

Là il n'y avait qu'une misérable chaumière à demi découverte qu'habitait le propriétaire, et une autre presque détruite dont on avait fait une espèce de *rancho*. La sécheresse était alors si grande, que, auprès de ce triste abri, nous enfoncions dans la poussière, et, à chaque instant, des cochons et des chevaux en faisaient voler des tourbillons autour de nous.

Le Sitio da Posse était occupé par un homme de Minas Geraes qui s'y était fixé tout récemment. J'avais déjà rencontré beaucoup de *Geralistas* (1) nouvellement établis dans la province de Goyaz. Ces hommes prétendaient qu'ils avaient quitté leur pays parce que toutes les terres y étaient prises; la vérité est que, en émigrant, ils avaient cherché à se soustraire aux poursuites de la justice ou à celles de leurs créanciers.

Dans la journée qui suivit celle où nous couchâmes à Posse, nous ne vîmes, jusqu'à la halte, d'autre habitation qu'une pauvre chaumière accompagnée d'un *rancho*. D'un morne assez élevé, nous découvrîmes une vue immense; mais les vapeurs dont le ciel était chargé nous empêchaient de bien distinguer les objets.

Comme je l'ai dit ailleurs (2), le ciel, depuis le 22 du mois d'août, avait perdu son brillant éclat; un brouillard blanchâtre ôtait à l'atmosphère toute sa transparence, et,

(1) Nom qu'en beaucoup d'endroits on donne aux habitants de la province de Minas Geraes.
(2) Voyez le chapitre intitulé, *Tableau général de la province de Goyaz*, paragraphe *Climat, salubrité*.

dans l'après-midi, on pouvait regarder fixement le disque du soleil sans être incommodé. Le 30, jour où je quittai Posse, le tonnerre se fit entendre, et nous vîmes des éclairs; mais la pluie ne tomba point; nous étions loin encore de l'époque où elle devait commencer.

Nous fîmes halte à un *sitio* composé de quelques maisonnettes éparses bâties presque sur les bords d'une petite rivière qui porte le nom de *Braço do Verissimo*. Cette rivière a été ainsi appelée parce qu'elle se jette dans le *Rio Verissimo* (1); elle prend sa source à environ 8 *legoas* de cette petite habitation, à un endroit appelé, m'a-t-on dit, *Imbiruçu*, et n'a pas un cours de plus de 12 à 13 *legoas*; elle passe pour très-poissonneuse; mais, jusqu'à présent (1819), on n'a point encore trouvé d'or dans son lit.

Une caravane qui se rendait de S. Paul à Cuyabá se trouvait avec moi au Braço do Verissimo; c'était la troisième que je rencontrais depuis Meiaponte. On m'avait abandonné une petite chambre dont le devant, entièrement ouvert, servait de *rancho*. Les sacs de cuir (*broacas*) (2) qui renfermaient les marchandises de la caravane

---

(1) J'écris ce mot de la même manière que Cazal et Luiz d'Alincourt, et comme on le prononce dans le pays; je crois qu'il ne faut pas admettre l'orthographe de Pizarro, qui a écrit *Virissimo*.

(2) . . . .
    E por grupos apinhoados,
    Em seu centro estão arreios,
    Sacos, couros e *broacas*.
 Fileiras de estacas toscas
    No terreiro em fremte se alçam,
    Em que estão presas as bestas
    Sacudindo seus bornaes.
        BACHEREL TEIXEIRA (in *Minerva Bras.*, 592).

étaient entassés avec ordre entre les longs bâtons destinés à attacher les mulets. Notre feu avait été allumé à peu de distance; celui de la caravane était auprès, et les nègres accroupis formaient un cercle tout autour, tandis que leurs maîtres s'étendaient dans des hamacs qu'ils avaient fait attacher en plein air aux pieux dont était formé le parc au bétail (*curral*).

La chétive habitation où je fis halte le lendemain porte le nom de *Sitio do Verissimo*, parce qu'elle est bâtie sur le bord du Rio Verissimo. Cette petite rivière, qui se jette dans le Corumbá, était alors presque à sec; mais elle devient fort large dans la saison des pluies.

Quoique les vapeurs dont l'atmosphère était remplie diminuassent beaucoup l'ardeur du soleil, l'air était alors plus chaud qu'il n'avait été depuis la mi-mars, et, vers trois heures après midi, le thermomètre indiquait généralement de 25 à 26° Réaumur : aussi, quand nous arrivions, tout le monde était harassé, et, lorsque nous aurions eu si grand besoin d'un abri qui pût nous garantir, nous ne trouvions qu'un misérable *rancho* ouvert de tous les côtés, où nous étions obligés d'entasser nos effets dans la poussière, tandis que les mulets et les pourceaux en faisaient voler des nuages autour de nous.

Après avoir couché au Sitio do Verissimo, nous nous remîmes en route. Nous avions fait 5 *legoas*, et il y avait déjà plus de sept heures que nous marchions, par une affreuse chaleur, lorsque nous arrivâmes au *Sitio do Ribeirão* (la petite habitation du torrent), où nous devions faire halte et qui est situé tout auprès d'un ruisseau. Je mourais de faim; j'avais les nerfs dans un état d'irritation très-pénible;

je me sentais incapable d'aller plus loin. Cependant, comme il eût été impossible de placer mes effets dans les maisonnettes en ruine dont se composait le Sitio do Ribeirão, José Marianno voulait absolument me faire faire 2 *legoas* de plus et devint fort impertinent, ce qu'il était toujours après une journée fatigante; j'insistai pour que nous restassions à Ribeirão en nous logeant n'importe où, et nous nous plaçâmes sur les bords du ruisseau, dans un endroit où il n'y avait pas même le plus petit ombrage. Le propriétaire du *sitio* me témoigna beaucoup de regrets de ne pouvoir m'offrir un meilleur gîte, et, dès le premier instant, je crus reconnaître à ses manières honnêtes qu'il n'appartenait pas à la province de Goyaz; je ne me trompais point, c'était un Mineiro.

Presque partout où j'avais passé ce jour-là et les précédents, le sol est pierreux et de mauvaise qualité; cependant il existe, dans les fonds, des terres excellentes, et tous les colons s'accordaient à dire que le maïs y rend ordinairement 240 pour 1. C'est à Paracatú que les cultivateurs de ce canton trouvent le débit le plus assuré de leurs récoltes; mais cette ville est éloignée de 30 *legoas*; il ne faut pas moins de douze jours pour s'y rendre avec des chars à bœufs, seul moyen de transport, et très-souvent, après un si long voyage, le colon a beaucoup de peine à vendre ses denrées.

Au delà de Ribeirão, nous fûmes, pendant toute la journée, horriblement tourmentés par les abeilles, les *borrachudos*, les moustiques, et une espèce de mouche extrêmement petite dont la piqûre, qui ne laisse point de traces, brûle comme une bluette de feu; c'était, je crois, celle que, dans les environs de Rio de Janeiro, on appelle *miruim* (1).

Le défaut d'eau se faisait sentir d'une manière désespérante. Le ciel était toujours chargé de vapeurs, et, malgré cela, il régnait une chaleur sèche qui faisait un mal affreux. Sous ces tristes influences, José Marianno devenait insupportable par son humeur et son impertinence. Je n'avais jamais cessé d'être plein d'attentions pour lui; mais il était absolument impossible de deviner ce qui le mécontentait, ou, pour mieux dire, il souffrait et était mécontent de lui-même. Le besoin indispensable que j'avais de cet homme au milieu des déserts que je parcourais, et où il m'eût été absolument impossible de trouver un autre muletier, me faisait supporter ses caprices avec une patience inaltérable; mais j'avais peu de mérite, car le seul motif de cette patience était une nécessité impérieuse. L'homme qui habite les villes fait peu d'attention à la mauvaise humeur de son domestique, parce qu'il a mille moyens de s'y

(1) Je ne crois pas qu'il faille écrire *merohe*. — Lorsque, en 1816, je séjournai à Ubá pour la première fois, j'y fus horriblement tourmenté par un diptère d'une petitesse extrême, dont je ne sus pas le nom et qui, vraisemblablement, n'était autre que le *miruim*. Voici ce que j'écrivais alors : « Les mouches, extrêmement petites, dont il s'agit ne pénètrent
« pas dans les habitations; mais, pour peu qu'on reste un instant dans
« un endroit humide sans faire de mouvement, on est bientôt assailli
« par des nuées de ces insectes, dont la piqûre brûlante se fait encore
« sentir longtemps après qu'on l'a éprouvée. Le jour de mon arrivée
« ici, je m'assis, sur le bord de la rivière, pour décrire une plante de
« la famille des Violacées, et aussitôt une multitude de ces petits ani-
« maux vint me mettre en feu. Je m'obstinai à ne point changer de place
« avant d'avoir terminé ma description; mais je puis dire que je souffris
« un véritable martyre. La sueur tombait de mon visage comme si
« j'eusse fait un violent exercice; ma respiration était précipitée; je
« quittai la place plus fatigué qu'après une longue course. »

soustraire; mais c'est un véritable supplice d'avoir sous les yeux, dans tous les instants de sa vie, un visage triste et refrogné, et d'entendre sans cesse des paroles dures, lorsqu'on n'en adresse que de douces et d'honnêtes.

A 4 *legoas* de Ribeirão, nous fîmes halte au *Sitio do Riacho* (la maisonnette du ruisseau), composé de trois ou quatre chaumières qui appartenaient à des propriétaires différents. Le plus recommandable d'entre eux me reçut chez lui avec beaucoup de bonne volonté et m'abandonna la principale pièce de sa maison. Je passai un jour à Riacho pour laisser reposer mes mulets, et j'employai ce temps à herboriser et à mettre de l'ordre dans mes malles, qui étaient pour moi un musée, une bibliothèque et un ménage ambulants.

Le canton où je me trouvais alors n'était pas éloigné de moins de 25 *legoas* de Santa Cruz; cependant il dépendait de cette paroisse, et, jusqu'au Paranahyba, qui forme la limite méridionale de cette dernière, comme celle de toute la province, il n'existait absolument aucune succursale. Autrefois le curé de Santa Cruz faisait, chaque année, le voyage du Paranahyba pour confesser les habitants du voisinage; mais il avait fini par se lasser de s'éloigner autant de chez lui, et le curé de l'*Aldea de Santa Anna*, qui, dans les premiers temps, l'avait remplacé, s'était éloigné depuis deux ans (1). Le curé de Santa Cruz avait bien autre chose à faire qu'à songer à ses paroissiens; il s'occupait de commerce, passait pour s'y entendre parfaitement, et, lorsque je lui avais fait ma visite, il m'avait entretenu de son négoce comme d'une chose toute naturelle. Cet homme

(1) Voyez le chapitre suivant.

se conformait aux habitudes de son pays et n'était pas plus coupable que tant d'autres; il serait injuste d'adresser, pour des faits semblables, des reproches à tel ou tel individu en particulier; ce sont les mœurs générales qu'il faudrait tâcher de réformer. Quoi qu'il en soit, les habitants de ce canton (1819) ne vont jamais à la messe; ils ne reçoivent point les sacrements quand ils sont malades; ils sont privés de toute espèce d'instruction religieuse et morale, et, s'ils ont conservé quelques idées de christianisme, ce ne peut être que par des traditions de famille que le temps aura certainement obscurcies (1). La niaiserie et le peu de politesse de ces infortunés ne doivent donc pas surprendre. S'ils communiquent de loin en loin avec quelques hommes, ce qui n'a lieu qu'au temps de la sécheresse, ce sont ordinairement les conducteurs des caravanes, leurs nègres et leurs grossiers serviteurs (*camaradas*); rien ne réveille leur intelligence, rien ne ranime leurs sentiments moraux, rien, pour ainsi dire, ne les relie à la société humaine.

Au delà de Riacho, les terres sont très-bonnes, les bouquets de bois (*capões*) très-multipliés, et, à peu près à 1 lieue du Paranahyba, on entre dans une espèce de forêt qui s'étend jusqu'à la rivière présentant partout une végétation très-vigoureuse.

Beaucoup plus près de Riacho, je passai devant la *Fazenda dos Casados* (les mariés), d'où dépend un moulin à sucre. Autour de cette habitation sont groupées plusieurs maisons d'*agregados* qui donnent à ce lieu l'apparence

(1) Il est bien évident que l'état de choses que je peins ici a dû changer, sous plusieurs rapports, depuis qu'on a construit une église à Catalão ou dans ses environs, et que ce village a été érigé en paroisse.

d'un petit hameau. Je n'ai pas besoin de dire que celle du principal propriétaire diffère à peine des autres; elle diffère même fort peu des cases des nègres esclaves : ce genre d'égalité, général dans cette partie de la province, ne prouve autre chose qu'une égale grossièreté de mœurs. Les caravanes trouvent aux Casados les provisions dont elles ont besoin; mais un débit aussi faible n'aurait pas suffi à l'importance de cette *fazenda* : le propriétaire envoyait au village d'Araxá son sucre, son tafia et ses autres denrées à dos de mulet; ce voyage ne demandait pas moins de douze jours (1).

Les Casados sont situés à 1 lieue seulement du Riacho et jusqu'au Paranahyba, c'est-à-dire dans un espace de 3 *legoas*, je trouvai encore une habitation de lieue en lieue. La fertilité du sol et le voisinage de la rivière, sur le bord de laquelle s'arrêtent souvent les caravanes, auront engagé un certain nombre de cultivateurs à se fixer dans ce canton.

Au milieu du bois qui borde le Paranahyba et dont j'ai parlé tout à l'heure, on avait coupé les arbres, dans un es-

(1) Luiz d'Alincourt dit (*Mem. Viag.*, 71) que, de 1818 à 1823, la *fazenda* de Casados éprouva une augmentation sensible, parce que les fils et les filles du propriétaire, s'étant mariés, avaient construit leurs demeures auprès de celle de leur vieux père et vivaient en très-bonne intelligence. Dans le même intervalle de temps, ajoute cet auteur, la population des campagnes voisines de la route s'était accrue considérablement par des immigrations de Mineiros. — C'est à 4 lieues de Casados qu'est situé le village de Catalão dont j'ai déjà parlé (voyez note 2, p. 220). En 1818, il n'y avait encore en cet endroit que quelques colons; en 1823, les habitants du voisinage étaient déjà nombreux et avaient bâti une chapelle (d'Alinc., *Mem.*, 73); plus tard, Catalão est devenu une succursale de Santa Cruz, et il paraîtrait, comme je l'ai déjà dit, qu'on a fini par en faire une paroisse. Il ne faut pas s'imaginer cependant que ces changements soient dus à une augmentation véritable de population; ils ne le sont qu'à des déplacements.

pace de quelques hectares, pour y faire une plantation. Suivant l'usage, on avait mis le feu aux troncs abattus, et il s'était communiqué dans la forêt. Je vis des arbres gigantesques, brûlés par le pied, tomber avec fracas et briser, dans leur chute, ceux que le feu n'avait pas encore atteints. Ainsi, pour quelques *alqueires* de maïs, on risque, faute de précautions, de perdre une forêt tout entière; et le temps n'est pas certainement éloigné où les Brésiliens se plaindront de n'avoir pas de bois (1).

Je ne tardai pas à arriver sur les bords du Paranahyba, et bientôt je quittai pour jamais la province de Goyaz.

Lorsque j'étais à Ubá, en 1816, le propriétaire de cette belle habitation, M. João Rodrigues Pereira de Almeida,

(1) Hum dia chegará, incola insano,
   Que o suor de teu filho a estrada banhe,
   Que arquejando, cansado, em longos dias
   Em vão busque hum esteio, que levante
   O herdado casal curvado em ruina!
   Hum dia chegará que a peso d'ouro
   Compre o monarcha no seu vasto imperio
   Estranhos lenhos, que mestinhos teçam
   Dos fastigios reaes a cumieira!
   E os templos do Senhor o pinho invoquem
   Para o altar amparar das tempestades!
                         MANOEL DE ARAUJO PORTO-ALEGRE.

Je me suis élevé, il y a déjà longtemps (voyez mon *Voyage dans les provinces de Rio de Janeiro et de Minas Geraes*), contre la destruction intempestive des forêts; mais, il faut bien le dire, ce n'est pas seulement aux Brésiliens qu'on doit faire un reproche de négliger la conservation des bois; ce tort grave est le résultat de l'imprévoyance et de l'égoïsme, et partout il se trouve des hommes égoïstes et imprévoyants. Malgré de sages ordonnances, malgré les exhortations mille fois répé-

reçut la visite d'un colonel qui venait de Goyaz, où il avait occupé un poste éminent, et se rendait à Rio de Janeiro. C'était un homme grave, instruit, plein de sens, dont les manières étaient celles de la meilleure compagnie, qui avait voyagé, possédait plusieurs langues et parlait admirablement le français. Nous passâmes ensemble une dizaine de jours; il me parla beaucoup de la province qu'il venait de quitter, et j'eus soin d'écrire le résultat de nos conversations.

Le séjour de cet officier parmi les Goyanais remontait probablement aux premières années de notre siècle : en transcrivant ses récits dans cet ouvrage, je rendrai un peu moins incomplète l'ébauche que j'ai tâché de tracer d'une monographie de la province de Goyaz; ils montreront combien sont anciennes les misères de cette province, combien on s'en occupait peu au temps du système colonial, et combien il est à désirer qu'une administration sage et intelligente fasse sortir enfin les habitants de leur apathie et les excite à féconder, par le travail, les germes de prospérité qu'une nature bienfaisante a semés autour d'eux.

« La population de Goyaz, me disait le colonel ***,
« monte à peine à 50,000 âmes, y compris les nègres;
« Villa Boa, qui en est la capitale, n'a pas plus de 3,000 ha-
« bitants. Les terres de ce pays sont excellentes et produi-
« sent en abondance du sucre, du café, du coton; mais,

---

tées des agronomes, malgré les malheurs qu'amènent les déboisements trop multipliés, on continue, en France, à arracher des forêts qu'il faudrait respecter. Des collines, naguère couvertes de pins, n'offrent plus aujourd'hui, dans les Pyrénées, que des touffes d'herbes écartées les unes des autres, et à peine quelques broussailles y reparaissent-elles, qu'elles sont aussitôt arrachées.

« comme on ne peut exporter aucune denrée, les habi-
« tants ne cultivent qu'autant qu'il est indispensable pour
« pourvoir à leurs besoins. Ils n'exercent non plus aucune
« industrie et, en échange des objets fabriqués qu'on leur
« apporte à dos de mulets, ils ne peuvent donner que de
« l'or.

« L'espérance d'en trouver a seule déterminé des hom-
« mes aventureux à s'enfoncer aussi avant dans l'intérieur
« des terres, laissant derrière eux de vastes contrées dé-
« sertes et incultes. La faible population du Brésil s'est
« disséminée sur une surface immense, tandis que, si l'on
« s'était écarté du littoral à mesure seulement que les ter-
« res eussent manqué, ce royaume serait incontestable-
« ment devenu riche et florissant. Étendue dans une
« grande quantité d'eau, la liqueur la plus forte se fait
« à peine sentir.

« Les anciens chercheurs d'or étaient généralement des
« hommes sans fortune, et ils n'ont pas toujours été dé-
« dommagés de leur peine. Souvent on fait encore à Goyaz
« des dépenses considérables dans l'espérance de trouver
« des richesses, et souvent aussi il arrive que, après bien
« des recherches, on n'est pas plus avancé qu'auparavant.

« Ce sont les noirs que l'on emploie à ce genre de tra-
« vail. Un nègre coûte, à Goyaz, 200,000 reis (1,250 fr.);
« mais très-peu de gens sont en état de fournir cette
« somme au comptant : on achète l'esclave à crédit; pen-
« dant qu'on s'occupe à le former, les intérêts de l'argent
« courent, et, lorsqu'il faut payer le capital, le nègre
« n'a encore presque rien rapporté; on vend une par-
« tie de ce qu'on possède, et chaque jour on devient plus
« pauvre.

« Une des causes qui contribuent surtout à l'appau-
« vrissement de cette capitainerie est le mépris qu'on y
« fait des liens de la famille. Les mariages y sont rares et
« tournés en ridicule, ce qui dérive, sans doute, de l'im-
« moralité des plus anciens colons. Les blancs vivent dans
« le désordre avec les femmes de couleur et les Indiennes;
« ils s'intéressent peu aux enfants qui naissent de ces
« unions momentanées et négligent d'augmenter une for-
« tune qu'ils doivent laisser à des collatéraux. Leurs maî-
« tresses, sachant qu'elles ne peuvent compter sur un
« long attachement, se hâtent de mettre à profit l'ascen-
« dant qu'elles exercent sur eux et achèvent de les ruiner.

« D'un autre côté, le sang s'altère chaque jour davan-
« tage, et déjà l'on ne trouve plus, dans la capitainerie,
« assez de blancs pour remplir les emplois publics.

« Les enfants nés d'unions illégitimes et passagères ne
« reçoivent aucune éducation; ils prennent de bonne heure
« l'habitude du vice, croupissent dans l'ignorance, ne con-
« naissent ni famille, ni patrie, et refusent de travailler,
« sous prétexte que le sang des blancs coule dans leurs
« veines.

« Il serait essentiel que le gouvernement encourageât
« les mariages par des exemptions d'impôts et dégoûtât
« du célibat par une augmentation de charges.

« La capitainerie de Goyaz est traversée par de grandes
« rivières, et la principale d'entre elles, le Tocantins, est
« par elle-même d'une navigation facile. Pour donner un
« débouché aux denrées du pays, il suffirait de faire con-
« struire des barques, d'établir, de distance à autre, sur
« les bords du fleuve, des espèces de magasins où l'on
« pût trouver des vivres, et de placer, dans le voisinage,

« des postes militaires. Le gouvernement a senti les avan-
« tages de ce plan, et depuis longtemps il a engagé les
« habitants de Goyaz à se cotiser pour rendre le fleuve
« navigable ; mais ils sont si pauvres, qu'aucun action-
« naire ne s'est présenté (1). »

A quelques nuances près, ce triste tableau diffère à peine de celui que j'ai tracé moi-même avec détail. Ainsi, depuis un grand nombre d'années, l'état de la province de Goyaz était déjà à peu près le même qu'en 1819, et les écrits de Mattos et de Gardner tendent à prouver que, depuis, il ne s'est pas amélioré. On a introduit quelques réformes, on a fait quelque bien de détail ; mais il n'est pas à ma connaissance qu'aucune mesure importante ait été prise pour rétablir les finances, faire fleurir l'agriculture et le commerce, donner aux habitants du pays un peu d'énergie, exciter leur émulation et épurer leurs mœurs. Les éléments d'une grande prospérité sont là, je le répète ; espérons quelque chose du bon sens de notre espèce, espérons davantage encore du temps et de la Providence (2).

(1) Probablement sous le gouvernement de Francisco d'Assiz Mascarenhas, comte de Palma.
(2) « La province de Goyaz aurait été, dit d'Eschwege (*Pluto Bra-*
« *siliensis*, 69), une des plus productives et des plus florissantes du
« Brésil, si son administration n'avait presque toujours été confiée à
« des hommes peu délicats et malhabiles. Sous l'ancien gouvernement,
« chaque employé ne songeait qu'à son intérêt particulier, et trop sou-
« vent il en est encore ainsi depuis que le pays est soumis à une assem-
« blée provinciale. » — A Fernando Delgado, qui fut certainement un homme de bien, succéda MANOEL IGNACIO DE SAMPAIO, auquel on a fait des reproches tellement graves (SCHAEFFER, *Bras.*), qu'il est impossible de ne pas les regarder comme calomnieux. Après la revolution qui donna au Brésil une entière indépendance, Sampaio fut obligé de quitter son gouvernement, et l'on institua une *junte administrative;* bientôt

celle-ci fit place à une autre junte, dite *provisoire*, dont les membres furent nommés par le prince régent D. Pedro Ier; et enfin, depuis 1824, l'administration de Goyaz a toujours été confiée, comme celle des autres provinces de l'empire, à un président et un secrétaire assistés d'un conseil provincial (MILL. et LOP. DE MOUR., *Dicc. Bras.*, I, 401). — Il est évident, d'après ce que dit Mattos (*Itinerario*, I), que, dès l'origine, le gouvernement provincial fut fortement entravé par des menées sourdes et par des commérages. L'intrigue est de tous les pays, mais surtout de ceux où l'on connaît peu le travail ; c'est l'occupation des hommes oisifs : aussi semble-t-elle avoir établi son empire parmi les Brésiliens.— Le manque d'hommes capables a dû être aussi un grand obstacle à l'établissement d'un gouvernement sage et régulier dans la province de Goyaz. Les habitants de ce pays, je le répète encore, sont bien loin d'être dépourvus d'intelligence; mais cette qualité ne suffit pas pour faire un bon administrateur ; l'instruction n'est pas moins essentielle, et ce n'est pas sous le système colonial que les Goyanais pouvaient en acquérir chez eux. Un des membres de la première junte était un ecclésiastique qui mangeait souvent chez le gouverneur et lui servait de jouet. Cet homme me parlait un jour d'une transaction qui me parut peu licite : mais, monsieur l'abbé, lui dis-je, ce serait une simonie ; non, me répondit-il, vous allez voir, et il me récita en latin la série des empêchements dirimants du mariage.— Depuis cette époque, les choses ont malheureusement peu changé. J'ai fait connaître ce qu'était, en 1832, l'enseignement dans le pays de Goyaz ; il paraît que, plus récemment, je dois le dire à la louange du gouvernement provincial, il a été établi à Villa Boa une chaire de philosophie, outre celle de latin, et que, de plus, on enseigne la géométrie et le français (MILL. et LOP. MOUR., *Dicc.*, 1, 106). Mais une instruction aussi élémentaire ne suffit pas pour former des sujets capables, et, d'ailleurs, il est permis de croire que ce ne sont pas les maîtres les plus habiles du Brésil qui vont se fixer à Goyaz, puisqu'on a de la peine à trouver des hommes qui veuillent s'enfoncer dans une province aussi reculée pour occuper des fonctions probablement beaucoup mieux rétribuées que celles de maître de français ou de géométrie (voyez le rapport fait à l'assemblée législative générale de l'empire pour l'année 1846). D'un autre côté, peu de Goyanais sont assez riches pour envoyer leurs enfants à 2 ou 300 *legoas* de chez eux, à l'école de droit de S. Paul ou à celles de la capitale du Brésil, et il faut convenir que les parents doivent aussi répugner à mettre entre eux et leurs enfants une étendue si immense de déserts. D'après le rapport fait par le ministre d'État du Brésil, Joaquim Marcellino de Brito, à l'assemblée générale législative de 1847 (*Relatorio,* etc.), il n'y avait alors que 2 Goyanais à l'école de droit de S. Paul, 2 à l'école de médecine de Rio de Janeiro, 4 à l'école de droit d'Olinda, 2 au collége de Pedro Segundo de Rio de Janeiro. De tout ceci et des détails que j'ai donnés dans le cours de cet ouvrage, il faut conclure que, si, depuis la découverte de Goyaz jusqu'à nos jours, les diverses administrations qui se sont succédé dans cette province ont souvent eu les torts les plus graves, si on a pu les accuser de négligence, d'impéritie et même de malversation, il faut pourtant reconnaître que les hommes les plus habiles, les plus désireux de faire le bien rencontreront des obstacles, sinon insurmontables, du moins fort difficiles à vaincre, dans l'éloignement de la province de Goyaz, sa population si faible, l'excessive dissémination de ses habitants, leur extrême pauvreté et l'indolence à laquelle les porte la chaleur du climat.

CHAPITRE XXVII.

ENCORE LA PROVINCE DES MINES. — LES INDIENS MÉTIS DU PARANAHYBA.

Le *Paranahyba*, limite de la province de Goyaz. — Détails sur cette rivière. — On la passe au *Porto Real da Paranahyba*. Soldats mineiros. — District privilégié concédé aux Indiens métis. — Insectes malfaisants. — *Aldea do Rio das Pedras*. Sa position. Ses maisons. Portrait des Indiens qui l'habitent; leur capitaine; leur histoire; leurs priviléges. Tous sont cultivateurs; débit des produits de leurs terres. Ils sont privés de secours spirituels et de tout moyen d'instruction. Leur langue; vocabulaire comparatif de cette langue, de la *lingoa geral* et du dialecte de S. Pedro dos Indios; orthographe, prononciation; réflexions sur les altérations qu'a subies la *lingoa geral*. — *Aldea da Estiva*. Sa position. Son histoire. Détails sur ses habitants. — Insectes malfaisants innombrables sur les bords du *Rio da Estiva*. — *Aldea de Pisarrão* abandonné. — *Aldea da Boa Vista*. Ses habitants. Une fête. Réflexions sur la manière dont les hommes de notre race se conduisent envers les Indiens. — Bonheur des Indiens métis du Paranahyba. — Utilité du mélange des races. Les résultats de ces mélanges. — Pourquoi l'anthropologie est encore une science si obscure.

Autrefois, la province de Goyaz s'étendait à 34 ou 35 lieues portugaises de sa limite actuelle, c'est-à-dire jusqu'au Rio Grande ; mais, comme le territoire qui se trouve compris entre cette rivière et le Paranahyba fait partie de la justice (*julgado*) de Desemboque (1), il suivit le

(1) Le village de Desemboque, situé sur la rive gauche du Rio das

sort de cette justice et de celle d'Araxá, lorsque, au mois d'avril 1816, on les réunit toutes les deux à la province de Minas (1) : alors le Paranahyba devint la limite méridionale de celle de Goyaz.

Le Paranahyba prend sa source dans la *comarca* de Paracatú (2), au versant occidental de la chaîne qui divise ses eaux de celles du S. Francisco (Serra do S. Francisco e da Paranahyba). Ses principaux affluents sont le Rio das Velhas, le S. Marcos et le Corumbá, et, quoique les deux derniers viennent de beaucoup plus loin que lui, ils perdent leur nom en réunissant leurs eaux aux siennes. De grosses pierres s'élèvent du lit de cette rivière comme de celui du Paranahyba (3) et empêchent malheureusement qu'elle ne soit navigable. Je ne sache pas qu'on y ait trouvé de l'or, mais elle passe pour être très-poissonneuse ; cependant il

---

Velhas, doit sa fondation à des Mineiros et est plus ancien qu'Araxá. Il paraît que ses habitants, favorisés par la fertilité fort renommée des terres environnantes, jouissent d'une certaine aisance. D'Eschwege dit (*Bras.*, I, 99) que, en 1816, on ne comptait encore, à Desemboque, que 65 maisons, et qu'il y avait 181 *fazendas* dans tout le *julgado*, dont la population s'élevait approximativement à 3,945 individus, sur une surface d'environ 500 *legoas* carrées.— On est étonné que Pizarro, qui écrivait en 1822, ait encore placé Desemboque dans la province de Goyaz et ne parle que dans une note, et encore occasionnellement, de la réunion de ce village à Minas. — Desemboque a été érigé en ville et comprend, avec son district, disent Millet et Lopes de Moura (*Dicc.*, 325), une population de 5,000 âmes, qui tire de grands avantages de la culture des terres. Le *Mate* ou *Congonhas* (*Ilex Paraguariensis*, Aug. de S. Hilaire, et non, comme on a écrit, *Paraguayensis*) est, ajoutent les mêmes auteurs, très-commun auprès de Desemboque.

(1) Voyez le chapitre intitulé, *Le village d'Araxá*, etc.
(2) Pohl, *Reise*, I, 242.
(3) *Voyage dans le district des Diamants et sur le littoral du Brésil*, 1, 108.

est à remarquer que, si le poisson y mord bien à l'hameçon, c'est uniquement au temps des pluies, ce qui, au reste, a également lieu dans toutes les rivières de ce pays (1).

Comme on l'a vu, j'avais déjà passé le Paranahyba en me rendant d'Araxá à Goyaz. A l'endroit où on le traverse pour se rendre de cette province à S. Paul, et que l'on nomme *Porto Real da Paranahyba*, on est beaucoup moins près de sa source, et c'est déjà une grande rivière ; mais l'excessive sécheresse qui régnait à l'époque de mon voyage l'avait réduit au tiers de sa largeur ordinaire. Ses deux rives ont peu d'élévation au-dessus du niveau de l'eau ; mais elles sont assez escarpées et couvertes l'une et l'autre de bois d'une végétation assez vigoureuse. On passe cette

(1) Dans un livre dont ne peuvent se passer ceux qui veulent connaître l'ensemble de la géographie du Brésil, le *Diccionario geographico*, etc., les auteurs ont cru devoir changer le nom de Paranahyba en *Paranaiva* (II, 239), parce que, disent-ils, cette rivière a été appelée tout à la fois *Parahiba*, *Paranahyba*, et même *Parana*. Aux deux endroits où je l'ai traversée, je l'ai entendu nommer *Parnahyba*, qui est évidemment une corruption de *Paranahyba*, et, comme ce dernier mot a été adopté, avec la seule variante de l'*i* à l'*y*, par des hommes qui font autorité, Manoel Ayres de Cazal, Pizarro, Eschwege, Pohl et Mattos, il m'a semblé que je devais le conserver : d'ailleurs les auteurs du *Diccionario* en ont eux-mêmes donné l'exemple à leur article *Corumbá*.—Ces géographes ajoutent que « le Paranaiva naît dans les montagnes qui se trouvent « au sud du ruisseau (*ribeiro*) Tocantins, affluent du Rio Maranhão. » Je n'ai point visité la source du Paranahyba ; mais je crois devoir préférer la version de Pohl, citée plus haut, parce qu'elle est précise et conforme à tout ce que je sais de la rivière dont il s'agit. Luiz d'Alincourt est plus précis encore que Pohl, car il dit positivement que le Rio Paranahyba a sa source la plus éloignée au nord de la Serra da Marcella, près de celle du Rio Preto (*Mem. Viag.*, 70) ; mais je n'ose pas admettre cette indication sur la seule autorité de ce voyageur. — Le mot *Paranahyba* vient du guarani *pararayba*, qui signifie *rivière allant se jeter dans une petite mer*.

rivière sur une espèce de bac fait avec deux pirogues attachées ensemble et sur lesquelles on a établi un plancher; le péage est reçu par deux soldats du régiment de Minas, détachés d'un poste cantonné plus loin, au bord du Rio das Velhas : ces hommes occupent une petite maison bâtie sur la rive gauche du Paranahyba (1819).

L'un d'eux était en tournée; je fus reçu par l'autre avec cette politesse qui distingue les Mineiros, et en particulier les soldats du régiment de cette province. Il voulut absolument me faire partager son souper, et nous parlâmes beaucoup de son pays, que je ne pouvais me rappeler sans un sentiment profond de reconnaissance. Les soldats du régiment de Minas sont, comme je l'ai dit ailleurs, des hommes choisis qui appartiennent à des familles honnêtes, ont été bien élevés et méritent la considération qu'on a pour eux.

Le pays que j'allais traverser avant d'entrer dans la province de S. Paul, et qui se trouve compris entre le Rio Paranahyba et le Rio Grande, a près de 30 *legoas* de longueur. Il forme un district privilégié de 3 *legoas* de large, qui a été concédé, comme on le verra tout à l'heure, aux descendants de plusieurs peuplades indiennes et comprend des terres très-fertiles.

Après m'être remis en route (1), je côtoyai la rivière

---

(1) Itinéraire approximatif du Porto Real da Paranahyba à la Fazenda das Furnas :

Du Porto Real à l'Aldea do Rio das Pedras. . . .	2	legoas.
— Aldea da Estiva.	2	
— Aldea da Boa Vista.	4	
— Fazenda das Furnas, habitation.	1 1/2	
	9 1/2 legoas.	

Je dois dire que Luiz d'Alincourt compte 4 1/2 *legoas* d'Estiva à Boa

pendant quelques instants, traversant les bois qui la bordent. En général, tout le pays qui s'étend dans l'espace de 2 *legoas*, du Paranahyba à l'Aldea do Rio das Pedras, est boisé en même temps que montueux.

Depuis Santa Cruz, nous étions martyrs des insectes. Quand nous eûmes passé la rivière, les abeilles ne nous tourmentèrent plus ; mais, ce qui était bien pis, nous fûmes dévorés par des moustiques et des nuées de *borrachudos*. Si nous étions un instant sans agiter quelque chose devant notre visage, il était aussitôt couvert de ces derniers insectes. Leur piqûre cause des enflures et des démangeaisons cuisantes ; mais ces mouches n'ont heureusement pas les mêmes habitudes que les moustiques, qui piquent au moment où elles se mettent sur la peau ; elles, au contraire, s'y promènent longtemps avant de piquer, et on a le plus souvent le temps de les chasser.

L'*Aldea do Rio das Pedras*, où je fis halte, après avoir fait 2 *legoas*, à partir du Paranahyba, a été bâti dans un pays boisé, sur le penchant d'une colline, qui s'étend, par une pente douce, jusqu'à un petit ruisseau dont le nom est le même que celui de l'*aldea* (*Rio das Pedras*, le ruisseau des pierres). Ce dernier se compose d'une trentaine de maisons dispersées çà et là. La plupart d'entre elles, couvertes en chaume, ne diffèrent point de celles des Portugais-Brésiliens, et si quelques-unes ont été construites et couvertes avec des feuilles de palmier, comme les cabanes des Coyapós (1), elles sont beaucoup plus grandes et plus élevées que ces dernières.

Vista et 5 du Paranahyba à Estiva (*Mem. Viag.*, 113) ; enfin que Joaquim da Costa Gavião (in Mattos, *Itinerario*) en compte 6 d'Estiva à Furnas.

(1) Voyez le chapitre intitulé, *Les Indiens Coyapós*.

A l'exception d'un ou deux individus, je ne vis point dans l'*aldea* du Rio das Pedras d'Indiens de race pure. A peu près tous doivent leur origine à un mélange de la race américaine avec celle des nègres (1). Leur peau, beaucoup plus foncée que celle des Indiens, est d'un bistre presque noir; ils ont les épaules et la poitrine larges, le cou gros, fort court et le plus souvent augmenté d'un énorme goître; leurs jambes ne sont point fluettes comme celles des Indiens; leur tête est très-grosse et anguleuse; leur nez est démesurément élargi; leurs yeux sont allongés, mais moins divergents que ceux des Indiens de race pure; leurs lèvres ne sont pas aussi grosses que celles des nègres; ils ont de la barbe; leurs cheveux, qu'ils laissent croître, sont très-touffus, fort durs et cependant crépus. Tels sont les traits généraux de ces métis; mais on observe parmi eux des différences individuelles fort remarquables : ainsi je vis deux ou trois enfants qui, quoique presque noirs, avaient les cheveux entièrement lisses. Quoi qu'il en soit,

(1) Ces métis étaient autrefois désignés par le nom de *caribocas* (MARCGRAFF, *Hist. nat. Bras.*, 268). Je n'ai entendu prononcer ce mot nulle part; cependant il paraîtrait qu'il ne s'est pas entièrement perdu, car Cazal dit que, des blancs et des nègres mêlés avec les Parexis, sont issus les *mamalucos* et les *curibocas* qui forment le noyau de la population de Cuyabá. Marcgraff applique aussi le nom de *cabocles* au même mélange, et tout récemment George Gardner, voyageur très-distingué, l'a pris dans le même sens (*Travels*, 22); mais je dois dire que les mots *caboclos* et *cabocos* m'ont toujours paru pris dans un mauvais sens pour désigner tout individu qui appartient à la race indienne; ainsi on appelait mon Botocudo un *caboco*, et il était bien certainement de race américaine sans aucun mélange. Ce sont, sans doute, les *caribocas* que M. le comte de Suzanet indique sous le nom de mulâtres indiens (*Souvenirs*, 226); mais ces mots me semblent impliquer contradiction : des mulâtres indiens ne seraient pas des mulâtres.

il est incontestable que les habitants de l'*aldea* se rapprochent moins des nègres que des Américains indigènes, et c'est comme Indiens qu'ils sont considérés dans tout le pays. Il est aisé de juger, d'après le portrait fidèle que je viens de tracer, que ces hommes ont une extrême laideur, et leurs femmes ne sont pas plus jolies qu'eux ; cependant ils ont tous un air de douceur qui fait bientôt oublier ce que leur physionomie offre d'abord de repoussant. Je causai avec plusieurs d'entre eux et leur trouvai plus de sens et de raison que n'en montrent communément les Indiens de race pure, qui ne sont que des enfants spirituels. Je fus surtout très-content du capitaine de l'*aldea* (1) ; il resta longtemps avec moi, et répondit à toutes mes questions avec beaucoup de politesse et de complaisance.

D'après les renseignements qui m'ont été donnés par lui et par d'autres Indiens, voici quelle a été l'origine de l'*aldea* du Rio das Pedras : A l'époque où les Paulistes formèrent, dans la province de Goyaz, leurs premiers établissements, les Coyapós, exaspérés sans doute par la cruauté de quelques-uns d'entre eux, se mirent, comme je l'ai déjà dit, à infester la route de S. Paul à Villa Boa et jetèrent l'épouvante dans les caravanes. ANTONIO PIRES, qui avait réduit plusieurs nations indiennes dans le pays de Cuyabá et qui était connu par son intrépidité, fut invité à donner des secours à la colonie naissante. Déjà avancé en âge, il ne put se mettre lui-même à la tête de l'expédition ; mais, à sa place, il envoya son fils, le colonel ANTONIO PIRES DE

(1) Je ne me suis malheureusement pas informé du nom de ce digne Indien ; mais il paraît évident qu'il était déjà à la tête de l'*aldea* lorsqu'y passa d'Eschwege en 1816, et, par conséquent, il devait s'appeler LEOPOLDO.

Campos, avec une troupe d'Indiens de plusieurs nations différentes, principalement des Bororós et des Parexís (1). Les Coyapós furent vaincus et traités avec une affreuse barbarie (2); la route devint parfaitement libre, et, pour la garantir plus sûrement de nouvelles attaques, on donna à Antonio Pires, pour lui et pour sa troupe, le territoire qui s'étend du Rio Paranahyba au Rio Grande, avec la largeur de 1 lieue 1/2 portugaise de chaque côté de la route. Ce fut le local où est aujourd'hui l'Aldea do Rio das Pedras que Pires choisit pour s'y fixer. Le village fut construit, vers 1741, aux dépens du trésor royal (*fazenda real*), et Pires y eut une maison. Avant cette époque, les Jésuites avaient déjà formé un *aldea*, composé d'Indiens de la côte, à l'endroit appelé S. Anna; ils voulurent s'immiscer dans le gouvernement de l'*aldea* d'Antonio Pires; celui-ci s'opposa à leurs entreprises, mais, pour les satisfaire, il leur soumit quelques Indiens du nord de Goyaz, qui furent réunis à l'*aldea* de S. Anna. Cependant, après avoir jeté les fondements de sa petite colonie, Pires retourna à Cuyabá et en ramena avec lui les femmes et les enfants de ses Indiens. Il paraît qu'il possédait beaucoup de nègres, et dans ce temps-là les Brésiliens n'étaient point en usage de marier leurs esclaves. Ceux d'Antonio Pires durent naturellement

---

(1) On a aussi écrit *Paresis*, *Parisis*, *Parecis* et *Paricys*; je conforme mon orthographe à la prononciation usitée dans le pays (en français, Parechis). Il paraît que les Parexís formaient une des plus belles nations du pays de Cuyabá, mais qu'aujourd'hui ils sont à peu près détruits, si même ils ne le sont entièrement. Les Bororós, divisés en plusieurs tribus, étaient plus puissants que les autres Indiens et en même temps plus faciles à civiliser (Caz., *Cor.*, I, 302; — Piz., *Mem.*, IX, 104).

(2) Pohl, *Reise*, I, 349.

rechercher les seules femmes avec lesquelles ils pussent avoir quelques rapports, et la population actuelle de l'*aldea* prouve suffisamment qu'ils ne furent pas mal reçus (1). Le mélange, une fois commencé, dut se continuer avec plus de facilité encore entre des nègres créoles et des filles d'Africains et d'Indiennes ; et des mariages remplacèrent les premières unions qui n'avaient été que passagères. Aujourd'hui même (1849), il n'est pas très-rare de voir des créoles libres ou des mulâtres venir chercher des femmes dans l'*aldea*, où le mariage les fait jouir, comme sur la côte (2), des priviléges des Indiens que je ferai bientôt connaître. Avant la réunion des justices d'Araxá et de Desemboque à la province de Minas, l'Aldea das Pedras faisait, comme on sait, partie de la province de Goyaz ; ses habitants furent souvent appelés par les généraux de cette province pour aller combattre des nations qui n'étaient point encore soumises, et l'on n'eut jamais qu'à se louer de leur valeur et de leur fidélité (3). Cependant le gouvernement de Goyaz reconnut

(1) Les Indiennes, en général, ont un goût très-vif pour les nègres. J'ai déjà signalé ce fait ailleurs (voyez mon *Voyage dans les provinces de Rio de Janeiro et de Minas Geraes*, II, 49).

(2) Voyez le vol. II du *Voyage dans le district des Diamants et sur le littoral du Brésil.*

(3) Ce récit et ce que je dirai plus tard de l'origine des *aldeas* voisins de celui du Rio das Pedras n'est pas parfaitement conforme aux indications succinctes données par Cazal, Pizarro et Pohl ; mais il était difficile à ces écrivains de savoir exactement la vérité, tandis que les Indiens qui m'ont communiqué les renseignements consignés ici les tenaient des enfants mêmes des plus anciens habitants : d'ailleurs Pohl n'est pas entièrement d'accord avec Cazal et Pizarro, et ce dernier ne l'est pas non plus avec lui-même, car tantôt il place le premier établissement des Bororós à une demi-lieue du Rio das Velhas, et tantôt, ce qui est bien certainement une erreur, sur les bords du Rio Grande

mal leurs services; ils furent confiés à des directeurs méchants et oppresseurs, et comme aucun prêtre ne voulait, à ce qu'il paraît, passer sa vie au milieu d'eux, ces pauvres néophytes, dit l'abbé Pizarro, qui avaient embrassé la religion catholique sans la connaître, n'eurent d'autre pasteur qu'un homme qu'on avait contraint de prendre cette charge et qui, loin de pouvoir les édifier, aurait été capable de corrompre mille fois, par ses mauvais exemples, les hommes les plus vertueux (1). Ce n'est pas tout encore : en 1809 (2), on eut la barbare idée de transporter une grande partie de la population du Rio das Pedras, à plusieurs centaines de lieues, sous un climat brûlant, dans le lieu appelé *Nova Beira*, où l'on voulait établir un poste militaire (*presidio*). Les infortunés que l'on avait ainsi enlevés à leurs familles et à leur patrie périrent tous misérablement, et, lors de mon voyage, il ne restait plus dans l'*aldea*

(voyez Caz., *Corog.*, I, 354. — Piz., *Mem.*, IX, 104, 222. — Pohl, *Reise*, I, 141).

(1) *Mem. hist.*, IX, 104. — Eschwege, *Bras.*, I, 82.

(2) Je ne puis m'empêcher de considérer comme tout à fait erronée l'indication de 1796, donnée par Eschwege. Quant à celle de 1811, qu'on trouve dans Cazal et dans Pizarro, elle est probablement plus exacte que le chiffre de 1809, indiqué plus haut et admis par les Indiens, qui, sachant mal compter, pouvaient se tromper plus aisément sur les dates que sur les faits. Leur transmigration se rattache évidemment aux plans de navigation dont s'occupèrent également Fernando Delgado et son prédécesseur, le comte de Palma (Francisco de Assiz Mascarenhas); mais le premier entra dans son gouvernement en novembre 1809, et il n'est pas très-vraisemblable que, sur le point de se retirer de Goyaz, il ait donné l'ordre d'éloigner les Indiens de leur pays, ni que Fernando Delgado ait commandé cette mesure à l'instant même de son arrivée. Ces deux gouverneurs furent des hommes de bien; mais ils ne pouvaient connaître l'immense contrée qu'ils avaient à gouverner; personne n'aurait su les guider, et ils durent nécessairement commettre des erreurs.

que dix-huit ménages. Un événement aussi triste avait dû naturellement inspirer de la défiance aux Bororós : lorsque, en 1816, d'Eschewege fut envoyé dans le pays pour fixer les limites de Goyaz et de Minas Geraes, les pauvres Indiens s'imaginèrent qu'on allait les réduire en esclavage ; mais le colonel allemand, les ayant rassurés, leur donna une petite fête qui se passa joyeusement, et, lorsqu'il partit, tous les habitants du village lui témoignèrent leur reconconnaissance de la manière la plus touchante (1).

L'*aldea* du Rio das Pedras passa, avec les justices de Desemboque et d'Araxá, sous l'administration de la province de Minas Geraes, et voici à quel régime il était soumis à l'époque de mon voyage.

Les Indiens métis avaient à leur tête un capitaine et des officiers subalternes choisis parmi eux, et ceux-ci étaient subordonnés au commandant du Rio das Velhas, directeur général des différents *aldeas* situés entre cette rivière et le Paranahyba. Tous les habitants du village étaient exempts de la dîme ; mais, en cas de besoin, ils devaient servir d'auxiliaires au détachement militaire du Rio das Velhas. Jusqu'en 1819, leur service s'était borné à passer le bac d'un bord du Paranahyba à l'autre bord. Chacun était appelé à son tour par le capitaine de l'*aldea* et faisait un mois de service. La rétribution n'était que de 1,500 reis (9 fr. 37 c.) pour le mois tout entier ; mais elle était payée avec exactitude.

Les terres des Indiens étaient inaliénables comme celles des indigènes du littoral (2) ; cependant les Portugais-Bré-

(1) *Brasilien die neue Welt*, I, 85.
(2) Voyez mon *Voyage dans le district des Diamants et sur le littoral du Brésil*, II.

siliens pouvaient s'y établir à titre d'*agregados*, avec le consentement des véritables propriétaires ratifié par les supérieurs, et non-seulement il ne leur était pas permis de vendre le fonds, mais encore, lorsqu'ils venaient à se retirer, ils étaient obligés d'abandonner leurs constructions (*bemfeitoria*) comme un dédommagement pour le tort que, dans le système d'agriculture brésilien, ils avaient fait aux terres par la culture. Jusqu'en 1819, le nombre des *agregados* portugais était resté très-petit, parce qu'on trouvait dans le voisinage de l'*aldea* des terres aussi bonnes que celles qui en dépendaient et à des conditions beaucoup plus avantageuses.

Tous les Indiens métis du Rio das Pedras étaient agriculteurs. Chacun d'eux faisait sa plantation séparément ; mais le capitaine était tenu de châtier les paresseux, et, de temps en temps, le directeur, commandant du Rio das Velhas, envoyait un militaire pour visiter les plantations. Comme l'*aldea* était situé sur le bord de la route, les habitants trouvaient un débit assez facile de leurs denrées, et, ce qui prouve qu'ils cultivaient et qu'ils vendaient, c'est que, en général, ils étaient bien vêtus.

Il n'y avait point parmi eux de gens de métier ; on ne voyait non plus dans l'*aldea* ni *venda* ni boutique. Les habitants achetaient des conducteurs de caravanes (*tropeiros*) les objets dont ils avaient besoin, ou bien ils faisaient des échanges avec les propriétaires du voisinage en fournissant du fil de coton filé par leurs femmes et des peaux de cerfs.

Les Indiens du Rio das Pedras dépendaient de la paroisse de *Santa Anna*, où, comme je le dirai bientôt, était aussi un *aldea*. On a vu que, dans l'origine, on avait donné à ces pauvres gens un prêtre scandaleux pour les diriger ; à l'époque de mon voyage, ils n'avaient plus de pasteur. La province de Goyaz était si pauvre, que, en lui ôtant l'administration du pays, on avait cru devoir lui en laisser les revenus ; des difficultés s'étaient élevées entre cette province et celle de Minas pour le payement du curé de Santa Anna : celui-ci s'était retiré, et, depuis deux ans, les Indiens des aldées étaient entièrement privés de secours spirituels et de toute espèce d'instruction. Personne, dans l'*aldea* du Rio das Pedras, ne savait lire, et il me parut que l'on n'y comptait pas l'argent avec une grande facilité.

Les Indiens métis du Rio das Pedras n'avaient conservé aucune des coutumes de leurs ancêtres et vivaient absolument comme les Brésiliens ; cependant, lorsqu'ils conversaient entre eux, ils cessaient de parler portugais, et, ce qui est assez remarquable, l'idiome dont ils se servaient était, sauf quelques légères différences, la *lingoa geral* des Indiens de la côte. Il n'est pas vraisemblable que cette langue fût celle des Bororós et des Parexís, et le capitaine de l'*aldea* me dit qu'effectivement ceux-ci en avaient une autre ; mais les anciens Paulistes parlaient tous la *lingoa geral* ; ils savaient prier dans cette langue, et les Indiens d'Antonio Pires avaient dû nécessairement l'apprendre avec lui et avec ses esclaves.

Je vais donner ici un court vocabulaire de l'idiome parlé dans l'Aldea do Rio das Pedras et les deux *aldeas* voisins, ceux da Estiva et de Boa Vista, en mettant en regard les mots de cet idiome avec ceux de la *lingoa geral* telle qu'on la trouve dans le dictionnaire des Jésuites, et, de plus, ceux du dialecte de cette dernière en usage chez les In-

DU RIO DE S. FRANCISCO. 261

diens de la sous-race tupi, habitants de l'Aldea de S. Pedro, dans la province de Rio de Janeiro (1).

FRANÇAIS.	DIALECTE de l'Aldea do Rio das Pedras.	DICTIONNAIRE des Jésuites.	DIALECTE de S. Pedro.
Dieu.	Nhandinhara.	Tupana.	Tupan.
Soleil.	Araçu.		
Lune.	Jaçu.	Jacy.	Jacy.
Étoiles.	Jaçutata.	Jacitata.	Jacitata.
Terre.	Hubu.		
Homme.	Apûha.	Apyaba.	Apuava.
Femme.	Cunhã.	Cunhã.	Cunhã.
Enfant à la mamelle.	Pitangeté.	Mytanga.	Pýtanga.
Garçon.	Curumim.		
Fille.	Cunhatemhi.		
Fille âgée.	Cunhabuçu.		
Tête.	Nhacanga.	Acanga.	Nhacanga.
Cheveux.	Java.	Ab'a.	Java.
Yeux.	Teça.	Ceça.	Ceça.
Nez.	Inchim.	Tîm.	Itchi.
Bouche.	Juru.	Juru.	Juru.
Dents.	Hanha.		
Oreilles.	Namby.	Namby.	Namby.
Cou.	Jaura.	Ajuru.	Jajiura.
Poitrine.	Putchia.		
Ventre.	Chuhé.		
Cuisse.	Juna.		

(1) Voyez mon *Voyage dans le district des Diamants et sur le littoral du Brésil*, II, 8, 293.

Jambes.	Ituman.	Cetyma.	Cetuma.
Pied.	Ipuranga.	Py.	Iporongava.
Bras.	Jua.	Jyba.	Juva.
Mains.	Ipo.	Po.	Ipo.
Morceau de bois.	Uira.		
Feuille.	Urarova.		
Fruit.	Ua.		
Cheval.	Cavarú.	Cabarú.	Cavarú.
Mulet.	Cavarú tupichi.		
Tapir.	Tapiraté.		
Cerf.	Çuaçu.		
Petit oiseau.	Ura minim.		
Chique.	Tunga.	Tumbyra.	Tunga.
Rivière.	Uaçu.		
Eau.	Ug.	Y'g.	Y'g.
Viande.	Coó.		
Poisson.	Pyrá.	Pyrá.	Pyrá.
Bon.	Catú.	Catú.	
Mauvais.	Iahé.		
Joli.	Puranheté.		
Laid.	Yeyayeté.		
Rouge.	Pyrangaçu.	Pyranga.	Pyran.
Blanc.	Manotchi.	Morotinga.	Morotchim.
Noir.	Ondigua.	Uma.	Sun.
Petit.	Merim chiqueté.	Merim.	Merim.
Grand.	Truceté.	Turuçu.	Tupichava.

Pour l'orthographe des mots qui précèdent, j'ai suivi celle qui a été adoptée par les Jésuites ou, si l'on veut, celle de la langue portugaise, en me conformant aux principes énoncés à la suite du vocabulaire de l'idiome des Coyapós (1). J'ajouterai que, dans les mots *Jaçu* et *Jaçutata*, la prononciation du *ç* se rapproche du *th* anglais ; que l'*h* est généralement aspirée ; que l'*r* participe du son de l'*l* ; que la prononciation du *ch* allemand se retrouve dans *chuhé*, et celle du *g* allemand dans *ug* ; que le mot *hubu* se prononce très-sourdement ; que le son des mots *chuhé* et *iuha* est également sourd, et qu'ils sont fort difficiles à représenter par des lettres ; enfin que l'on glisse légèrement sur le *b* dans *nambi* et sur l'*a* dans *ondiqua*. Je n'ai pas besoin de dire que la langue des *aldeas* est très-gutturale et se parle la bouche presque fermée : ce mode de prononciation est, comme on l'a vu ailleurs, un des caractères de la race américaine.

La plupart des mots qui précèdent sont tels ou à peu près tels qu'on les lit dans le dictionnaire de la *lingoa geral* fait par les Jésuites (2), et dans mon vocabulaire du dialecte de S. Pedro dos Indios. Ce vocabulaire ne contient malheureusement que quelques mots, et le dictionnaire de la *lingoa geral* est lui-même assez abrégé ; cependant on peut conjecturer que *nhandinhara*, *chué*, *uira*, *urarova*, *iahé* et *ondigua*, qui ne se trouvent ni dans l'un ni dans l'autre, font partie de la langue des Bororós ou de celle des Parexís ; le capitaine de l'aldea du Rio das Pedras me l'assura, en particulier, du mot *nhandinhara*, Dieu, si différent du mot *tupan* des Guaranis et des Indiens

---

(1) Voyez le chapitre XXI intitulé, *Les Indiens Coyapos.*
(2) *Diccionario portuguez e brasiliano.*

de la côte, qui appartiennent également à la sous-race tupi (1), les *Indios mansos* de Vasconcellos.

Je crois avoir fait remarquer ailleurs combien il est extraordinaire que la langue *tupi* (*lingoa geral*) ou ses différents dialectes fussent parlés dans une immense étendue de côte, puis qu'avec des modifications cette langue s'étendît, sous le nom de *guarani*, dans les missions de l'Uruguay, et enfin jusqu'au fond du haut Paraguay (2). Si l'on ne savait de quelle manière elle s'est introduite dans les *aldeas* du Rio das Velhas, on serait étonné de la retrouver jetée, pour ainsi dire, comme une espèce d'oasis à une très-grande distance, soit du littoral, soit du pays des Missions ; et ce qui, au premier abord, peut surprendre aussi, c'est qu'il y ait bien plus de différence entre le dialecte des *aldeas* et la langue du dictionnaire des Jésuites qu'entre ce même dialecte et celui que l'on parle à une énorme distance du Rio das Velhas, dans l'Aldea de S. Pedro dos Indios. Mais il faut se rappeler que le dictionnaire de la *lingoa geral* a été composé dans le

(1) Il ne faut pas oublier que le nom de *tupi* n'était réellement celui d'aucune nation, mais un sobriquet injurieux par lequel les Indiens sauvages, Tapuyas, désignaient ceux de la côte (*Voyage dans le district des Diamants et sur le littoral du Brésil*, II, 292). Par le mot *tupi*, les Tapuyas prétendaient sans doute ridiculiser les adorateurs de *tupan*, c'est-à-dire, selon Vasconcellos, de l'*Excellence terrifiante*.

(2) Hervas dit qu'il n'y a pas plus de différence entre le tupi et le guarani qu'entre le portugais et le castillan. Depuis le temps où il vivait, les deux dialectes indiens auront peut-être éprouvé de grands changements ; mais, à l'aide du portugais, on peut, sans aucune peine, converser avec les Espagnols, comme j'en ai fait moi-même l'épreuve pendant plusieurs mois ; et les deux Guaranis que j'avais emmenés avec moi des missions de l'Uruguay à Rio de Janeiro ne pouvaient pas comprendre un seul mot du tupi.

xvie siècle, et, si le temps modifie les langues que d'immortels écrits sembleraient avoir fixées sans retour, à plus forte raison doit-il s'opérer de grands changements dans les idiomes qui ne sont que parlés (1). Ceux qui s'introduisirent peu à peu dans la *lingoa geral* de la côte étaient nécessairement colportés par les Paulistes et surtout par les Jésuites partout où elle se parlait, et de là cette ressemblance beaucoup plus grande que j'ai fait remarquer entre le dialecte du Rio das Velhas et celui de S. Pedro dos Indios qu'entre ces derniers et la langue du dictionnaire, en arrière de deux siècles.

Après avoir quitté le Rio das Pedras, je fis 2 lieues portugaises et m'arrêtai à un autre *aldea*, celui qu'on nomme *Aldea da Estiva*. Ce dernier se compose seulement d'un *rancho*, ouvert de tous les côtés, destiné aux voyageurs, et d'une quinzaine de maisons construites sans ordre autour d'une place allongée. Depuis longtemps, je n'avais rien vu d'aussi joli que la position de ce hameau. Le terrain sur lequel il a été bâti s'étend, par une pente insensible, au-dessus d'une petite rivière appelée également *Rio da Estiva*, et sur les deux bords de cette dernière est un pâturage humide qui, après en avoir dessiné toutes les sinuosités, se perd avec elle dans le lointain. La sécheresse excessive qu'il faisait depuis plusieurs mois avait permis de mettre le feu à ce pâturage; déjà il s'était couvert d'une herbe nouvelle, et il présentait un large ruban ondulé du vert le plus tendre, contrastant à la fois avec les teintes grisâtres des *campos* voisins et le vert foncé d'une lisière étroite d'arbres et d'arbrisseaux qui bordent la rivière.

(1) Voyez le chapitre XXII de cet ouvrage intitulé, *L'or et les diamants du Rio Claro*.

L'Aldea da Estiva doit son origine à celui das Pedras. On avait détaché une partie des habitants de ce dernier village pour en former un autre au lieu appelé *Pisarrão* et procurer aux voyageurs une halte de plus. Les nouveaux colons ne furent pas contents de leurs terres; l'Aldea de Pisarrão, quoique situé sur le bord de la route, à une journée ou 4 *legoas* du Rio das Pedras, fut bientôt abandonné; une partie de ses habitants se retira à Estiva, où l'on compte aujourd'hui (1819) onze ménages, et l'autre à l'endroit appelé *Boa Vista*, dont je parlerai bientôt.

Le capitaine de l'Aldea da Estiva m'avait reçu dans sa maison; vers le soir, les habitants du village s'y rassemblèrent en revenant de leurs plantations, et je pus les observer à mon aise. Comme ceux de l'Aldea das Pedras, tous sont des métis issus de nègres et d'Indiennes; ils n'ont pas une plus jolie figure que leurs voisins; mais j'avais rarement vu des hommes plus grands et qui annonçassent plus de vigueur. Je leur trouvai la même douceur, la même politesse, le même jugement qu'aux métis du Rio das Pedras. Ils vivent de la même manière, parlent aussi la *lingoa geral*, cultivent également la terre et montrent assez, par leurs vêtements, qu'ils ne sont nullement dans l'indigence. Pendant que j'étais au milieu d'eux, arriva un cultivateur du voisinage avec quelques mulets chargés de saucisses, de cochon salé, de tafia, de *rapaduras* (1), et il trouva facile-

---

(1) Les *rapaduras*, dont j'ai eu occasion de parler plusieurs fois, sont des espèces de tablettes carrées et épaisses de sucre cuit avec son sirop (*Voyage dans les provinces de Rio de Janeiro*, etc., 1). Ce n'est pas uniquement au Brésil qu'on fabrique des *rapaduras*; on en fait également chez les Péruviens, qui les nomment *raspaduras* (*Voyage au Pérou*, II, 206).

ment à se défaire de ses denrées, soit en les vendant, soit en les échangeant contre du fil de coton ou des peaux de cerfs.

Sur le soir, j'allai herboriser sur les bords du Rio da Estiva. Pendant toute la journée, j'avais été fort tourmenté par les *borrachudos;* mais, auprès des eaux et dans les marais, ils devinrent tout à fait insupportables. Quand je rentrai à la maison, j'avais les mains enflées, et, quoique je ne fusse pas resté plus d'une demi-heure dehors, j'étais tellement fatigué des mouvements que j'avais faits pour me débarrasser de tant d'ennemis, j'avais les nerfs tellement irrités par leurs piqûres cuisantes, que je pouvais à peine respirer; j'étais comme un homme ivre.

Entre Estiva et l'Aldea de Boa Vista, dans un espace de 4 *legoas*, je traversai un pays plat ou ondulé, et toujours des *campos* brûlés par l'ardeur du soleil.

A 2 *legoas* d'Estiva, je passai par l'*Aldea de Pisarrão* (1) : il se composait de quelques maisons, d'une petite chapelle et d'un *rancho* bâti dans un fond, sur le bord d'un ruisseau qui porte le même nom que l'*aldea;* mais tout était désert. Lorsque les habitants, sortis du Rio das Pedras, se retirèrent, comme je l'ai dit, les uns à Estiva, les autres à Boa Vista, quelques-uns restèrent, à la vérité, dans le pays; mais ceux-là même renoncèrent à leur *aldea* et allèrent s'établir dans le voisinage.

Après être sortis de Pisarrão, nous entrâmes dans une grande plaine sablonneuse dont la végétation se compose uniquement d'une herbe peu élevée. Au delà de cette plaine,

(1) Eschwege a écrit à tort *Bizarrao* : il ne faut pas non plus *Estive* (*Bras.*, I, 86). — En adoptant *Pisarrão*, je me conforme à la prononciation usitée; peut-être vaudrait-il mieux *Pissarrão*.

le terrain devient plus rouge, par conséquent meilleur, et les arbres rabougris reparurent dans les *campos*.

Le lieu où je fis halte est encore une petite aldée, celle de *Boa Vista* (belle vue) (1) qui, comme je l'ai déjà dit, doit son origine à une partie des métis que l'on avait tirés du Rio das Pedras, pour peupler le Pisarrão. Situé à 4 *legoas* d'Estiva, le village de Boa Vista se compose de huit ou dix chaumières bâties dans un fond, au bord d'un ruisseau très-rapide. On n'y comptait, en 1819, que huit ménages; mais j'y vis un très-grand nombre de jeunes gens et d'enfants. Je ne dois pas oublier de dire que les femmes du Rio das Pedras ne sont pas moins fécondes que celles de Boa Vista, et, comme les jeunes gens se marient aussitôt qu'ils sont en âge, il est à croire que le vide laissé dans la population des aldées par la transmigration du Nova Beira aura bientôt été comblé.

Les Indiens métis de Boa Vista ne sont pas d'aussi beaux hommes que ceux de l'Aldea da Estiva, et me parurent moins civilisés. Aussitôt que l'on eut déchargé mes malles, le *rancho* du village, sous lequel je m'étais établi, se remplit de femmes qui mendiaient très-effrontément des colliers et des bracelets, tandis que, au contraire, celles d'Estiva et du Rio das Pedras restent dans leurs maisons, comme les Portugaises-Brésiliennes. La cause de la différence qui existe dans les formes extérieures des habitants de ces aldées échappa à mes moyens d'observation; quant aux différences que je remarquai entre les mœurs des uns et des autres, elles tenaient très-probablement à ce que

---

(1) Le nom de *Boa Vista* se retrouve, au Brésil, en cent endroits différents.

Boa Vista n'avait pas l'avantage d'être dirigé par un homme de beaucoup de sens, comme chacun des deux autres villages.

Les Indiens de Boa Vista m'offrirent toutes les denrées du pays, ce qui prouve qu'ils ne négligent point la culture de leurs terres. Ils doivent trouver assez facilement le débit de leurs récoltes, car, chez eux, comme à Estiva et au Rio das Pedras, il existe un *rancho* pour les voyageurs, et la route traverse également leur village.

J'étais arrivé à Boa Vista un jour de fête. Un des habitants venait d'achever de couper les bois qui, après avoir été brûlés, devaient faire place à ses plantations. Chaque cultivateur, à son tour, invite ses voisins à l'aider dans ce genre de travail, et ensuite il les convie à un repas dans lequel on boit beaucoup de tafia et qui se termine par des *batuques*. Les Indiens de Boa Vista dansèrent toute la nuit, en s'accompagnant de battements de mains et de chants qui les réjouissaient sans doute, mais qui pouvaient paraître à des oreilles européennes plutôt dignes d'un enterrement que d'une réjouissance. « Les habitants primitifs de l'Amérique, dit Eschwege (1), en parlant des Indiens d'Estiva, saisissent toutes les occasions de se divertir, tandis que les nouveaux venus, Européens, s'abandonnent à la tristesse, oppriment ces pauvres gens de toutes les manières et leur envient le peu de joie qu'il leur est permis de goûter. » Amollis, énervés par la chaleur des contrées tropicales, les hommes de race caucasique tombent dans la nonchalance et perdent leur gaîté. Quant à l'oppression dont ils se rendent trop souvent coupables envers les In-

---

(1) *Bras.*, I, 86.

diens, c'est la force substituée au droit; c'est ce que nous offre partout et dans tous les temps l'histoire de notre espèce; on profite de la faiblesse de l'infirme et du vieillard, et, si la loi n'avait entouré de protection la fortune de l'orphelin, il ne tarderait pas à être dépouillé.

Ces réflexions, au reste, ne sont point applicables aux Indiens des trois aldées du Rio das Velhas (1819). Il est à regretter sans doute que, sous le rapport religieux et moral, ils fussent, pour ainsi dire, abandonnés à eux-mêmes, comme le sont plus ou moins tous les indigènes du Brésil; mais, d'ailleurs, je n'ai point vu d'hommes de cette race qui fussent plus heureux qu'ils ne l'étaient alors. C'était à peine si quelques Portugais étaient venus s'établir parmi eux; personne ne les vexait, personne ne troublait leur repos; ils ne payaient pas même la dîme. Ils avaient peu de besoins, point de tentations. Leurs terres étaient excellentes, et un léger travail suffisait pour assurer leur subsistance; avec le coton qu'ils avaient recueilli, ils fabriquaient dans leurs maisons la toile dont ils se couvraient; eux-mêmes faisaient aussi leur poterie; le sel et le fer étaient les seuls objets qu'ils étaient forcés d'acheter, et, pour se les procurer, ils retiraient de la vente de leurs denrées plus d'argent qu'il ne leur était nécessaire d'en posséder. Ils vivaient dans une paix profonde et étaient unis entre eux, comme le sont généralement les Indiens; connaissant les avantages les plus réels de la civilisation, ils en ignoraient les maux; ils étaient étrangers au luxe, à la cupidité, à l'ambition, et à cette prévoyance qui poursuit les hommes de notre race et empoisonne le présent pour un avenir incertain. Hélas! tant de bonheur, comme on le verra, devait probablement avoir bientôt un terme.

Ce que je viens de raconter des divers métis voisins du Rio das Velhas prouve que, si j'ai engagé, il y a déjà longtemps, l'administration brésilienne à encourager de tout son pouvoir les alliances légitimes des Indiennes avec des Africains, je ne me suis point permis de le faire sans de valables motifs. J'ai pu dire, on le voit, que par ces mariages on obtiendrait une race mixte qui, moins défectueuse que la race américaine proprement dite, serait plus capable que cette dernière de résister à la supériorité des blancs, qui serait moins en désaccord avec notre état de civilisation, et s'amalgamerait peu à peu avec la population actuelle. Par ce moyen seul, je le répète, on empêchera que les faibles restes des nations indiennes ne soient entièrement perdus pour le pays dont elles étaient jadis maîtresses et qui a un si grand besoin d'hommes (1).

L'exemple des métis du Paranahyba achèverait de montrer, si cela était nécessaire, que, chez les hommes comme chez les animaux, les races, en se croisant, se perfectionnent. Il s'en faut que le métis l'emporte constamment sur les deux races dont il est issu; mais il est toujours supérieur à l'une d'elles, et il paraîtrait qu'il l'est à toutes les deux quand elles sont également d'un ordre inférieur. Si les mulâtres ont toute l'inconsistance de la race africaine, ils se distinguent d'elle, hommes et femmes, par de plus belles formes, et surtout par une finesse d'esprit et une facilité à apprendre qui sont à peine l'apanage des blancs. Les Mamalucos (2), bien inférieurs en intelligence aux

(1) *Voyage dans les provinces de Rio de Janeiro et de Minas Geraes*, II, 61, 221.
(2) Voyez ce que j'ai dit des Mamalucos dans mon *Voyage sur le littoral du Brésil*, II, 18. — Voyez aussi FERDINAND DENIS, *Brésil*, 45, et

hommes de race caucasique, l'emportent sur les Indiens par les qualités extérieures : souvent les femmes sont charmantes, les hommes sont bien faits, et l'histoire du Brésil atteste assez la force de ces derniers, leur intrépidité, leur audace et la supériorité qu'ils eurent toujours sur leurs ancêtres maternels. Descendants de nègres et d'Indiennes, les Curibocas, comme on vient de le voir, s'élèvent au-dessus des deux races dont ils sont issus, par leur consistance, leur bon sens et leur aptitude à une civilisation plus grande que celle dont leurs parents sont susceptibles.

Si l'on pouvait étudier d'une manière comparative les mulâtres nés des négresses si intelligentes et si belles de la Côte d'or, et ceux qui descendent des femmes stupides du Congo ou de Benguela, il est vraisemblable qu'on trouverait quelques différences; mais on ne saurait les découvrir au premier coup d'œil. Il n'en est pas de même des Curibocas : non-seulement j'observai parmi eux des différences individuelles très-remarquables, mais les cheveux, toujours crépus chez les mulâtres, sont quelquefois lisses chez des Curibocas, aussi noirs que leurs frères. M. A. d'Orbigny a aussi observé (1) que le mélange des deux races ne produit pas toujours des changements également sensibles. Les cheveux des enfants des nègres et des femmes guaranis sont, suivant le même auteur, tantôt crépus, tantôt presque plats, et tandis que, chez les mêmes métis, le nez

---

toutes les histoires du Brésil.— Je n'ai pas besoin d'ajouter que les descendants des nègres et des Indiennes ne s'appellent point *cabres*, comme l'a cru un voyageur français (Suz., *Souv.*, 224). Les *cabras*, et non *cabres*, sont les enfants des négresses et des mulâtres ou des mulâtresses et des nègres.

(1) *L'homme américain*, I, 143.

offre à peine un léger aplatissement, celui des habitants du Paranahyba est, comme on l'a vu, démesurément large; les uns et les autres sont plus Indiens que nègres ; mais le mélange a embelli les Guaranis et il a enlaidi les Bororós.

Notons ces faits singuliers; mais attendons, pour chercher à les expliquer, que nous en ayons encore d'autres du même ordre. Si l'anthropologie est encore si obscure, c'est peut-être parce qu'on a beaucoup trop raisonné sur cette science et trop peu observé.

CHAPITRE XXVIII.

LA CASCADE DE FURNAS. — LE RIO DAS VELHAS ET L'ALDEA DE SANTA ANNA. — LE VILLAGE DE FARINHA PODRE. — PASSAGE DU RIO GRANDE.

Fazenda das Furnas; la cascade qui l'avoisine.—Insectes malfaisants.—Poussière rouge.—Le *Rio das Velhas.*—Le détachement cantonné sur le bord de cette rivière.— Droits de douane.— Ordre donné au commandant du détachement de quitter le pays; conséquences de cet ordre.— Un petit tyran.— *Aldea de Santa Anna;* sa position; ses maisons; son histoire. — Portrait des vieilles Indiennes. — Apathie des Indiens. — Dona Maria Rosa. Difficulté qu'a l'auteur pour obtenir quelques mots de la langue des Chicriabás. Vocabulaire de cette langue. Elle est éminemment systématique. Un certain mode de prononciation caractérise la race américaine. — Description d'un paysage. — Passage du Rio das Velhas. — Pays situé au delà de cette rivière. — *Sitio da Rocinha.* — Changements de domicile. — Idées religieuses de Marcellino. — Halte en plein air sur le bord de l'*Uberava Verdadeira.* Un vieillard. — Une caravane. Goût des Brésiliens pour le commerce. — Journées extrêmement chaudes succédant à des nuits froides. — Tejuco. Inconvénient des *ranchos.* — Lanhoso. — Aspect du pays situé au delà de ce lieu. — Le village de *Farinha Podre.* Sa position. Ses maisons. Son église. Son histoire. Les terres de ses alentours très-favorables à la culture et aux troupeaux. Son avenir. — José Marianno malade. — L'auteur souffre beaucoup de la piqûre des chiques. — Les cultivateurs de Farinha Podre. — Pays situé au delà de ce village. — *Guarda da Posse.* Moyens curatifs.—Pays charmant situé au delà de Posse. — Le Rio Grande. Ses bords. Leur insalubrité. Comment on le passe. — L'auteur entre dans la province de S. Paul.

De l'Aldea de Boa Vista, je me rendis à la *Fazenda das Furnas* (l'habitation des grottes), la seule depuis Casados qui eût quelque importance (1). On y voyait un très-grand *rancho;* elle possédait un moulin à sucre, et là se fabriquait tout le tafia (*cachaça*) qui se débitait dans les environs, principalement dans les *aldeas.*

La sucrerie de Furnas est située au-dessus d'une vallée profonde où coule le ruisseau qui porte son nom (*Ribeirão das Furnas*) et qui est un des affluents du Rio das Velhas (2); elle n'est qu'à 1 lieue et demie portugaise de Boa Vista; mais je n'avais pas voulu faire une marche plus longue, pour avoir le temps de visiter une cascade dont on parlait beaucoup et qui tombe à quelques centaines de pas de l'habitation.

Je pris avec moi José Marianno, et, traversant des bois touffus, embarrassés d'épines, nous descendîmes dans le vallon. Parvenus au pied des mornes entre lesquels coule le Ribeirão das Furnas, nous fûmes obligés de marcher dans son lit, afin d'éviter l'épais fourré qui couvre ses deux rives. Il avait fallu que je me déchaussasse; mais, peu accoutumé à aller pieds nus, j'avançais sur les pierres glissantes et anguleuses du ruisseau avec d'autant plus de peine

---

(1) Itinéraire approximatif de la Fazenda das Furnas au Rio Grande :

De la Fazenda das Furnas au

Registro do Rio das Velhas, douane.	3 legoas.
Sitio da Rocinha, maisonnette.	1
Uberava Verdadeira, chaumière.	3
Tejuco, habitation.	5
Lanhoso, aldea presque abandonné.	3
Farinha Podre, village.	3
Guarda da Posse, poste militaire.	4
Rio Grande, rivière.	3
	25 legoas.

(2) CAZAL, *Corografia,* I, 224.

que les puces pénétrantes m'avaient mis les doigts des pieds en très-mauvais état. Après une marche de quelques minutes, nous arrivâmes cependant au pied de la cascade.

Là est une espèce de salle formée, d'un côté, par des rochers à pic qui s'étendent en hémicycle, et, de l'autre, par des bois serrés et touffus. Au fond de l'hémicycle, en tirant un peu vers la gauche, le ruisseau se précipite avec rapidité d'une hauteur de 20 *braças* (44 mètres) (1), en produisant un bruit qui s'entend de très-loin. Ses eaux, dans leur chute, forment une belle nappe blanche et écumeuse, et, en outre, trois jets latéraux moins considérables ; elles sont reçues dans un bassin presque circulaire, et de là elles s'écoulent rapidement sur un lit pierreux, encaissées entre des mornes presque à pic et couverts de bois.

Le bassin circulaire où tombent les eaux de la cascade est entouré d'un gazon épais formé de mousses, de fougères et de Graminées, dont la verdure est sans cesse entretenue par la rosée fine et abondante qui s'échappe de la cascade. Des *Begonias* d'un rose tendre, une petite espèce de Lobélie à longue corolle d'un rouge orangé, un *Gesneria* aux fleurs brillantes et cramoisies fleurissent çà et là au milieu

---

(1) N'ayant point mesuré cette cascade, j'emprunte à Cazal et à Pizarro le chiffre que j'indique (*Cor.*, 350. — *Mem.*, IX, 224). Eschwege compte seulement 50 pieds, et, comme il se servait du pied anglais, qui était devenu une mesure brésilienne, ce serait seulement 15^m,235. Il est fort possible que ce nombre soit trop faible ; mais, d'un autre côté, je serais tenté de croire qu'il y a quelque exagération dans celui qu'admettent Cazal et Pizarro. Au reste, les trois auteurs que je viens de citer consacrent à peine quelques lignes à la jolie cascade de Furnas, et les deux derniers, qui n'avaient pas eu occasion de la visiter, en parlent, comme on le verra bientôt, d'une manière assez peu exacte.

de ces gazons. Les arbres qui s'élèvent plus loin forment, comme je l'ai dit, un épais fourré d'une verdure qui me charma d'autant plus que partout ailleurs les végétaux ligneux étaient à demi dépouillés de leurs feuilles et que les pâturages, desséchés par l'ardeur du soleil, n'offraient plus qu'une couleur grisâtre.

Derrière la cascade, les rochers, dans le tiers de leur hauteur, à partir du sommet, sont nus, entièrement à pic et laissent apercevoir leur couleur noirâtre à travers la nappe argentée qui tombe avec fracas. Au tiers de leur hauteur, ils se creusent pour former une grotte irrégulière et peu profonde, tapissée de fougères; plus bas enfin, ils sont encore nus et noirâtres comme au sommet. La blancheur éclatante des eaux de la cascade et cette zone irrégulière de verdure qu'on découvre derrière elle, entre des rochers noirs, produisent l'effet le plus agréable et le plus pittoresque (1).

Les rochers noirs et à pic de la cascade s'étendent à sa gauche, et là, au-dessous d'eux, le terrain s'incline en formant une pente rapide. A l'endroit où celle-ci commence est une rangée d'arbrisseaux serrés les uns contre les autres, qui cachent la base des rochers, et du milieu de ces arbrisseaux s'élèvent quelques Palmiers dont la tige, aussi

(1) Cazal dit que des oiseaux de diverses espèces construisent leurs nids dans les cavités du rocher et élèvent leurs petits hardiment et à la vue de tout le monde, malgré le fracas que fait la cascade en se précipitant. Je n'en ai pas aperçu un seul, et je doute que l'abondante rosée qui tombe sans cesse dans la grotte permette à aucun animal de l'habiter. On voit, par ma description, que Pizarro s'est également trompé quand il assure que l'eau disparaît immédiatement après sa chute, pour se remontrer à quelque distance.

grêle que celle des Bambous, se termine par un panache élégant de feuilles recourbées.

Nous sortîmes de l'espèce de salle où tombe la cascade, en grimpant, à droite, au milieu des arbres qui couvrent le terrain et en nous accrochant à leurs branches. Ce ne fut pas sans beaucoup de peine que nous parvînmes à l'endroit où le torrent se précipite.

Tant que nous étions restés au pied de la cascade, nous n'avions été tourmentés par aucun insecte; mais, à peine rentrés au *rancho*, nous fûmes entourés d'une nuée de *borrachudos*.

Pour pouvoir rester en place et écrire, il me fallait plus de courage peut-être que pour supporter une douleur vive. Pendant longtemps, nous n'avions pas eu à nous plaindre des puces pénétrantes; mais, depuis Santa Cruz, nous en étions assaillis presque partout où nous nous arrêtions : personne, dans ce pays, ne se donne la peine de balayer son *rancho*, et ces insectes, comme on sait, pullulent dans la poussière.

La route descend dans le vallon où coule le Ribeirão das Furnas, et, en partant de la *fazenda*, j'eus encore le plaisir d'admirer la cascade.

Au delà de Furnas, comme entre Boa Vista et cette sucrerie, la terre est d'un rouge foncé, et, à mesure que nous avancions, nous faisions voler des tourbillons de poussière qui salissaient tous nos vêtements. La sécheresse continuait à être excessive, et, à l'exception des *gabiróbas* (1) et de quelques autres Myrtées, toutes les plantes des *campos* étaient sans fleurs (9 septembre).

(1) Toutes les petites espèces de *Psidium* à baies arrondies portent

A 2 *legoas* de Furnas, nous passâmes par l'*Aldea de Santa Anna*. Ayant fait encore environ 1 lieue, nous entrâmes dans un bois assez épais, et, après être descendus pendant quelques minutes, nous arrivâmes au *Rio das Velhas* et au bureau de douane placé sur ses bords (*Registro do Rio das Velhas*). Cette rivière, qu'il faut bien se garder de confondre avec une autre du même nom, l'un des affluents du S. Francisco, prend sa source au versant occidental de la Serra do S. Francisco et da Paranahyba, dans le voisinage de Desemboque, et se jette dans le Paranahyba (1).

A l'endroit où y aboutit la route de Goyaz, elle peut avoir, dans les grandes eaux, la même largeur que le Loiret quelques centaines de pas au-dessus du pont d'Olivet, et on la voit serpenter et fuir entre deux coteaux couverts de bois. Lorsque j'arrivai sur ses bords, de longs bancs de rochers plats et raboteux s'élevaient au-dessus de ses eaux et en augmentaient la rapidité. Sur la rive droite était un petit bâtiment qui servait de logement aux militaires du poste (*quartel*); on voyait autour quelques maisonnettes, et plus loin, devant l'endroit où l'on s'embarque (*porto*), se trouvait un *rancho* destiné pour les caravanes. De l'autre côté de la rivière, on avait aussi construit un *rancho*, et çà et là s'élevaient quelques petites maisons, parmi lesquelles on distinguait à peine celle de l'employé civil (*fiel*).

---

le nom de *gabirôbas*, et l'on appelle *araças* celles dont le fruit a la forme d'une poire.

(1) Luiz d'Alincourt place sa source dans la Serra da Canastra (*Mem. Viag.*, 67), Milliet et Lopes de Moura dans les Serras da Pindahiba et da Marcella (*Dicc.*, II, 671). La Serra da Pindahiba serait, sans doute, une portion de la Serra do S. Francisco e da Paranahyba.

Lorsque j'arrivai, le commandant du détachement, qui avait le grade d'*alferes* (sous-lieutenant), était de l'autre côté de la rivière. J'allai le trouver; je lui présentai ma *portaria* et le priai de me donner la permission de faire décharger mes effets au *quartel*. Il me l'accorda de la meilleure grâce du monde, et j'eus enfin le bonheur de loger dans une maison, de passer quelques instants sans être tourmenté par les *borrachudos* et les autres insectes.

Le détachement cantonné au Rio das Velhas se composait de dix-sept soldats du régiment de Minas; mais il n'en restait guère que six à huit sur le bord de cette rivière : les autres étaient répartis entre les différents postes des *julgados* d'Araxá et de Desemboque, tels que le Paranahyba, le Rio Grande, etc. Ceux du Rio das Velhas étaient chargés de visiter les passe-ports des voyageurs, de s'assurer si les caravanes venant de Goyaz n'emportaient point avec elles de l'or ou des diamants, et, en cas de besoin, de prêter main-forte à l'employé civil (*fiel*). Ce dernier recevait le péage qui s'élevait à 75 reis (46 centimes) par personne et 160 reis (1 franc) par cheval ou mulet. C'était aussi lui qui devait toucher les droits dus sur les marchandises qui allaient de S. Paul à Goyaz; mais, pour favoriser les négociants qui sont si longtemps sans vendre, on leur permettait de laisser entre les mains du *fiel* une obligation du montant de la somme dont ils étaient redevables : ils s'acquittaient entre les mains de l'administrateur du lieu où ils avaient vendu; ils prenaient un reçu, et, quand ils repassaient par le *registro* pour retourner à S. Paul, ils présentaient ce reçu et reprenaient leur obligation. On ne faisait payer au Rio das Velhas que les marchands dans lesquels on avait peu de confiance.

. Avant la réunion des justices d'Araxá et de Desemboque à la province de Minas, le pays de Goyaz s'étendait, comme on sait, jusqu'au Rio Grande, qui aujourd'hui sépare la première de ces provinces de celle de S. Paul. Ce fut donc sur le bord du Rio Grande que, dans l'origine, fut placé le bureau des douanes; mais, à cette époque, les environs de ce fleuve étaient pestilentiels et sans habitants, et, à l'exception d'un seul, tous les soldats qu'on y avait cantonnés moururent. Pour cette raison, on transporta la douane sur les bords du Rio das Velhas; cependant, comme ceux du Rio Grande étaient, lors de mon voyage, moins déserts et moins malsains qu'autrefois, il paraissait qu'on avait envie de rétablir les choses dans leur état primitif.

Il y avait à peine quelques minutes que j'étais au *quartel* lorsque le commandant reçut l'ordre de partir avec son détachement pour Villa Rica (Ouro Preto), et de remettre le poste à des soldats de la garde nationale (*milicianos*) qui devaient venir de Paracatú. Un de ces derniers était déjà arrivé et avait annoncé les autres. Le commandant fut désespéré de ce changement, qui n'avait d'autre but que de faire participer sa troupe à je ne sais quels exercices. Les militaires du régiment de Minas, ainsi détachés à de grandes distances, ne sont ordinairement changés qu'au bout de quelques années (1819); ils forment des espèces d'établissements, et, quand on les remplace, ils cèdent à leurs successeurs leurs provisions et les objets qui composaient leur ménage. Se fiant sur cette coutume, le commandant du Rio das Velhas avait appelé auprès de lui sa famille, qui était fort nombreuse, et, après avoir formé une plantation, il venait d'en récolter les produits; il trouvait dur d'être forcé de faire, avant le temps, les frais d'un voyage de plus de 100 *legoas* et de tout abandonner sans pouvoir être indemnisé par son successeur, car il allait être remplacé par des gardes nationaux qui, au bout de trois mois, devaient eux-mêmes l'être par d'autres.

Ce n'était point sans quelque raison que cet officier était mécontent; mais les pauvres gens qui allaient prendre sa place avaient, en réalité, bien plus de motifs pour se plaindre. Tous, en effet, étaient des hommes mariés, gens de métier ou agriculteurs, qui avaient à peine de quoi vivre dans leur maison, et pourtant, sans leur accorder aucune indemnité de voyage, aucune solde, quoique ce soit pour leur nourriture, on les obligeait de passer trois mois à plus de 40 *legoas* de chez eux et de faire un service auquel ils n'étaient nullement accoutumés! Ces pauvres gens seront certainement morts de faim, s'ils n'ont pas volé ou si les colons du voisinage ne sont pas venus à leur secours. Cependant la soumission des Brésiliens aux ordres supérieurs était telle à cette époque, qu'aucun des gardes nationaux qui avaient été désignés par leurs chefs n'aura manqué, j'en suis bien sûr, de se rendre à son poste.

Mais quelle triste influence aura eue sur les Indiens ce changement fâcheux! Ils devaient naturellement trouver des protecteurs dans les militaires du régiment de Minas, gens bien élevés, pleins de raison, accoutumés à la discipline, étrangers au pays. Les miliciens, au contraire, hommes grossiers, ignorants, imbus de préjugés, comme le sont, en général, les colons de la *comarca* de Paracatú, et, de plus, dépendants, par leur triste position, des cultivateurs du pays, auront nécessairement soutenu ces derniers contre les habitants des *aldeas*.

Dans les pays déserts où la police devient impossible,

où les lois n'ont presque plus d'action, certains hommes, par leur audace, leur intelligence ou leur fortune, prennent sur leurs voisins un grand ascendant et deviennent de véritables tyrans. Lorsque d'Eschwege arriva, en 1816, dans les *aldeas*, un de ces petits souverains, dont les ordres avaient souvent plus de valeur que ceux du gouverneur lui-même, soumit au colonel allemand un plan qui ne tendait rien moins qu'à chasser peu à peu les Indiens de leur district, afin qu'on pût partager leurs terres entre les Portugais. D'Eschwege repoussa avec indignation le projet qu'on lui communiquait, et assura l'auteur qu'il ferait tout ce qui dépendrait de lui pour en empêcher l'exécution. Mais le départ des militaires de Minas laissait le champ libre à ce personnage, et, en 1821, les Indiens de la partie du district privilégié, située entre le Rio das Velhas et le Rio Grande, adressèrent une requête à l'administration pour se plaindre de ce que les Portugais, à la tête desquels était l'homme dont je viens de parler tout à l'heure, les chassaient de leurs terres (1).

Comme, en arrivant au Rio das Velhas, je n'avais fait que passer par l'Aldea de S. Anna, j'y retournai le lendemain.

Cet *aldea* a été bâti dans les *campos*, sur une colline au bas de laquelle coule un ruisseau dont les eaux vont se réunir au Rio das Velhas; il se compose d'une trentaine de maisons très-petites, presque carrées et couvertes en

---

(1) *Brasilien die Neue Welt*, I, 94.— Je ne serais pas fort éloigné de croire que l'on trouverait, dans les villages de France, plus d'un maire ayant quelque ressemblance avec les petits tyrans des contrées désertes du Brésil.

chaume. Les unes sont dispersées sans aucun ordre sur la colline; les autres bordent une place carrée dont l'un des côtés est formé par l'église, qui est très-petite (1). Les murs des maisons sont construits avec de la terre d'un rouge foncé; mais celui du devant est revêtu d'un crépi fait avec une autre terre d'un gris foncé.

Les traditions uniformes des Indiens-Bororós attribuent aux jésuites la première fondation de l'Aldea de Santa Anna (2), et, suivant les mêmes traditions, ce village fut originairement habité par des Indiens de la côte. A ceux-ci Antonio Pires de Campos réunit, comme on l'a vu plus haut, quelques Indiens Carajás et Tapirapés, habitants des bords de l'Araguaya, au nord de la province (3). Cette po-

(1) Ici je ne suis point d'accord avec M. d'Eschwege, car il la dit assez grande.

(2) Il est impossible que cette tradition ne soit pas fidèle. Si, en effet, les jésuites n'avaient pas habité le pays, comment les pauvres Indiens du Paranahyba, si ignorants, si étrangers à ce qui se passait dans le monde, auraient-ils pu savoir qu'il avait existé des jésuites? comment se seraient-ils avisés d'imaginer une fable qui leur était évidemment plus nuisible qu'utile, puisqu'elle tendait à leur ôter toute espèce de droits sur l'Aldea de Santa Anna.

(3) C'est Eschwege qui donne ces noms (*Bras.*, I, 82), et bien certainement il les tenait des Indiens; car il a imprimé son journal tel qu'il l'a écrit sur les lieux, et il est évident qu'il n'a fait aucune recherche historique. Ici, par conséquent, je trouve encore une preuve de la vérité des traditions du pays; car ses habitants n'auraient certainement pas connu l'existence des Carajás et des Tapirapés, si ceux-ci n'étaient venus parmi eux. Il ne faut pas, sans doute, adopter les traditions sans examen; mais il y a des cas où elles méritent certainement plus de confiance que des récits écrits légèrement ou avec partialité. L'histoire de l'*inconfidencia* (révolte) de Minas, que j'ai tracée d'après les traditions des Mineiros les plus éclairés, doit, je crois, être considérée comme étant plus digne de foi (*Voyage dans les provinces de Rio de Janeiro*, etc., I, 202) que celle qu'a imprimée Southey en consultant des pièces offi-

pulation mélangée mourut, se dispersa ou se fondit parmi les descendants des Bororós, et, en 1775, on la remplaça par un certain nombre de Chicriabás, nation qui vivait dans les déserts du Parannán et s'était étendue jusque sur les rives du S. Francisco, dans la partie septentrionale de Minas (1).

Lorsque j'arrivai à l'*aldea*, les hommes étaient tous dans leurs plantations ; je n'y vis que des femmes. La plupart me parurent de race américaine pure ou presque pure. Elles ne portaient rien sur leur tête ; tout leur vêtement consistait en une jupe et une chemise de coton fort sale : la chemise manquait même à plusieurs d'entre elles. Ces femmes sont très-fécondes ; mais un très-grand nombre d'enfants meurent probablement faute de soins.

Rien n'est hideux, à mon avis, comme une Indienne qui a passé le temps de la jeunesse. Qu'on se figure un cou

cielles fournies par les juges des malheureux qui furent condamnés dans cette circonstance.— Je dois faire observer, afin d'éviter toute confusion, que, en indiquant la patrie de ces deux tribus, Eschwege a écrit Uraguay pour Araguaya.

(1) On a vu ailleurs que les aventuriers paulistes qui, un peu avant 1712, se répandirent sur les bords du Rio de S. Francisco, au-dessus ou au-dessous du Capão do Cleto, à environ 11 *legoas* du village de Contendas, dans la province de Minas, y trouvèrent des Indiens qui appartenaient à la nation des Chicriabás ou Xicriabás (voyez mon *Voyage dans les provinces de Rio de Janeiro et Minas Geraes*, II, 396). Pizarro et Cazal écrivent Chacriabás ; je ne sais si ce nom a été usité autrefois quelque part, mais au milieu de ce peuple lui-même on dit *Chicriabás*, et c'est ce même nom qui me fut donné, sur les bords du S. Francisco, par l'excellent capitaine Cleto, dont les traditions de famille remontaient à un siècle. Eschwege, qui a visité comme moi l'Aldea de Santa Anna, n'adopte pas non plus le mot Chacriabás, et, s'il écrit *Xigriabas*, cela tient, sans doute, à ce qu'il était préoccupé de l'erreur qu'il avait commise plus anciennement, en admettant *Coyaz* pour *Goyaz*.

très-court, une énorme tête, un nez épaté, une grande bouche, des joues creuses dont la pommette est très-proéminente, un teint enfumé, enfin une forêt de cheveux noirs et durs qui, presque hérissés au-dessus du front, retombent en longues mèches sur le derrière et les côtés de la tête, et l'on aura à peine une idée de la laideur de ces pauvres créatures, laideur que ne déguise aucune apparence de parure.

Beaucoup moins mélangés que les habitants du Rio das Pedras, ceux de Santa Anna ont, à ce qu'il paraît, conservé tout le caractère des Indiens. On a, me disait le commandant, beaucoup de peine à les faire travailler, et souvent leur apathie les réduit à souffrir de la faim. La culture des terres est un travail de prévoyance, et les Indiens n'en ont point; leurs dispositions naturelles, qui les portent à vivre au jour le jour, presque comme les animaux, en font nécessairement des chasseurs ou des pêcheurs.

La langue des Chicriabás ne se parle déjà plus dans le village de Santa Anna; cependant, lors de mon voyage, elle était encore sue de quelques-uns de ses habitants. Le commandant du Rio das Velhas, auquel je témoignai le désir d'avoir quelques mots de cette langue, me dit que je ne pouvais mieux faire que de m'adresser, pour cela, à une femme appelée DONA MARIA ROSA, qui surpassait en intelligence tous ceux de sa nation. Lorsque j'arrivai à l'*aldea*, un blanc qui y demeurait depuis trois mois m'offrit de me conduire chez cette femme : c'était un de ces vagabonds (*vadios*) qui, pleins de jeunesse et de force, passent leur temps dans l'oisiveté et vivent aux dépens des autres. Dans une chaumière qui n'avait pas d'autres meubles que quelques bancs de bois, mais qui, d'ailleurs, était d'une propreté extrême, je trouvai une Indienne d'une quarantaine d'années, encore fraîche, pleine d'embonpoint et de santé, qui filait du coton. Bien différente des autres femmes de l'*aldea*, Dona Maria Rosa était vêtue très-proprement; elle portait une jupe d'indienne, et ses cheveux étaient enveloppés dans un mouchoir de madras. Elle me reçut avec beaucoup de politesse; mais, pendant longtemps, elle s'obstina à soutenir qu'elle avait entièrement oublié sa langue. Cela n'est pas possible, lui dis-je; car vous l'avez parlée, il n'y a pas encore trois ans, devant le lieutenant-colonel d'Eschwege. — Dans ce temps-là, je me rappelais encore quelques mots; mais, aujourd'hui, j'ai tout oublié. Comment savez-vous, d'ailleurs, que j'ai parlé ma langue devant le lieutenant-colonel? — Parce qu'il l'a raconté à plusieurs personnes. — Voyez comme mon nom court le monde, et, s'il arrive quelques malheurs à l'*aldea*, c'est moi que les autres Indiens en accuseront. Pourquoi voulez-vous donc absolument connaître ma langue? — C'est uniquement par curiosité; c'est par le motif qui vous a portée vous-même à me faire des questions sur différentes choses que vous ignoriez encore. — Ce sont là de ces raisons par lesquelles les blancs trompent les pauvres gens comme nous. Je sais la vérité. Un de mes compères, qui était hier au poste, m'a dit qu'on y avait beaucoup parlé de moi et que l'on voulait s'assurer si je parlais encore la langue, pour ensuite m'emmener bien loin; mais je ne sais rien et ne dirai rien. — Voyant que toutes mes peines étaient inutiles, je montrai un collier de fausses perles et je promis de le donner si l'on consentait à parler. Le collier fut trouvé charmant, et je vis qu'on en avait la plus grande envie. On se défendit cependant encore pendant quelques minutes, et ensuite on me demanda à me parler en particulier. Nous sortîmes sur la place, et Dona Maria Rosa me dit qu'elle voulait bien m'apprendre quelques mots de sa langue, mais à condition que ce ne serait pas devant le Portugais-Brésilien qui m'avait conduit et que personne n'en saurait rien. Étant rentré dans la chaumière, je fis encore quelques instances pour la forme et je finis par dire que, puisqu'on ne voulait pas avoir pour moi la moindre complaisance, j'allais m'en aller et que j'emporterais mon collier. Débarrassé du Portugais par cette petite supercherie, je retournai chez Dona Maria Rosa, qui me témoigna encore les mêmes inquiétudes et la même défiance. — Mais, lui dis-je, si vous avez quelque chose à craindre, ce n'est pas de moi, qui suis encore plus étranger ici que vous-même. Ma prononciation, mes traits, la couleur de mes cheveux vous montrent assez que je ne suis point portugais : que puis-je vous faire dans un pays qui n'est pas le mien et où je n'ai aucune autorité? Dona Maria Rosa se décida enfin à parler; mais toujours à condition que je n'en dirais rien à personne, et, lorsque quelque autre Indienne s'approchait de la chaumière, elle s'interrompait, afin, me répétait-elle, que, s'il arrivait quelque malheur à l'*aldea*, ses compatriotes ne l'en accusassent point. Cette petite scène, que je rapporte ici avec la plus grande fidélité, prouve combien les pauvres Indiens se méfient des Portugais, et il faut convenir que tout ce qui s'est passé depuis trois siècles montre qu'ils sont loin d'avoir tort.

Aux vocabulaires indiens que j'ai insérés dans mes différentes relations, j'ajouterai encore ici celui de la langue des Chicriabás :

Soleil, *stacró.*
Lune, *ua.*
Étoiles, *uaïtemuri.*
Terre, *tica.*
Eau, *ku.*
    (L'*u* participe un peu de l'*eu* français.)
Homme, *ambá.*
    (L'*a* final très-sourd.)
Femme, *picon.*
Enfant, *aïcuté.*
Fille, *debá.*
Garçon, *aïmaman.*
Homme blanc, *oradjoïca.*
Nègre, *oradjura.*
Indien, *oïpredé.*
Tête, *dacran.*
    (*An*, dans ce mot et les autres, a un son sourd intermédiaire entre *a* et *an* français.)
Cheveux, *dajahi.*
Yeux, *datoman.*
Nez, *dascri.*
Bouche, *daïdaua.*
Oreilles, *daïpocri.*
Poitrine, *daputú.*
Ventre, *dadu.*
Bras, *dapá.*
Pied, *daprá.*
Mains, *dajipcra.*
Cheval, *soujari.*
Cerf, *pó.*
    (*O* très-ouvert.)
Tapir, *cutó.*
    (*O* très-sourd.)

Chique, *cracutí*.
Poisson, *tupe*.
Plume, *sidarpí*.
Viande, *ponnhi*.
  (Prononcez comme s'il y avait, en français, *pongni*.)
Arbre, *odé*.
  (Prononcez l'*e* comme l'*é* fermé français.)
Feuille, *deçu*.
Fruit, *decran*.
Écorce d'arbre, *odéu*.
  (*E* fermé et *eu* long.)
Grand, *aïmoapté*.
Petit, *aïcuté*.
Joli, *dapsíde*.
Rouge, *oïpredé*.

Après avoir écrit ces mots sous la dictée de Dona Maria Rosa, je les lus tous devant elle, en la priant de m'indiquer ce qu'ils voulaient dire en portugais, et, comme elle m'en donna la signification telle que je l'avais d'abord écrite, je ne puis avoir aucun doute sur leur exactitude (1).

(1) M. d'Eschwege a inséré, dans le *Brasilien die neue Welt*, un petit vocabulaire qui lui a été également communiqué par Dona Maria Rosa. Les différences qui se trouvent entre le sien et le mien ne sont en partie qu'apparentes et proviennent certainement de la prononciation allemande. Ainsi M. d'Eschwege écrit *d'Aïpogri* et *d'Asigri*, au lieu de *daïpocri* et *dasicri*, craignant, sans doute, de tomber dans la faute qu'il avait faite en écrivant *Coitacazes* et *Coyaz* pour Goitacazes et Goyaz; s'il rend par *ang* les sons que j'exprime par *an*, c'est que les Allemands n'ont pas d'autre moyen pour peindre la prononciation de notre *an*; enfin, comme Pohl, il emploie les lettres *sch* quand il veut exprimer un son semblable au *j* français ou portugais, parce que ce dernier son ne se retrouve pas dans la langue allemande, etc. Le mot *atomong*, que d'Eschwege indique pour *ventre*, diffère singulièrement, il est vrai, de *dadu* que j'ad-

Comme pour tous les autres vocabulaires que j'ai publiés jusqu'à présent, je me sers ici de l'orthographe portugaise, plus simple que la nôtre, plus conforme à la prononciation et qui peint mieux certains sons appartenant aux dialectes indiens, tels que les voyelles nasales représentées, en portugais, par *im*, *um*, *ão*, etc. (1).

La langue des Chicriabás, comme celle des Coyapós et toutes les autres langues indiennes, se prononce de la gorge, la bouche presque fermée et sans remuer sensiblement les lèvres. Il est fort remarquable que tant d'idiomes, absolument différents les uns des autres, se prononcent tous, sinon dans les détails, au moins dans leur ensemble, d'une manière uniforme. Une foule de circonstances peuvent avoir déterminé les différences qui existent entre les langues des diverses peuplades indigènes, et, si ces mêmes circonstances n'ont point également influé sur la prononciation de ces langues, c'est sans doute que celle-ci est, chez la race indienne, le résultat de quelques nuances dans la structure des organes de la voix, comme d'autres nuances caractérisent d'une manière générale la physionomie de toute cette race.

On ne peut juger une langue par une quarantaine de mots ; cependant le petit nombre de ceux de l'idiome chicriabá que j'ai transcrits plus haut semblerait prouver qu'il est éminemment systématique. En effet, les expressions qui représentent des idées de même ordre commencent ou

---

mets, comme d'*Anhocrutú* diffère de *daputú* ; mais l'épreuve que j'ai faite et que j'ai rapportée plus haut ne me permet guère de croire que j'ai commis quelque erreur.

(1) Voyez ce que j'ai dit à ce sujet au chapitre XXI intitulé, *Les Indiens Coyapós*.

finissent de la même manière. Les mots *aïcuté* et *aïmoapté*, qui indiquent la grandeur, commencent par *aï* et se terminent par *té*; ceux qui qualifient la beauté et la laideur finissent par *dé*; les mots qui représentent les parties du corps commencent tous par *da* (1). Les syllabes *orad* sont tout à la fois les premières du terme dont on se sert pour désigner l'homme blanc et de celui qui désigne le nègre; la syllabe *dé* se trouve à la fin du mot *odé*, arbre, et revient dans tous les mots qui expriment les diverses parties d'un arbre. Le mot *uaïtemuri*, étoile, est évidemment un composé d'*ua*, lune; la syllabe *ku* revient à la fin des deux mots *kuptaku* et *uku*, qui, dans le vocabulaire de d'Eschwege, désignent de grands animaux, le premier un bœuf, le second un jaguar; enfin les mots *amiotsché* et *notsché* du même vocabulaire (probablement pour *amiotjé* et *notjé*), qui finissent également par *otsché* ou plutôt *otjé*, s'appliquent à deux végétaux comestibles, le premier à la banane, le second au maïs.

Il était presque nuit lorsque, après avoir quitté Dona Maria Rosa, j'arrivai à la douane. J'allai me promener sur le bord du Rio das Velhas. Je pouvais encore découvrir le

(1) M. d'Eschwege écrit ces mots par un *d* avec une apostrophe suivie d'une majuscule, par exemple *d'Apra*, *d'Aïpogri*, et, par conséquent, il est clair qu'il a considéré comme un article la lettre initiale; mais, dans ce cas, la singularité que je signale existerait toujours, puisque alors les mots qui désignent les diverses parties du corps commenceraient tous par *a*. On dira peut-être que c'est la syllabe *da* tout entière qui doit être l'article; alors je demanderai comment il se fait que Dona Maria Rosa ait dicté avec l'article les seuls mots qui expriment les parties du corps, et qu'elle l'ait négligé pour tous les autres; comment il se fait, enfin, qu'elle ait reproduit exactement la même anomalie en dictant à d'Eschwege, et, trois ans plus tard, en me dictant à moi-même.

paysage que j'ai décrit plus haut; le temps était couvert, un calme parfait régnait dans la nature, et j'eus le plaisir d'entendre encore une fois cette voix confuse du désert qui ne résonne que dans les bois vierges et sur le bord des grandes rivières. L'eau mugissait avec monotonie en s'échappant entre les bancs de rochers; à ce bruit de nombreuses cigales mêlaient leurs chants aigus, plusieurs espèces de batraciens faisaient entendre à la fois leurs divers coassements, et, au milieu de ces sons variés et confondus, des engoulevents (*caprimulgus*) laissaient distinguer bien clairement les syllabes *coriangou*, qui leur ont valu le nom qu'ils portent dans le pays (*coriangú*).

Ayant passé un jour au Rio das Velhas, je voulus me remettre en route; mais il fallait d'abord traverser cette rivière: les hommes la passent dans d'étroites pirogues, et l'on force les chevaux et les mulets de se mettre à la nage. Cette ennuyeuse opération me prit un temps considérable, et, ce jour-là, je ne pus faire que 1 lieue portugaise.

Je traversai d'abord l'étroite lisière de bois qui borde le Rio das Velhas, puis j'entrai dans des *campos* où le terrain, d'abord montueux, finit par n'être plus qu'ondulé. Tout ce canton n'est pas fort éloigné de deux villages importants, Araxá et Desemboque; les pâturages y sont excellents, et l'on assure que, à 5 *legoas* du lieu où je fis halte, il existe des eaux minérales semblables à celles d'Araxá (1). On ne doit donc pas s'étonner que les Portugais et le petit tyran dont j'ai parlé enviassent ce coin de terre aux Indiens; mais on a le cœur serré quand on songe

---

(1) Voyez le chapitre XII intitulé, *Le village d'Araxá et ses eaux minérales*.

qu'on ne veut pas même laisser quelques lieues à ces hommes qui furent, il y a si peu de temps encore, les maîtres de l'Amérique entière.

Pour la première fois depuis plusieurs mois, il était tombé un peu de pluie la veille de mon départ du *registro* (12 septembre); aussi, pendant la lieue que je fis au delà de cet endroit, je fus beaucoup moins incommodé de la poussière que je ne l'avais été les jours précédents.

Je fis halte à une petite maison que l'on appelle *Sitio da Rocinha* et qui est située dans un fond, au-dessus d'un ruisseau du même nom (*Ribeirão da Rocinha*, le torrent de la petite plantation) (1). Ce ruisseau prend sa source, m'a-t-on dit, à peu de distance du *sitio* et se jette, auprès de la douane, dans le Rio das Velhas. Aux environs du *sitio*, on le voit tomber successivement sur plusieurs plans de rochers; il forme ainsi une très-jolie cascade qui peut avoir, par approximation, de 20 à 25 pieds; ensuite il fuit, entre des bois, dans un ravin étroit et assez profond.

José Marianno était arrivé avant moi à Rocinha; on lui avait permis de s'installer dans la grange, et je trouvai mes malles et mes effets placés sur des épis de maïs, où le moindre mouvement les faisait remuer. Je ne fus pas

---

(1) Ce nom, comme on peut le voir dans ma *première relation* (I, 86 et suiv.), est celui de plusieurs des habitations, *vendas* ou *ranchos* de la grande route de Rio de Janeiro à Minas (*Rocinha da Negra, Rocinha de Simão Pereira, Rocinha de Queiroz*, etc.), et il n'est pas étonnant qu'il se soit multiplié, car un grand nombre d'établissements ont dû nécessairement commencer par une petite plantation. Un voyageur moderne a retrouvé (SUZANNET, *Souv.*) le nom de Rocinha à Minas Novas, près la *Serra do Gram Mogol*, sur laquelle aucun voyageur n'avait, si je ne me trompe, donné de détails avant lui; mais, au lieu de *Rocinha*, il a écrit *Rocinhia*, mot qui n'appartient pas à la langue portugaise.

aussi mal logé ; le propriétaire du *sitio*, qui était fort honnête, laissa mettre mon lit dans sa maison.

Cet homme, établi peu de temps auparavant dans les environs du village de Bom Fim, était venu, je ne sais à quel titre, se fixer parmi les Indiens ; il trouvait, me dit-il, plus avantageux d'habiter ce canton, où le débit des denrées est plus facile qu'à Bom Fim, le sel moins cher et les pâturages excellents. Il avait eu raison, sans doute, de quitter son premier domicile ; mais, dans l'intérieur, il n'est pas un très-grand nombre de cultivateurs, surtout parmi les pauvres, qui, pour un motif quelconque, n'aient transporté leur établissement, au moins une fois, d'un endroit dans un autre, et souvent à des distances considérables. Cette inconstance n'est point particulière aux Brésiliens ; tous les hommes sont mécontents de leur sort, et, si ailleurs on ne change point de place comme au Brésil, c'est qu'on ne peut pas changer, parce que toutes les places sont prises (1).

A peine étais-je arrivé au Sitio da Rocinha, que la pluie commença à tomber ; elle continua le lendemain, et je ne pus partir. Nous n'entrâmes réellement dans l'hivernage qu'une dizaine de jours plus tard ; mais ces pluies étaient le premier signal du réveil de la nature : les oiseaux et les

---

(1) C'est peut-être de ces changements de domicile, déjà indiqués dans ma *première relation*, que veut parler un voyageur français lorsque, dans un passage de son livre dont on s'est beaucoup plaint à Rio de Janeiro, il semble chercher à faire croire que les Mineiros mènent une vie nomade, à peu près semblable à celle des Bédouins ou des Tartares (*Minerva*, 1843, 718. — Suz., *Souv.*, 280). M. d'Eschwege, en général extrêmement sévère pour les Brésiliens, l'est encore plus, sur ce point (*Bras.*, I, 41, 50), que le voyageur français.

mammifères allaient quitter les fonds où ils se tenaient cachés et se répandre dans toute la campagne; des insectes brillants devaient bientôt orner les forêts; les *campos* grisâtres et desséchés allaient reverdir, les arbres échanger quelques feuilles rares et jaunâtres contre une parure nouvelle; j'allais revoir des fleurs. Mais ce voyage devenait si pénible, il était accompagné de tant de tracasseries, que je restai presque insensible à la certitude du changement qui était sur le point de s'opérer. J'avais cruellement souffert de la sécheresse; je devais souffrir encore davantage des pluies qui augmentent la difficulté des voyages.

Pendant la journée que je passai au Sitio da Rocinha, mes gens profitèrent, pour chasser, de quelques intervalles de beau temps, et trouvèrent beaucoup de perdrix et une grande variété de petits oiseaux. Mon *tocador* Marcellino avait déjà parcouru tout ce pays; il faisait alors partie d'une *folia* (1) qui avait quêté pendant huit mois pour une fête du S. Esprit. Il me raconta que lui et ses compagnons avaient passé un jour à l'Aldea de Santa Anna pour faire blanchir leur linge, qu'un soldat du poste avait voulu les arrêter sous prétexte qu'ils étaient des voleurs, mais qu'il s'était noyé deux jours après. Le divin Esprit-Saint, ajouta très-judicieusement Marcellino, est un saint qui ne pardonne pas. Ces paroles suffiraient pour montrer combien est étrange l'idée que les hommes d'une classe inférieure se font de la religion catholique, et combien il serait nécessaire qu'on leur donnât quelque instruction (2).

---

(1) Voyez le chapitre XXIV intitulé, *Commencement du voyage de la cité de Goyaz à S. Paul. — Le Mato Grosso*, etc.

(2) Personne, en France, ne tiendrait le même langage que le bon Marcellino. Mais, quoiqu'on y répande l'instruction avec autant de zèle

Le pays compris entre Rocinha et la halte voisine est plat et découvert. En le traversant, je fus frappé du progrès que les petites pluies des trois jours précédents avaient fait faire à la végétation ; la plupart des arbres disséminés dans les *campos* commençaient déjà à se couvrir de feuilles.

Les insectes malfaisants furent, ce jour-là, beaucoup moins incommodes que les jours qui avaient précédé ; mais, depuis quelque temps, les chiques m'avaient mis les pieds en fort mauvais état, et je ne marchais qu'avec beaucoup de peine.

Nous nous arrêtâmes sur le bord du ruisseau d'*Uberava Verdadeira* (1) qui se jette dans le Rio das Velhas. Il y avait, dans cet endroit, une petite chaumière ; mais, comme le vieillard qui l'occupait était atteint d'une maladie contagieuse, je me décidai à coucher dehors.

La nuit du 15 au 14 septembre fut extrêmement froide et la rosée très-abondante. Au lever du soleil, j'étais transi ; mais, quelques heures après, la chaleur devint d'autant plus insupportable que je ne trouvais pas le moindre ombrage. Il fallut cependant passer la journée entière dans

---

que de désintéressement, il y existe une foule de gens qui, uniquement occupés, depuis leur plus tendre enfance, à satisfaire leurs besoins et leurs jouissances matérielles, ne connaissent, en réalité, pas beaucoup mieux leur religion que le *tocador* brésilien.

(1) Je conforme ici mon orthographe à celle qui a été adoptée par Cazal et à la prononciation usitée dans le pays. D'Eschwege et Pizarro écrivent *Uberaba* ; mais on sait qu'on a souvent confondu, dans les noms propres, le *b* avec le *v* : ainsi on a écrit *capibara*, et j'ai toujours entendu prononcer *capivara*. — Au lieu d'*Uberava Verdadeira* et *Falsa*, MM. Milliet et Lopes de Moura ont adopté *Uberava Verdadeiro*, *Uberava Falso*. J'ai cru devoir écrire *Verdadeira* et *Falsa* avec tous les autres auteurs, parce que cette orthographe rend exactement la prononciation des habitants du pays.

cet endroit, parce que mes mulets avaient pris la fuite et qu'on ne put les découvrir que vers le soir.

Je causai beaucoup avec le vieil habitant de la chaumière. On ne voyait chez lui que des gourdes qui lui servaient de vases, quelques pots, et une petite provision de maïs destinée à être vendue aux voyageurs ; cependant ce vieillard paraissait content. Je n'aime pas le bruit, me disait-il ; personne ne trouble mon repos, et je sais ce qui se passe dans le monde par les caravanes qui s'arrêtent ici. Cet homme, il faut le dire, avait sous les yeux bien peu d'objets d'envie ; car il y a une foule de maisons, dans tout ce pays, qui ne sont pas plus riches que la sienne. Il était accoutumé à la solitude, et peut-être attendons-nous notre journal, dont une fête nous a privés pendant un jour, avec plus d'impatience qu'il n'en éprouvait lorsque, après une interruption de six mois, il attendait les premières caravanes.

L'époque approchait où le mauvais temps allait les empêcher de marcher ; mais, pendant que j'étais à Uberava, il en arriva une qui était très-considérable. Elle appartenait à un cadet de la compagnie des dragons de Goyaz, qui la conduisait lui-même. Le goût des Brésiliens de l'intérieur pour le commerce et surtout pour le brocantage est général ; ils ignorent qu'une profession, très-honorable sans doute lorsqu'elle est exercée avec intelligence et probité, n'est pourtant pas compatible avec d'autres dont le but est entièrement différent (1) : à Goyaz, en particulier,

(1) Naguère on avait, en France, pour toutes ces choses, un sentiment exquis de délicatesse. Ce qui se passe chez nous depuis six ou sept ans prouve que, sous ce rapport, nous commençons à nous rapprocher beaucoup des Goyanais.

on est tout à la fois prêtre et marchand, militaire et marchand, et l'on ne soupçonne point qu'il puisse y avoir en cela quelque inconvenance.

La nuit du 14 au 15 fut encore plus froide que la précédente, et, quoique mes gens m'eussent construit une petite baraque, il me fut presque impossible de dormir. Il était fort tard lorsque l'on trouva mes mulets; il y avait alors trois ou quatre heures que j'étais exposé à un soleil brûlant, et, lorsque nous partîmes, je souffrais déjà beaucoup des nerfs. Tout le reste de la journée fut très-pénible; la chaleur était excessive; l'ardeur du soleil augmentait mon mal de pied; je souffrais également beaucoup de la main gauche, où une chique mal extraite avait produit une petite plaie; enfin la mauvaise humeur de José Marianno ajoutait encore à ces misères.

Entre Uberava et *Tijuco*, dans un espace de 5 *legoas*, nous traversâmes la plaine la plus égale que j'eusse encore vue depuis que j'étais au Brésil : la terre y est un peu sablonneuse, et presque partout il n'y croît qu'une herbe peu fournie.

La petite *fazenda* de *Tijuco* (1), où nous fîmes halte, est bâtie, dans un fond, sur le bord d'un ruisseau. Auprès de

---

(1) Ce nom, comme je l'ai dit ailleurs, dérive du mot *tyjuca* (boue), qui appartient à la *lingoa geral*. D'Eschwege et Pizarro se sont donc rapprochés de l'orthographe primitive quand ils ont écrit *Tijuca;* mais ce n'est pas ainsi qu'on prononce dans le pays et qu'a écrit Cazal. L'étymologie a réellement été conservée dans le nom d'une montagne voisine de Rio de Janeiro; elle s'est altérée dans l'un de ceux d'un des deux ruisseaux qui coulent à S. João d'El Rei et dans l'ancien nom du chef-lieu du district des diamants (aujourd'hui Cidade Diamantina). J'ai à peine besoin de dire qu'il ne faut pas, avec un moderne (Suz., *Souv*, 332), écrire *Tejucco*.

cette habitation se trouvait un *rancho*, où nous nous établîmes, mais qui était déjà presque entièrement occupé par une caravane allant de S. Paul à Cuyabá. Cet usage de se placer ainsi sous un hangar sans rien dire au maître de la maison et de partir ensuite, souvent sans l'avoir vu, a l'inconvénient de priver de renseignements utiles le voyageur qui cherche à s'instruire, et de le laisser à la fatigante société des *camaradas* (nom que l'on donne aux hommes d'une classe tout à fait inférieure, qu'on loue pour faire, dans les voyages, le service des mulets ou tout autre service).

Mon mal de doigt m'empêcha de dormir toute la nuit, et j'étais horriblement fatigué lorsque nous partîmes. Je cheminais tristement, souffrant des nerfs, du pied, de la main et maudissant les voyages, lorsque José Marianno me rejoignit et me déclara fort brusquement qu'il ne voulait plus chasser ni préparer les oiseaux, et qu'il me quitterait aussitôt que nous serions arrivés à S. Paul. J'ai en horreur les changements de visage; je ne pouvais oublier que cet homme avait été parfait pendant quelques mois; enfin je savais que, dans tout le Brésil, je ne trouverais peut-être personne qui me fût aussi utile pour l'histoire naturelle et qui, en même temps, soignât aussi parfaitement une troupe de douze mulets. Après de longs pourparlers, je le déterminai enfin à rester avec moi et j'augmentai la rétribution, déjà très-considérable, que je lui avais accordée jusqu'alors; je prenais le meilleur moyen pour le rendre plus exigeant et plus maussade.

Au delà de Tijuco, le terrain n'est point égal comme auparavant (1); il devient même très-montueux, et partout il

---

(1) Cazal, dans le livre duquel on trouve tant de choses, parle de la

est semé de pierres ; les hauteurs et le flanc des mornes présentent des pâturages où s'élèvent çà et là de petits arbres ; les vallées sont couvertes de bois ; dans les fonds marécageux, on voit des *boritys* s'élever au milieu d'une herbe épaisse.

Nous fîmes halte au lieu appelé *Lanhoso* (nom d'homme), où, dit-on (1), il existait autrefois une aldée. Je n'y vis qu'un *rancho* et deux misérables chaumières habitées par des Indiens descendant des Bororós ; mais ces bonnes gens me dirent qu'ils avaient des parents établis dans le voisinage.

Au delà de Lanhoso, le pays redevient plat et présente d'excellents pâturages presque entièrement découverts, parsemés de bouquets de bois. L'ensemble de ce pays rappelle l'aspect de la Beauce telle qu'elle se présente après la moisson ; les pâturages où l'on n'a pas encore mis le feu ressemblent aux guérets couverts de chaume, les *capões* aux petits bois appelés remises, les *queimadas* aux pousses nouvelles des prairies artificielles. On peut, avec plus de raison encore, comparer ce canton aux *campos* découverts du Rio Grande (*comarca* du Rio das Mortes) (2), et je retrouvai ici, pour la première fois depuis la Serra da Ca-

---

plaine fort remarquable de l'Uberava (*Corog.*, I, 351) ; mais on voit qu'elle ne s'étend pas, comme il le dit, de l'*Uberava Verdadeira* à l'*Uberava Falsa*, autre ruisseau dont je dirai quelque chose tout à l'heure.

(1) CAZAL, *Corografia Bras.*, I. — PIZ., *Mem. hist.*, IX, 222. — L'origine que le père de la géographie brésilienne attribue à l'*Aldea do Lanhoso* ne s'accorde nullement avec les traditions uniformes et très-récentes des Indiens, que j'ai reproduites dans le chapitre précédent.

(2) Voyez le chapitre IV de cet ouvrage intitulé, *Les campos.* — *Tableau général du canton de Rio Grande.*

nastra, le *capim frecha* qui forme, en grande partie, les excellents pâturages des environs de S. João d'El Rei.

Le majestueux *bority* s'élève encore dans les fonds marécageux; mais j'approchais de sa limite méridionale.

A peu de distance du village de *Farinha Podre* (la farine pourrie), où je fis halte, je passai une petite rivière appelée *Uberava Falsa*, qui cesse d'être guéable dans la saison des pluies et se jette dans le Rio Grande.

Farinha Podre est situé, au milieu des *campos*, dans un large vallon qu'arrose un très-petit ruisseau. Ce village se compose d'une trentaine de maisons éparses çà et là des deux côtés du ruisseau; toutes, sans exception, sont nouvellement bâties (1819); quelques-unes même, lors de mon voyage, n'étaient pas encore achevées; plusieurs sont grandes pour le pays et construites avec soin.

L'église de Farinha Podre est extrêmement petite, basse, sans ornements, comme furent, sans doute, les premiers oratoires des Portugais qui découvrirent le Brésil. A l'époque de mon voyage, elle n'était encore desservie que par un chapelain et dépendait de la paroisse de Desemboque, qui est éloignée de 20 *legoas*; mais les habitants du pays tâchaient d'obtenir du gouvernement central qu'il érigeât leur village en chef-lieu de paroisse (1).

Ce village fut fondé, par des Mineiros, vers l'année 1812. S'avançant toujours du côté de l'ouest, quelques chasseurs de Minas Geraes arrivèrent dans ce canton, où ils trouvè-

---

(1) Cette faveur leur a été accordée depuis. — Il faut bien se donner de garde de confondre la paroisse de Farinha Podre avec celle de la nouvelle ville d'Uberava, comme on pourrait y être induit par un passage de Pizarro. Quoique voisines, elles sont bien distinctes l'une de l'autre.

rent des pâturages excellents, des sources d'eaux minérales, qui, comme celle d'Araxá, pouvaient dispenser le cultivateur de donner du sel à ses bestiaux ; enfin des *capões* nombreux et d'une étendue considérable, où la terre annonçait une grande fertilité. La renommée de ce canton se répandit bientôt dans les *comarcas* de S. João d'El Rei et de Villa Rica (Ouro Preto) ; des hommes qui, comme disent les Mineiros, ne trouvaient plus assez de terre chez eux ou dont les terres étaient épuisées par le mauvais système d'agriculture généralement en usage, prirent des *sesmarias* dans ce pays : on bâtit une chapelle près du ruisseau, et le village se forma.

Farinha Podre est situé, disent les habitants, à plus d'une demi-lieue portugaise de la véritable route de Goyaz à S. Paul, et, par conséquent, hors des limites du territoire des Indiens ; mais, depuis la fondation de ce village, l'ancien chemin a été tout à fait abandonné par les caravanes, et actuellement elles passent par le village même, où elles trouvent plus de facilité pour renouveler leurs provisions.

Les pâturages des environs de Farinha Podre sont tellement bons, que, malgré l'excessive sécheresse qu'il faisait encore lorsque j'étais dans ce village, les *queimadas* étaient couvertes d'une herbe abondante et du vert le plus tendre. Les colons du pays ont su mettre à profit cet immense avantage ; l'éducation des bêtes à laine, des pourceaux et surtout du gros bétail forme leur principale occupation, et plusieurs d'entre eux possèdent déjà 500 et jusqu'à 1,000 bêtes à cornes (1819). Des marchands de Formiga, village dont ils ne sont pas extrêmement éloignés, viennent leur acheter leurs élèves et les envoient ensuite à la capitale du Brésil (1). Les terres de Farinha Podre sont aussi très-favorables à la culture du maïs, de la canne à sucre, des haricots, du coton ; mais, de ces divers produits, le dernier est le seul qui, à cause de la distance considérable qu'il y a encore d'ici aux grandes villes et à la mer, soit un objet d'exportation (2). Lorsque le pays ne sera plus aussi désert, les habitants d'autres cantons moins favorisés viendront s'y pourvoir des denrées qui aujourd'hui trouvent peu de débit, et l'on peut croire que l'heureuse fertilité des alentours de Farinha Podre lui assure, dans l'avenir, des destinées brillantes (3).

Lorsque j'arrivai dans ce village, je présentai mes papiers à un capitaine de milice qui remplaçait le commandant et qui m'installa dans une maison à demi bâtie : elle était ouverte de tous les côtés et à peu près aussi incommode qu'un *rancho* ; mais, du moins, nous avions l'avantage de ne point y être incommodés par les puces pénétrantes.

(1) Voyez le chapitre XII intitulé, *Le village d'Araxá*, etc.
(2) Il paraîtrait, d'après le rapport fait à l'assemblée générale des députés du Brésil, au mois de mai 1847, par le ministre d'État Joaquim Marcellino de Brito (*Relatorio da repartiçao dos negocios do Imperio*, 3), que la culture de la vigne a été essayée dans le voisinage de Farinha Podre.
(3) Depuis que j'ai écrit ce qui précède, je lis le passage suivant dans une note du mémoire de Luiz d'Alincourt : « C'est un plaisir de voir « combien ce village s'est accru de 1818 à 1823. La population de la « paroisse entière s'élève à 2,000 individus en âge de se confesser : on « fait, à Farinha Podre, un commerce considérable ; on y forme des « rues ; les maisons sont en bien plus grand nombre et presque toutes « couvertes en tuiles ; les *sitios* et les *fazendas* se multiplient dans le « voisinage ; une foule de familles sont venues de Minas s'établir dans « ce canton (*Mem. Viag.*, 65). » On ne doit voir ici qu'un déplacement de population ; mais cette fois, du moins, on a bien choisi.

A peine étions-nous à Farinha Podre, que José Marianno se plaignit d'un violent mal de tête ; sa langue était chargée ; il eut de la fièvre et du délire. Je n'avais aucune connaissance médicale ; mais, depuis le commencement de mes voyages, j'avais observé que, dans des cas analogues, un vomitif produisait un heureux effet. Mon malade en prit un et se trouva soulagé.

Je soignais cet homme comme bien peu de domestiques soignent leurs maîtres et ne recevais de lui que des marques de mauvaise humeur. D'un autre côté, mes pieds guérissaient mal et je fus trois jours sans pouvoir sortir. La chaleur, qui était excessive, me faisait beaucoup souffrir, et mon imagination mesurait avec effroi la distance que j'avais encore à parcourir avant d'arriver à S. Paul. Je périssais d'ennui ; Farinha Podre ne m'offrait aucune ressource non-seulement pour la société, mais encore pour les besoins les plus ordinaires de la vie : on y aurait inutilement cherché un cordonnier ou un tailleur.

Je me trouvai un jour de dimanche dans ce village ; le commandant vint à la messe, et sa maison se remplit des cultivateurs les plus aisés du voisinage. Je leur trouvai des manières beaucoup moins honnêtes qu'aux *fazendeiros* des alentours de Villa Rica ; c'étaient à peu près celles qu'avaient, à la même époque, nos bourgeois de campagne ou, si l'on veut, les cultivateurs d'Araxá, de Formiga, d'Oliveira (1). Cette dernière ressemblance n'avait, au reste, rien d'extraordinaire ; car c'était principalement de ces lieux qu'étaient venus les colons des environs de Farinha Podre.

---

(1) Voyez les chap. VII et VIII du premier volume de cet ouvrage.

Marcellino me quitta dans ce village, me donnant pour toute raison qu'il ne voulait pas aller plus loin et m'avouant qu'il n'avait pas le moindre sujet de se plaindre de moi. J'accusais de son départ l'inconstance naturelle aux *camaradas;* mais j'appris, par la suite, que l'état de sa santé lui en avait fait une nécessité. La sagesse n'est pas ce qui distingue cette classe d'hommes.

Il y avait quatre jours que j'étais à Farinha Podre lorsque José Marianno, qui s'ennuyait autant que moi, voulut absolument partir, quoiqu'il ne fût pas encore entièrement rétabli.

Dans un espace de 4 *legoas* de Farinha Podre à *Guarda da Posse*, où je fis halte, je ne rencontrai absolument personne et n'aperçus qu'une pauvre chaumière habitée par des Indiens. Le pays est ondulé, et, quoique la terre soit d'un rouge foncé, la végétation, contre l'ordinaire, se montre fort maigre. La poussière, par sa couleur, salit horriblement le linge et les habits. Les *borrachudos* continuaient à être très-incommodes.

Le *pequi* (*Caryocar brasiliensis*, ASH., Juss., Camb.) croît dans presque tous les *campos* que je parcourais depuis longtemps; mais, nulle part, je ne l'avais trouvé en grande abondance : entre Farinha Podre et Guarda da Posse, il devient très-commun; en revanche, on n'aperçoit plus de *Qualea*. Je me rapprochais des contrées méridionales; la végétation commençait à offrir quelques différences.

Guarda da Posse (la garde de la prise de possession) (1),

---

(1) Il ne faut pas confondre ce lieu avec le *Sitio da Posse* dont j'ai

où je m'arrêtai, comme on vient de le voir, est un poste militaire. J'ai déjà dit que la douane (*registro*) avait été placée au Rio das Velhas, parce que le Rio Grande, véritable limite de la province de Minas, est extrêmement insalubre; cependant, comme il y a encore entre ces deux rivières une distance très-considérable (17 *legoas*), on avait établi à Posse une garde qui veillait à ce que la contrebande ne se fît pas dans l'intervalle. On y donnait aux négociants un état (*guia*) des marchandises avec lesquelles ils passaient de la province de S. Paul dans celle de Minas, et ils étaient obligés de le présenter plus loin, afin qu'il fût bien constaté qu'ils n'avaient rien vendu depuis Posse jusqu'au Rio das Velhas.

Le poste se composait d'un cadet et de deux soldats détachés de la garde du Rio das Velhas : ces militaires me reçurent parfaitement et me logèrent aussi bien que le permettait l'extrême petitesse du local.

Le jour de mon arrivée à Posse, le temps était couvert; le lendemain (25 septembre), il tomba de la pluie, et je ne pus me remettre en route.

J'ai déjà dit que les Brésiliens de l'intérieur, lorsqu'ils sont malades, ont souvent recours à des paroles et à des remèdes sympathiques. Je vais en donner un exemple. Pendant que nous étions à Posse, José Marianno se plaignit d'avoir mal aux dents ; voici le remède qu'on employa pour le guérir. On demande au malade : Qu'est-ce qui vous fait mal? Il répond : La tête, la main, la dent, suivant la partie qui est affectée. — Eh bien, elle ne vous fera plus de

---

parlé plus haut et qui se trouve à quelques lieues du village de Santa Cruz.

mal ; et l'on écrit un A majuscule. On répète la même question ; le malade fait la même réponse : on réplique de la même manière, et l'on écrit un R majuscule après avoir coupé l'A d'un trait (⩍). En continuant toujours ainsi, on trace successivement les lettres ARTEFA, et l'on recommence jusqu'à ce que le malade dise qu'il ne souffre plus. Au bout d'un certain temps, José Marianno le dit par politesse, mais son mal ne diminua point (1). Je ne serais cependant pas étonné que, dans certains cas, quelques malades eussent été guéris, au moins momentanément, par le pouvoir de l'imagination.

Il y avait à Posse un nombre prodigieux de puces pénétrantes (chiques, *bichos do pé*), et, comme j'avais appris à mes dépens combien il peut résulter de mal de leurs piqûres, j'étais sans cesse occupé à visiter mes pieds, afin d'en arracher ces insectes avant qu'ils s'y enfonçassent tout à fait. Mes pieds étaient alors presque guéris ; mais j'avais l'index de la main gauche en fort mauvais état : une chique s'était enfoncée entre l'ongle et la chair ; on n'en avait tiré que la moitié, et il s'était formé un mal blanc tout autour de l'ongle. A Posse, on me tira avec beaucoup de peine une autre chique de l'index de la main droite, et je

(1) M. Gardner raconte qu'un *fazendeiro* de la Serra dos Orgãos, près de Rio de Janeiro, prétendait guérir les hommes et les animaux des morsures venimeuses, en leur faisant avaler cinq petits morceaux de papier roulés comme des pilules, sur chacun desquels était écrit un des mots magiques bien connus, *Sator, Arepo, Tenet, Opera, Rotas* (*Travels*, 53). On peut assurer, sans courir le risque de se tromper, que les serpents dont la morsure avait été guérie par ce moyen n'appartenaient pas à des espèces bien dangereuses. Au reste, il n'est pas nécessaire d'aller en Amérique pour trouver des exemples de pareilles superstitions ; il suffit de parcourir les villages de France.

voyais l'instant où j'allais être privé de pouvoir écrire. Tous les désagréments se réunissaient pour rendre ce voyage insupportable : souvent je manquais des choses les plus nécessaires à la vie; je ne trouvais point de plantes; rien ne venait me distraire; je succombais sous le poids de l'ennui.

Le jour de mon départ de Posse (24 septembre), je fus pourtant moins malheureux; je traversai un charmant pays, ce qui ne m'était pas arrivé depuis bien longtemps.

Après avoir quitté le poste, j'entrai dans un *campo* où la terre est très-bonne et d'un rouge foncé. Là se trouvent la plupart des arbres qui caractérisent les *taboleiros cobertos*; mais ils ont une vigueur inaccoutumée; ils sont plus élevés qu'ailleurs, plus droits, moins écartés les uns des autres, et entre eux croissent de nombreux sous-arbrisseaux. Les pluies qui étaient déjà tombées, quoique peu considérables, avaient agi sur la végétation de la plupart de ces arbres, et alors ils commençaient à se couvrir de feuilles nouvelles et d'un vert tendre : parmi eux, il était impossible de ne pas distinguer le *socopira*, légumineuse à feuilles ailées, dont les fleurs, d'une couleur de chair charmante, sont disposées en longues panicules. Au milieu de ce joli *campo*, le chemin, toujours parfaitement uni et assez large, décrit d'agréables sinuosités; le voyageur européen croirait presque qu'il parcourt un jardin anglais où l'on se serait plu à rassembler une foule d'arbres contrastant entre eux par leur forme et leur feuillage.

Quand on a fait 1 lieue, le pays change d'aspect. Toujours parfaitement uni, il offre un agréable mélange de pâturages, de petits bouquets de bois épars çà et là et très-multipliés; enfin de terrains marécageux au milieu desquels croissent des *boritys* (*Mauritia vinifera*, Mart.).

Bientôt on parvient au Rio Grande ; mais les bois qui couvrent ses bords ne le laissent apercevoir que par échappée. A cette époque, celle qui précède immédiatement la saison des pluies, cette rivière pouvait avoir la même largeur que la Seine, à Paris, devant le jardin des plantes ; ses eaux coulaient avec majesté, et des hérons blancs comme la neige se promenaient avec lenteur sur les bancs de sable qui s'élevaient de son lit. Quoiqu'on soit arrivé sur le bord du Rio Grande, on est encore loin de l'endroit où on le passe. D'abord, on traverse pendant quelque temps un terrain marécageux et couvert d'herbes qui s'étend, parallèle au fleuve, entre deux lisières de bois, dont l'une borde ses eaux. Le chemin partage ensuite cette dernière, et le voyageur marche sous un berceau de verdure, où, de temps en temps, il aperçoit le fleuve à travers le feuillage des arbres. Les oiseaux, si rares dans les *campos*, sont ici fort communs ; des colombes, des perroquets et une foule de petites espèces voltigent entre les branches, en faisant entendre leur ramage ; le *fura olho*, peu timide, ne change pas même de place à l'approche du voyageur, tandis que les oiseaux-mouches passent et repassent avec rapidité, comme s'ils étaient emportés par le vent.

On suit ce joli chemin dans un espace d'environ 1 lieue portugaise, et l'on arrive à l'endroit où l'on s'embarque pour traverser le fleuve. Là est un *rancho* (1819) couvert en tuiles, ce qui est fort extraordinaire dans ce pays où les toits des hangars destinés au voyageur le sont ordinairement avec du chaume ou des feuilles de palmier. Les hommes traversent la rivière dans une pirogue ; on la fait passer aux animaux et aux marchandises sur une sorte de plancher qui recouvre deux pirogues réunies. Le Rio Grande était encore une des rivières dont le péage avait été concédé, pour trois vies, à la famille de Bartholomeu Bueno Anhanguera, ou, comme l'on dit à tort dans le pays, *Anhanguela,* en récompense de la découverte de Goyaz.

J'ai déjà parlé de l'insalubrité du Rio Grande. Les terrains marécageux qui le bordent sont entièrement couverts d'eau pendant la saison des pluies; ils se dessèchent ensuite peu à peu, et vers les mois d'avril, mai et juin, il s'en exhale des vapeurs pestilentielles qui causent des fièvres malignes et des fièvres intermittentes. L'homme qui recevait le péage pour la famille Anhanguera et habitait une petite maison sur la rive gauche du fleuve me dit qu'il était établi dans ce pays depuis quinze ans et avait été malade dix fois : cette année-là, en particulier, toutes les personnes de sa maison l'avaient été, et elles avaient encore un air languissant et le teint très-jaune. Il s'est cependant opéré quelque amélioration depuis l'époque de la découverte : alors on mourait au bout de peu de temps; aujourd'hui on ne meurt plus, mais on est malade et on languit. Le pays deviendra de moins en moins malsain à mesure qu'on y introduira quelque culture et qu'on le dégarnira des bois qui le couvrent, ainsi que cela est déjà arrivé pour le Rio das Velhas, l'un des affluents du S. Francisco.

Je traversai la rivière le jour même où j'arrivai sur ses bords (24 septembre). De l'autre côté, je n'étais plus sur le territoire privilégié des Indiens (1), ni même dans la province de Minas Geraes; j'avais passé dans celle de S. Paul.

(1) On trouve, dans le livre de d'Eschwege (*Bras. die neue Welt*, I, 93, 94), deux tableaux relatifs à la population des Indiens du district privilégié : l'un qui fut communiqué à l'auteur en 1816 et ne comprend

que les habitants du canton situé entre le Paranahyba et le Rio das Velhas ; l'autre qui embrasse tous les habitants du district et fut envoyé à l'administration, par les Indiens eux-mêmes, en 1821. Comme j'ai cru reconnaître dans le premier des indices d'inexactitude, je me contenterai de copier ici le second :

	Hommes.	Femmes.	Enfants.	Total.
Paranahyba..............	4	3	6	13
S. Domingos.............	27	14	13	54
Rio das Pedras..........	33	31	38	102
Estiva.................	20	23	31	74
Pisarrão...............	11	10	21	42
Boa Vista..............	11	14	30	55
Furnas................	14	9	12	35
S. Anna................	84	90	88	262
Rio das Velhas.........	7	5	8	20
Rocinha...............	3	3	5	11
Uberava...............	2	3	3	8
Tijuco.................	8	8	7	23
Lanhoso...............	5	8	17	30
Uberava Falsa.........	13	15	38	66
Toldas................	5	7	11	23
Posse.................	2	2	4	8
Espinhas..............	5	9	21	35
Rio Grande............	3	3	4	10
	257	257	357	871

On pourrait croire, d'après un passage de l'*Ensayo d'um Quadro estatistico da Provincia de S. Paulo. — S. Paulo* 1839, que le district privilégié des Indiens a été, depuis quelques années, réuni une seconde fois à Goyaz ; car il y est dit « que le district de la ville de Franca, appartenant à S. Paul, confine avec celui d'Uberava, qui fait partie de la province de Goyaz, et que le Rio Grande sert de limite à cette dernière province. » Les auteurs du *Diccionario geographico do Brazil*, qui ont conduit l'histoire très-abrégée de Goyaz jusqu'en 1842, disent aussi que l'Aldea de S. Anna appartient à ce pays ; mais, comme ils ajoutent en même temps que le Paranahyba sert de limite à Goyaz, et que le Pisarrão appartient à Minas Geraes, il est permis de regarder la question comme douteuse. La réunion indiquée par l'*Ensayo* semblera peut-être fort naturelle, si l'on ne consulte que la carte ; mais je ne saurais m'empêcher de la regarder comme un véritable malheur, à cause de l'éloignement où se trouvent le Rio das Pedras, S. Anna, etc., du chef-lieu de Goyaz, le grand nombre d'affaires dont le gouvernement de cette immense province est nécessairement accablé, le peu de forces et de revenus dont il dispose et le triste état dans lequel ses finances, sans doute, l'obligent de laisser les villages des Indiens. (Voyez ce que dit le véridique Gardner de l'abandon où languit l'Aldea do Douro, *Travels,* p. 315-320.)

314 VOYAGE AUX SOURCES

Observations thermométriques faites, en 1819, dans le voyage de Rio de Janeiro à la ville de Goyaz, et de Goyaz à la frontière de S. Paul.

DATES.	MATIN.	DEGRÉS.	LIEUX.	SOIR.	DEGRÉS.	LIEUX.
28 janvier.	6 h.	23 ½	Mandioca.	...	...	...
29 »	...	...	...	...	...	...
30 »	6	17	...	6 ¼	17 ½	Tamarati.
31 »	6	20	Boa Vista; 602 m. de haut.	6	20	Sumidouro.
6 février.	6	17	Porto da Paraquhyba.	2	22	Boa Vista.
7 »	6	17 ½	Forquilha.	6 ½	22	Governo.
8 »	6	17	Joaquim Marcos.	6	26	Forquilha.
9 »	6	17	As Cobras.	7	22	Joaquim Marcos.
10 »	6	17	Arraial do Rio Preto.	4	26 ½	As Cobras.
11 »	6	15	S. Gabriel.	4	25	Arraial do Rio Preto.
12 »	6	13	»	6	22	S. Gabriel.
13 »	6	14	Thomé de Oliveira.	7	22	»
14 »	6 ½—7	12—14	Alto da Serra.	7	21	Thomé de Oliveira.
15 »	5 ½	12 ½	Laranjas.	3	25 ½	Alto da Serra.
18 »	6	15	Vertentes do Sardim.	7 ½	20	Sitio.
19 »	6	15	Tanque; 21° 10' lat. S.	3—8 ½	22—21	Vertentes do Sardim.
20 mars.	6	15	Capão das Flores.	6	19	Chaves.
21 »	6	15	Capitão Pedro.	4—7	20—19	Capão das Flores.
22 »	7	15	Vertentes do Jacaré.	4	20	Capitão Pedro.
23 »	6	15	Oliveira.	4	22	Vertentes do Jacaré.
24 »	6	15	Bom Jardim; 19° 57' lat.	4	20	Oliveira.
25 »	6	11	Formiga.	4	22	Bom Jardim.
1 avril.	6	15	Ponte Alta.	...	...	...
2 »	6	15	Ponte Alta.	4—5—6	22—21—20	Ponte Alta.
4 »	8	16	S. Miguel e Almas.	...	...	...
5 »	8	15	Piumhy.	4—6	21	S. Miguel e Almas.
6 »	6	14 ½	Piumhy.	4	20	Piumhy.
7 »	6	12 ½	...	5—8	20—15	Dona Thomazia.

DU RIO DE S. FRANCISCO. 315

12	6	15	Antonio Dias.	22	4	Geraldo.
13	6	15	Geraldo.	20	6	Geraldo.
14	6 ½	15	Geraldo.	18 ½	6	Geraldo.
15	7	14	Geraldo.	22	4	Manoel Antonio Simões.
16	7	14	Manoel Antonio Simões.	18	6 ½	Paiol Queimado.
18	7	15	Jabuticabeira.	14	8	Jabuticabeira.
19	8 ½	14	Jabuticabeira.	…	…	…
20	…	…	…	12	7	Piripitinga.
27	6—7	10	Araxá.	24	4	Porto do Quebra Anzol.
28	6 ½	11	Porto do Quebra Anzol.	24	3—4	Francisco José de Matos.
29	7	12 ½	Francisco José de Matos.	24	4	Damaso.
30	7	11	Damaso.	24	4	Patrocinio.
1 mai.	7	12 ½	Patrocinio.	24	4	Arruda.
2	7	12	Arruda.	22	5	Leandro.
3	7	12	Leandro.	22	5	Carabandella.
4	7	12 ½	Carabandella.	21	5 ½	Carabandella.
5	7	12	Carabandella.	24—22	5—6	Porto-da Paranahyba.
6	8 ½	14	Porto da Paranahyba.	18	7	Moquem.
7	7 ½	14	Moquem.	22	4	Pilões.
8	7 ½	14	Pilões.	22	5	Pilões.
9	…	…	…	26—22	3—4	Guarda Mór.
10	8	18	Guarda Mór.	21	5 ½	João Gomes.
11	»	…	…	21	5 ½	Guarda de S. Isabel.
13	7	15	João Gomes.	22	2 ½	Paracatú.
15	…	…	…	24	3 ½	Monjolos.
22	…	…	…	24	3	Moinho.
23	6	14	Monjolos; 17° 37' lat.	20	3	Sobradinho.
24	6	11 ½	Moinho.	19	3	Caveira.
25	6	12	Tapera.	18	6	Arrependidos.
26	6 ½	10	Sobradinho.	22—15	2—6	Taipa.
27	6	8	Caveira.	20	3	Taipa.
28	6	10	Arrependidos; 16° 48' lat.	24—18	3—6	Riacho Frio.
29	8	15	Taipa.	24	2	Garapa.
30	6	10	Taipa.	…	…	…
31	6	11	Riacho Frio.	…	…	…
6 juin.	6	9	S. João Evangelista; 16° 49' lat.	20	3	Ponte Alta.
9	6	5 ½	S. Antonio dos Montes Claros.	20	3	Lage.

DATES.	MATIN.	DEGRÉS.	LIEUX.	SOIR.	DEGRÉS.	LIEUX.
10 juin.	6 h.	8	Lage.	3	20	Corumbá.
20				3—6	24—18	Goyabeira.
21 »	6 ½	8	Goyabeira.	2	24	Areas.
22 »	6 ½	8	Areas.	3	21	Lage.
23 »	6 ½	8	Lage.	3	24	Mandinga.
24 »	7 ½	10	Mandinga.	3	23	Ouro fino.
25 »	7	10	Ouro Fino.	3	24	Pouso Novo.
4 juillet.	Au lever du soleil.	12	Areas; 16° 19' lat.	2	23	Gurgulho.
5 »	»	11	Gurgulho.	2	21	Gurgulho.
6 »	»	9	Gurgulho.	2	21	Aldea de S. José.
9 »	»	7	Aldea de S. José.			
10 »	»	5	Tapera.			
11 »	»	5	Rio Fartura.	3	23	Rio Fartura.
12 »	»	7	Porco Morto.	4	20	Rio dos Pilões.
13 »	»	5	Rio dos Pilões.	2	25	Arraial dos Pilões.
14 »				2	25	Arraial dos Pilões.
15 »	»	11	Arraial dos Pilões.	2	25	Rio dos Pilões.
16 »	»	8	Rio dos Pilões.	3	21	Mamoeiros.
17 »	»	8	Mamoeiros.	2	25	Rancho do Guarda Mór.
18 »	6 ½ h.	12	Guarda Mór.	3	26	Dona Antonia.
19 »	Au lever du soleil.	12	Dona Antonia.	3	26	Jacú.
20 »	»	8	Jacú.	3	25	Villa Boa; 16° 19' lat.
29 »	»	12	Areas.	2	26	Coqueiros.
30 »	»	9	Coqueiros.	5	25 ½	Mandinga.
31 »	»	9	Mandinga.	4	25	Manjolinho.
1 août.	»	5	Manjolinho.	3	25	Caveiras.
2 »	»	3	Caveiras.	3	26	Lagoa Grande.
3 »	»	4	Lagoa Grande.	3	24 ½	Gonsalo Marques.
4 »	»	5	Gonsalo Marques.			
8 »	»	13	Joaquim Alves de Oliveira.	3	24	Meiaponte; 15° 50' lat.
9 »				2	23	As Furnas.

DU RIO DE S. FRANCISCO.

Date		Locality	Distance		Temp.	Heures	Arrivée / Notes
10	»		13		23 ½	3	Forquilha.
11	»	Forquilha.	6 ½		23	1	Antas.
12	»	Antas.	8				
14	»	Bom Fim.	8		24 ½	3	Joaquim Dias.
15	»	Pari.	8				
16	»	Joaquim Dias.	8		22 ½	4	Francisco Alves.
17	»	Gregorio Nunes.	8		22	4	Sapesal.
18	»						
19	»	Sapesal.	8				
20	»	Caldas Velhas.	15		22 ½	3	Francisco Alves.
21	»	Caldas Novas.	10		26	3	Sitio Novo; 17° 15' lat.
24	»				25	3	Sitio da Posse.
27	»	Sitio Novo.	12		25	3	Braço do Verissimo.
29	»	Sitio da Posse.	12		25	3	Sitio do Verissimo.
30	»	Braço do Verissimo.	14		25	3	Ribeirão.
31	»	Sitio do Verissimo.	11 ½		25	3	Riacho.
1 septemb.	»	Ribeirão.	11 ½		22	Coucher du soleil.	Porto da Paranahyba.
2	»						
4	»						
6	»	Rio das Pedras.	8		24	4	Estiva.
7	»	Estiva.	12		24	3	Boa Vista.
8	»	Boa Vista.	12		24	3	Furnas.
11	»				15 (temps pluvieux).	3	Rocinha.
13	»	Uberava Verdadeira.	4 ½		18	4	Uberava Verdadeira.
15	»	Tijuco.	12 ½		24	3–4	Tijuco.
16	»	Lanhoso.	12 ½		24	3	Lanhoso.
17	»				26	3	Farinha Podre.
19	»				27	3	Farinha Podre.
21	»				24	3	Farinha Podre.
22	»				22	3	Guarda da Posse.
23	»				19 (temps pluvieux).	3	Guarda da Posse.

NOTA. On peut, pour des détails sur chaque localité, recourir à l'ouvrage.

TABLE DES CHAPITRES

CONTENUS

DANS LE TOME SECOND.

CHAPITRE XVII.

Commencement du voyage dans la province de Goyaz. — Le village de Santa Luzia.................. 1

CHAPITRE XVIII.

S. Antonio dos Montes Claros. — Le village de Corumbâ. — Les Montes Pyreneos. — Le village de Meiaponte........... 20

CHAPITRE XIX.

Les villages de Jaraguá, d'Ouro Fino, de Ferreiro........... 45

CHAPITRE XX.

Villa Boa ou la cité de Goyaz................ 65

CHAPITRE XXI.

Les Indiens Coyapós................ 87

CHAPITRE XXII.

L'or et les diamants du Rio Claro................ 120

CHAPITRE XXIII.

Retour à Villa Boa................ 149

CHAPITRE XXIV.

Commencement du voyage de la cité de Goyaz à S. Paul.—Le Mato Grosso.—Une habitation modèle.—Le village de Bom Fim.... 168

TABLE DES CHAPITRES. 319

CHAPITRE XXV.

Les eaux thermales dites Caldas Novas, Caldas Velhas, Caldas de Pyrapitinga.................. 200

CHAPITRE XXVI.

Le village de Santa Cruz. — Une route très-pénible......... 223

CHAPITRE XXVII.

Encore la province des Mines.—Les Indiens métis du Paranahyba. 248

CHAPITRE XXVIII.

La cascade de Furnas.—Le Rio das Velhas et l'Aldea de Santa Anna. —Le village de Farinha Podre.—Passage du Rio Grande..... 274

FIN DE LA TABLE DES CHAPITRES DU TOME SECOND.

TABLE DES MATIÈRES.

A.

Abeilles, II, 93, 128, 150, 153, 165, 208, 232, 236.
Acanthées, famille de plantes, II, 48.
Acroas, nation indienne, II, 94-96, 112.
Administration, I, 334-337, 364.
Agregados, hommes qui s'établissent sur le terrain d'autrui, II, 99, 100.
Aldeas, villages d'Indiens, I, 333; II, 94, 95, 103.
Aldea. *V.* VALENÇA.
Aldea Maria, village construit pour les Indiens coyapós, II, 98, 121, 124, 126.
Alexandre Pereira e Castro (le *sargento mór*), mineur de Paracatú, I, 280, 291.
Alimentation, II, 72.
Altération des valeurs représentatives, I, 341, 366-368; II, 79.
Alto da Serra, cabane, I, 57, 87.
Amarantacées, famille de plantes, I, 235.
Ameublement, I, 80, 87, 89, 123, 233; II, 15, 69, 104.
Anacardium curatellifolium, espèce d'Acajou, II, 51.
Andaia, espèce de Palmier, II, 26.
Anguilles électriques, II, 133.
Anhanguera, surnom de Bartholomeu Bueno da Silva, le père, I, 310.
Annicuns, village, I, 369; II, 138.
Antas (*Fazenda das*), habitation, II, 191.
Anthropologie, II, 273.
Antonio Bueno de Azevedo, fondateur de Santa Luzia de Goyaz, II, 13.
Antonio Nogueira Duarte, curé de Contendas dans le Sertão de Minas, II, 159.

TABLE DES MATIÈRES.

Antonio Francisco de Azevedo, marchand de bétail, I, 54, 81, 90.

Antonio Pires de Campos Bueno, aventurier destructeur de la nation des Coyapós, I, 371; II, 254, 284.

Apocynées, famille de plantes, I, 53, 274.

Aras, espèces de perroquets (*Psittacus hyacinthinus* et *Ararauna*), II, 159.

Araça. *V.* PSIDIUM.

Araponga, oiseau, I, 26, 30.

Araucaria Brasiliensis, Conifère, I, 84.

Araxá, village en 1819, aujourd'hui ville, I, 204, 213, 216, 217, 218, 222, 225, 226, 239, 344, 362, 363; II, 191.

Arcas (*As*), nom d'une halte près la cité de Goyaz, II, 90.

Arraias, village en 1819, aujourd'hui ville, I, 335.

Arrependidos (*Registro dos*), douane, I, 215, 301; II, 2, 3, 196.

Arruda (*Fazenda do*), habitation, I, 261.

Arvore do Papel (*Lasiandra Papyrus*), espèce de Mélastomée, II, 92.

B.

Bacopari, Sapotée à fruits comestibles, II, 51.

Bambous, I, 304; II, 48.

Bambuhy, village, I, 362; II, 15.

Barba Timão, arbre de la famille des Légumineuses, II, 27.

Barca (le comte **da**), II, 164.

Barra, village, 1, 313.

Bartholomeu Bueno da Silva, père, aventurier qui découvrit Goyaz après Manoel Correa, I, 309; II, 230.

Bartholomeu Bueno da Silva, fils, celui qui ajouta le pays de Goyaz aux domaines du Portugal, I, 310; II, 65-67.

Bauhinia, genre de Légumineuses, I, 259.

Begonia, genre de plantes, II, 276.

Bétail, I, 24, 25, 27, 67-71, 174, 234, 245, 258, 358, 364; II, 15, 122, 161, 191.

Bichos do pé (chiques, **pulex penetrans**), I, 261; II, 278, 297, 299, 308.

Bignonées, famille de plantes, I, 255, 263, 274.
Bilhetes de Permuta, papier-monnaie, I, 47.
Boa Vista, halte sur la route de Villa Boa au Rio Claro, II, 150, 154.
Boa Vista (*Aldea da*), village d'Indiens métis, II, 169, 266, 268-271.
Boa Vista da Pampulha, habitation dans la province de Rio de Janeiro, I, 6, 15.
Bohémiens, II, 179.
Bom Fim, village de la province de Goyaz près Santa Cruz, ville depuis 1836, I, 363; II, 137, 169, 187, 194-199, 227.
Bom Fim, village autrefois situé auprès du Rio dos Pilões et qui, aujourd'hui, n'existe plus, II, 137, 196.
Bom Jardim, habitation, I, 144.
Bority (*Mauritia vinifera*), Palmier, I, 266, 270, 274, 305; II, 4, 31, 115, 126, 155, 159, 171, 302, 309.
Bororôs, nation indienne, II, 255.
Borrachudos (*Simulium pertinax*), insectes malfaisants, I, 202; II, 128, 148, 153, 208, 232, 236, 252, 267, 278.
Botocudos, nation indienne, II, 105, 122-124.
Bougies, II, 164.
Bourgeons, II, 160.
Braço do Verissimo, rivière, II, 234.
Brejo (*Sitio do*), chaumières, II, 229.
Burchell, voyageur anglais, I, 371.

C.

Cachaça (*Tafia*), I, 7, 32; II, 78.
Cachoeira da Casca d'Anta, Cachoeira do Rollim, Cachoeira das Furnas, etc. *V.* CASCADE.
Cachoeirinha, habitation près Tamanduá dans la *comarca* de S. Joāo d'El Rei, I, 122, 146.
Cachoeirinha, maisonnette près Araxá, dans la *comarca* de Paracatú, I, 251.

Cachorro do campo, mammifère carnassier (*Canis campestris*, Neuw. ex Gerv.), I, 137; II, 156.
Caféier, I, 358.
Caldas (*Fazendas das*), II, 209.
Caldas Novas, eaux thermales, II, 209-220.
Caldas de Pyrapitinga, II, 219.
Caldas Velhas, eaux thermales, II, 209.
Calunga, plante médicinale, I, 164.
Campanulacées, famille de plantes, I, 235.
Campo Alegre, village, I, 263-267.
Campos, pays découvert, I, 58-63, 86, 88, 119, 136, 155, 224-229, 233, 254, 364; II, 88, 125, 151, 161, 171, 172, 192, 310.
Canela d'ema. *V*. Vellosia.
Canne à sucre, I, 359; II, 18.
Canis campestris. *V*. Cachorro do campo.
Caoutchouc, II, 215.
Capão (**Capões**), bouquets de bois épais dans les pâturages, I, 87.
Capão das Flores, habitation, I, 136.
Capataz (conducteur de bétail), I, 25.
Capim catingueiro. *V*. Capim gordura.
Capim gordura (*Melinis minutiflora*), Graminée, I, 223-225, 273, 293, 298, 302, 357, 365; II, 29, 31, 54, 175.
Capim Frecha, Graminée, I, 119, 136, 256; II, 171, 302.
Capitaines généraux, ancien nom des gouverneurs de province, I, 335; II, 76.
Capitão Pedro, habitation, I, 137.
Capitation (**Capitação**), impôt, I, 299, 329, 340.
Capitinga, habitation, I, 166.
Carabandella. *V*. Campo Alegre.
Carajâs, nation indienne, II, 96, 98, 112, 126.
Carapina (*Fazenda do*), habitation, I, 300.
Carás, *Dioscorea* des botanistes, I, 72, 121.
Caravane. *V*. Tropa.
Caribocas ou **Curibocas**. *V*. Métis de Nègres et d'Indiennes.
Carrascos, forêts naines, I, 259; II, 88.

Caryocar Brasiliensis (vulgairement **pequi**), arbre, II, 27.
Carrapatos, insectes malfaisants du genre *Ixodes*, II, 32, 90, 127, 128, 153.
Casados (*Fazenda dos*), habitation, II, 239.
Casas de fundição. *V.* HOTELS POUR LA FONTE DE L'OR.
Cascade; celle dite CACHOEIRA DA CASCA D'ANTA, I, 185-188; — une autre dans la Serra da Canastra, 193; — une autre qu'on voit à une demi-lieue de la Fazenda do Geraldo, 198; — celle dite CACHOEIRA DO ROLLIM, 199; — une autre qu'on voit de la Fazenda de Manoel Antonio Simões, 200; — celle du Retiro da Jabuticabeira, 235; — celle dite CACHOEIRA DAS FURNAS, II, 275; — celle du Ribeirão da Rocinha, 294.
Casmarynchos nudicollis. *V.* ARAPONGA.
Cassia, genre de Légumineuses, I, 255.
Castelnau, voyageur français, I, 371.
Catalão, village, II, 228, 239.
Cavalcante, village en 1819, ville depuis 1832, I, 335, 340; II, 73.
Cavalhadas. *V.* EXERCICES DE CHEVAUX.
Caveira, nom de lieu entre Paracatu et la frontière de Goyaz, I, 305.
Caveiras (*As*), chaumière dans le Mato Grosso de Goyaz, II, 176.
Catingas, forêts qui perdent leurs feuilles chaque année, I, 322; II, 54.
Cayapós. *V.* COYAPÓS.
Caytété, ville, I, 294.
Chacaras (maisons de campagne), II, 17.
Chacriabás. *V.* CHICRIABAS.
Chaleur, I, 43, 89, 267; II, 43, 46, 125, 152, 156, 159, 165, 166, 173, 175, 176, 214, 219, 235, 237.
Changements de domicile, II, 295.
Chapada dos Couros, plateau, I, 306.
Chapada de S. Marcos, plateau, I, 215, 305.
Chapadão, grand plateau; celui qui termine la Serra da Canastra, I, 194; — celui qui termine une autre portion de la Serra do

S. Francisco e da Paranahyba, près le passage de ce dernier fleuve, 214, 269.

Chars à bœufs, I, 175, 191.

Chaves, habitation, I, 91, 93, 162.

Chavantes, nation indienne, II, 122, 216.

Chemins, I, 369; — celui DU COMMERCE (CAMINHO DO COMMERCIO), 23; — de RIO DE JANEIRO à MINAS GERAES, 6-24; — du RIO PRETO, 22, 25, 29, 30; — de S. GABRIEL aux CAMPOS, 54; — de terre (CAMINHO DA TERRA), 2, 19, 23; — de l'ALDEA DE S. JOSÉ au RIO CLARO, II, 125; — du RIO DOS PILÕES à VILLA BOA, 152; — celui de VILLA BOA à S. PAUL, 169-171; — dans le MATO GROSSO, 174.

Chevaux, I, 358, 363.

Chichá. *V.* STERCULIA CHICHA.

Chicriabás, nation indienne, II, 285-292.

Chiques. *V.* BICHOS DO PÉ.

Cinchona ferruginea, espèce de quinquina, I, 139.

Cipó matador (liane meurtrière), I, 30.

Cire, II, 164.

Claraiba, nom vulgaire d'un arbre des Campos, II, 151.

Classification des Indiens, II, 122.

Clergé, I, 126, 132, 218, 348; II, 44, 114, 192, 239.

Climat, I, 323; II, 40.

Cobras (*As*), *Rancho*, I, 43.

Cochons, I, 24, 72, 120, 158, 358, 363, 364; II, 41.

Coelho (le lieutenant), propriétaire de la Fazenda das Caldas, II, 209.

Comarcas, divisions des provinces, I, 334.

Comarca do Norte, division de la province de Goyaz, I, 335, 341, 362, 365, 369.

Comarca de Paracatú, division de la province de Minas Geraes, I, 204-231.

Comarca do Sul, division de la province de Goyaz, I, 335, 357, 362, 363, 365.

Comarca de S. João d'El Rei, division de la province de Minas Geraes, I, 71, 73, 75, 77, 78, 79, 122, 138, 176, 203, 207, 242.

Commandants, 1, 147.

TABLE DES MATIÈRES. 327

Compagnies pour l'exploitation des mines d'or, I, 292, 354-356.
Composées, famille de plantes, I, 237, 270, 271; II, 27.
Conceição, village près S. João d'El Rei, I, 133.
Conceição (province de Goyaz), village en 1819, aujourd'hui ville, I, 335.
Conceição (*Fazenda da*), habitation près Villa Boa, II, 93, 114.
Contrebande, I, 340, 341; II, 79, 140, 145, 146, 162, 164.
Copocabana, lieu voisin de Rio de Janeiro, II, 97.
Coqueiros (*Sitio dos*), petite habitation, II, 173.
Coroados, Indiens, I, 33, 40-42; II, 123.
Correa (l'abbé), cultivateur, I, 14.
Corrego das Areas, ruisseau, II, 90.
Corrego das Caldas, ruisseau, II, 218.
Corrego de Jaraguá, village en 1819, ville depuis 1833, II, 38, 48-53, 114, 166, 167.
Corrego dos Macacos, ruisseau, I, 288.
Corrego do Menino Diabo. *V.* Corrego Pobre.
Corrego Pobre, ruisseau, I, 288.
Corrego Rico, ruisseau, I, 282, 288, 291.
Corrego de Santa Luzia, ruisseau, II, 11.
Corrego de S. Antonio, ruisseau, I, 284, 298.
Corrego de S. Domingos, ruisseau, I, 284, 288, 297.
Corrego de Santa Rita, I, 284, 298.
Corrego Superbo. *V.* Corrego Pobre.
Corrego Vermelho, ruisseau, II, 226.
Corumbá, village, I, 360, 361; II, 28.
Costumes, I, 87, 99, 145, 156, 221, 250; II, 208, 232.
Coton, I, 138, 258, 360, 364; II, 42, 183, 184.
Couros, village, I, 306; II, 11, 132.
Coyapós, nation indienne, I, 371; II, 87-119, 122, 123, 124, 126, 137, 154, 255.
Crixá, village, I, 313, 335; II, 166.
Croisement des races, II, 271.
Culture, I, 16, 357, 364, 365; II, 184.
Curiosos, hommes qui, par goût, exercent un métier ou cultivent un art sans en faire leur profession, I, 104.

Curral, enclos pour le bétail, I, 68, 120.
Curral, hameau, I, 146.

D.

Damaso (*Fazenda de*), habitation, I, 257.
Damiana (**Dona**), femme coyapó, II, 118.
Danse, II, 60, 105.
Data, étendue de terrain aurifère que distribue le Guarda Mór, I, 283.
Décimateurs. *V.* Dizimeiros.
Desemboque, village en 1819, aujourd'hui ville, I, 184, 216, 241, 344; II, 249.
Désert, *V.* Sertao.
Destruction des bois, I, 291, 364.
Diamants, I, 215, 230; II, 136-146, 164.
Dîme, I, 338, 342-345, 364.
Disette, I, 295.
District privilégié des Indiens, II, 251-313.
Dizimeiros, décimateurs, I, 190, 343.
Dona Thomasia, habitation, I, 123, 175.
Douro (*Aldea do*), village d'Indiens, II, 94, 95, 124.
Dragons (**Compagnie de**), I, 349.

E.

Eaux minérales, I, 231; — celles d'Araxa, I, 238, 247-249; II, 218; — celles de Salitre, I, 256; II, 218; — celles de la Serra Negra de Paracatu, I, 264; II, 218; — celles qui avoisinent l'habitation de Guarda Mór, près Paracatu, I, 273; — celles des Caldas Novas et Velhas, II, 209-219; — celles de Farinha Podre, II, 218, 303; — celles de Rio Pardo, dans la province de S. Paul, II, 218; — celles qui se trouvent à 3 lieues de Rocinha, près le Rio das Velhas, route de Goyaz, 293.
Empereur, celui qui préside la fête de la Pentecôte, II, 177.
Encruzilhada, nom de lieu, I, 2, 19, 23.
Enseignement, I, 348; II, 76, 246.
Esclavage, I, 108-112.

Épidémie, II, 50.
Escravos dos diamantes (esclaves des diamants), cailloux qui accompagnent les diamants dans le Rio Claro, II, 144.
Estanislao da Silveira Guttieres, Goyanais qui s'embarqua sur les rivières pour pénétrer dans la province de S. Paul, I, 370.
Estiva (*Aldea da*), village d'Indiens métis, II, 169, 265-267, 268.
Étymologie; celle de TAMARATI, I, 12; — de CAPITINGA, 166; — de PERIPITINGA, 238; — d'ARAXA, 242; — de PARACATU, 283; — d'ANHANGUERA, 310; — de CAPAO, 321; — de GARAPA, II, 7; — de CHACARA, 17; — de MEIAPONTE, 40; — de JARAGUA, 49; — de CATINGA, sorte de bois, 54; de CAPIVARHY, 189; — de PARANAHYBA, 250; — de TIJUCO, 299.
Euphorbiacées, famille de plantes, I, 255.
Exercices de chevaux (*cavalhadas*), II, 8.
Extraction de l'or, I, 352-356.

F.

Farinha, sorte de farine dont on saupoudre les aliments, I, 121.
Farinha Podre, village, I, 225; II, 170, 302-306.
Fazenda ou habitation, I, 7, 75, 80, 122.
Fazenda d'el Rei, ferme royale, II, 121, 127.
Fazendeiros, propriétaires d'habitations, I, 70, 73, 75, 76, 77, 87, 89, 122, 173, 175, 234.
Felisberto, cultivateur, 1, 183.
Femmes, I, 78, 157; II, 6, 9, 47, 53, 77, 116, 141, 268, 285.
Fer, I, 140, 178, 230, 365; II, 15.
Fernando Delgado Freire de Castilho, I, 333, 341; II, 80-84, 145, 161.
Ferrador. *V.* ARAPONGA.
Ferreiro, village, I, 313; II, 63.
Feuilles (chute des), I, 228, 301; II, 36, 175, 206.
Fêtes, I, 166, 175; — celle de la S. JEAN, II, 59-61; — celle de la PENTECOTE, II, 177; — celle de NOSSA SENHORA DA ABBADIA, 198; — celle de la S. LOUIS, 220.

Finances, I, 337-341.
Firmiano, Indien botocudo, I, 5, 115; II, 97, 158.
Fleurs qui paraissent avant les feuilles, II, 151, 206.
Flores, village en 1819, aujourd'hui ville, I, 335.
Floraison, 1, 163.
Folia, réunion d'hommes qui quêtent pour la fête de la Pentecôte, II, 177, 296.
Forces militaires, I, 349-351.
Forêts vierges, I, 30, 33; II, 48, 53, 128.
Formiga (*Aldea da*), village d'Indiens, II, 94, 95.
Formiga, village, I, 119, 122, 157, 362; II, 15.
Forquilha (*Sitio da*), petite habitation dans la province de Goyaz, II, 190.
Forquilha, habitation (dans la province de Rio de Janeiro), I, 31.
Fougères, I, 235.
Fourmis, I, 290, 362.
França, nom de lieu près la cité de Goyaz, II, 173.
Francisco Alves (*Sitio de*), maisonnettes, II, 207, 221.
Francisco José de Matos (*Fazenda de*), habitation, I, 255.
Francisco Leite, colonel à la cité de Goyaz, II, 63, 161.
Francisco Soares Bulhões, aventurier goyanais, II, 130, 137.
Fromages, I, 71.
Froment, I, 358, 364; II, 14, 41, 73.
Fruta de lobo. *V.* SOLANUM LYCOCARPUM.
Fubâ, farine de maïs simplement moulue, I, 121.
Furnas (*Sitio das*), chaumière, II, 188.
Furnas (*Fazenda das*), habitation, II, 275.

G.

Gabiroba. *V.* PSIDIUM.
Garapa (*Sitio de*), maisonnettes, II, 7.
Gentianées, famille de plantes, I, 233, 237, 366; II, 27.
Gelée, I, 33, 195.
Geraldo (*Fazenda do*), habitation, I, 192, 193.
Geralistas. *V.* MINEIROS.

Gesneria, genre de plantes, II, 276.
Giraos, lits rustiques, I, 189; II, 104, 115.
Goitacazes, Indiens sauvages, I, 40-43.
Goître, II, 72, 113.
Gonsalo Marques (*Sitio de*), chaumière, II, 178.
Goyá, nation indienne, I, 309, 310-313.
Goyaz (province de), I, 205, 241, 308-378; II, 1-247, 298, 313.
Goyaz (la cité de). *V.* VILLA BOA.
Graminées, famille de plantes, I, 233, 235.
Gregorio Nunes (*Sitio de*), chaumière, II, 205.
Guaranis, nation indienne, II, 123.
Guarda Môr, habitation près la ville de Paracatú, I, 272.
Guarda Môr, halte sur la route de Villa Boa au Rio Claro, II, 150, 155, 156.
Guarda Môr, magistrat chargé de la distribution des terrains aurifères, I, 283.
Guarda da Posse, poste militaire, II, 307.
Guazuma ulmifolia, Aug. de S. H., plante du groupe des Buttnériées, II, 55, 206.
Gurguiho, habitation, II, 91.
Gymnotes Carapa. *V.* ANGUILLES ÉLECTRIQUES.

H.

Hancornia. *V.* MANGABEIRA.
Haricots, I, 14.
Herva d'Urubú, plante qui préserve, dit-on, de la morsure des serpents, I, 98.
Histoire de la ville de VALENÇA, I, 34-37; — du village de RIO PRETO, 49; — de la ville de TAMANDUA, 148; — du village de FORMIGA, 159; — de PIUMHY, 169; — de la ville d'ARAXA, 239-241; — de la province de GOYAZ, 308-316; II, 245; — de SANTA LUZIA DE GOYAZ, aujourd'hui ville, II, 13; — du village de CORUMBA, 29; — de MEIAPONTE, 40; — de JARAGUA, aujourd'hui ville, 49; — du village d'OURO FINO, 62; — du village de FERREIRO, 63; — de la cité de GOYAZ, 65; — des INDIENS COYAPÓS et de l'ALDEA DE S. JOSÉ DE MOSSAMEDES, 94; — du village de

PILÕES, 136 ; — de BOM FIM, aujourd'hui ville, II, 194 ; — des CALDAS VELHAS, 213 ; — des CALDAS NOVAS, 216 ; — de SANTA CRUZ, aujourd'hui ville, 223 ; — de l'ALDEA DO RIO DAS PEDRAS, 254-258 ; — de l'ALDEA DA ESTIVA, 266 ; — de l'ALDEA DE PISARRAO, 266, 267.

Hospice du tiers ordre de S. François, II, 40.
Hospitalité, I, 46, 93, 117, 125, 185, 219 ; II, 80.
Hôtels pour la fonte de l'or *(casas de fundição)*, I, 315, 340.
Hydropisie, I, 96, 151, 324 ; II, 40, 50, 72.
Hydrophobie, I, 151.
Hyptis, genre de Labiées, II, 27.

I.

Impôts, I, 338 ; II, 6.
Ignatio de Souza Warneck, capitaine, I, 35.
Imprévoyance, II, 111, 141, 162.
Incendie des campos, II, 166, 173, 203 ; — des FORÊTS, 240.
Inconfidencia das Minas, révolte à Minas, II, 284.
Indiens, I, 96, 309, 312, 333 ; II, 94-119, 122-124, 252-273, 282-292, 293.
Indigo, I, 167, 361, 364.
Inhame, *Caladium esculentum* des botanistes, I, 72, 121.
Insalubrité, II, 311.
Intrigue, II, 246.
Itinéraire de Rio de Janeiro à Governo, I, 19.
 — d'Ubá au village de Rio Preto, 22.
 — du Rio Preto à la sortie des forêts, 50.
 — d'Alto da Serra à S. João d'El Rei, 83.
 — du Rancho do Rio das Mortes Pequeno à Tamanduá, 130.
 — de Tamanduá à la Serra da Cañastra, 153.
 — de João Dias à Araxá, 191.
 — d'Araxá à Paracatú, 252.
 — de Paracatú au Registro dos Arrependidos, 297.
 — du Registro dos Arrependidos à Santa Luzia, II, 4.
 — de Santa Luzia de Goyaz à Meiaponte, 17.

— de Meiaponte à Villa Boa, 46.
— de l'Aldea de S. José au village de Pilões, 121.
— du hameau de Pilões à Villa Boa, 150.
— de Villa Boa à Meiaponte par le chemin le moins fréquenté, 172.
— de Meiaponte au village de Bom Fim, 188.
— du village de Bom Fim au Sitio do Pari, 201.
— des Caldas à Santa Cruz, 220.
— de Santa Cruz au Rio Paranahyba, 228.
— du Paranahyba à la Fazenda das Furnas, 251.
— de la Fazenda das Furnas au Rio Grande, 275.

Ivresse, II, 78.

J.

Jaca, sorte de panier, I, 72, 73.
Jacú, habitation, II, 150, 153, 159.
Jacuba, farine délayée dans de l'eau, I, 270.
Jaquemont, voyageur français, I, 262.
Jaraguá. *V.* CORREGO DE JARAGUA.
Javaes, nation indienne, II, 96, 98, 112, 126.
Jésuites, II, 94, 95, 102, 103, 112, 113, 255, 284.
João Dias, habitation, I, 177, 190.
João Caetano da Silva, Goyanais qui descendit par les rivières jusque dans la province de S. Paul, I, 370, 371.
João Carlos Augusto d'Oyenhausen, gouverneur de Matogrosso, puis de S. Paul, II, 156.
João Gomes (*Fazenda de*), habitation, I, 275.
João Leite da Silva Hortiz, un des premiers aventuriers qui découvrirent Goyaz, I, 311.
João Manoel de Menezes, capitaine général de Goyaz, II, 138.
João Rodrigues Pereira de Almeida, négociant, I, 20; II, 81.
João Quintino de Oliveira, capitão mór de la ville de Tamanduá, I, 123, 146.
João Texeira Alvarez, curé de Santa Luzia, I, 330, 363; II, 8-10, 17-19.

Joaquim Alves de Oliveira, commandant de Meiaponte, I, 360; II, 133, 180-187.
Joaquim Alves (*Fazenda de*), habitation, II, 180-187.
Joaquim Dias (*Sitio de*), chaumière, II, 204.
Joaquim Marcos (habitation), I, 32.
Joaquim Thetonio Segurado, *ouvidor* de la Comarca do Norte à Goyaz, II, 83.
José de Almeida de Vasconcellos de Soberal e Carvalho, baron de Mossamedes, capitaine général de Goyaz, II, 95, 96.
José Francisco (habitation), I, 32.
José Marianno, muletier, I, 20, 113, 116, 142; II, 57, 237, 300, 305.
José Pereira da Silva, propriétaire, I, 104, 114, 129.
José Pinto da Fonseca, Goyanais qui descendit par les rivières jusque dans la province de S. Paul, I, 370.
José Rodrigues da Cruz, I, 33, 35.
José Rodrigues Froes, Pauliste qui fonda Paracatú, I, 282.
Joseph (le père), missionnaire capucin, II, 10, 58, 85, 162, 192.
Jucunû, sorte de corbeille, II, 104, 115, 116.
Justices (**julgados**), divisions des provinces, I, 334.

K.

Kielmeyera speciosa, plante guttifère, I, 237, 256.

L.

Lafoensia Pacari (vulgairement *pacari*), arbre de la famille des Salicariées, II, 27.
Lage (*Sitio da*), habitation, II, 58.
Lage, nom de lieu, II, 28, 174.
Lagoas, lacs, I, 301.
Lagoa Feia, lac, II, 132, 134.
Lagoa formosa, marais, I, 304.
Lagoa Grande, lac, II, 178.
Lagoa do Padre Aranda, lac, II, 132.

Lagoa dos Porcos, marais, I, 304.
Lagoa Torta, lieu marécageux, I, 303.
Lanhoso, ancienne aldée, II, 301.
Langues indiennes, I, 41 ; II, 107, 260-265, 289-294.
Laranjeiras (*Fazenda das*), habitation, I, 89.
Lard, I, 41, 73.
Laruotte (Antoine), serviteur de l'auteur, I, 6.
Leandro (*Fazenda do*), habitation, I, 263.
Légumineuses, famille de plantes, I, 255, 274.
Lepidosiren, espèce de poisson, II, 133, 134.
Lingoa geral, langue des Indiens de la côte, II, 113, 261-265.
Linhares (le comte de), ministre du Brésil, I, 333.
Liseron, plante, II, 27.
Lobelia, genre de plantes, II, 276.
Longévité, II, 202.
Luccock, voyageur anglais, I, 262.
Luiz, soldat qui amène les Coyapós à faire la paix avec les Goyanais, II, 97, 112.
Luiz Antonio da Silva e Sousa (l'abbé), écrivain goyanais, II, 92, 163.
Luiz da Cunha Menezes, capitaine général de la province de Goyaz, II, 97.
Luiz Gonzaga de Camargo Fleury, prêtre goyanais, II, 43.
Luiz de Mascarenhas, comte de Sarzedas, capitaine général de la province de S. Paul, II, 66.

M.

Macacos (*Fazenda dos*), chaumières, II, 25.
Macauba, espèce de palmier, II, 151, 173.
Machaculis, peuplade indienne, II, 123.
Machine à séparer le coton de ses graines, II, 183 ; — à râper le manioc, 183.
Macunis, peuplade indienne, II, 107, 123.
Madre de Deos, hameau, I, 91.
Maïs, I, 7.

Maisons, I, 89, 122, 221; II, 5, 100, 104.
Malalis, peuplade indienne, II, 123.
Malpighiées, famille de plantes, I, 255, 274; II, 151, 206.
Mamalucos, métis de blancs et d'Indiennes, II, 271.
Mamoeiros. *V.* MAMONEIRAS.
Mamoneiras, halte sur la route de Villa Boa au Rio Claro, II, 150, 155.
Mandinga, habitation, II, 59, 174.
Mandioca, habitation, I, 7, 9.
Mangabeira, petit arbre de la famille des Apocynées, II, 215.
Manglier, I, 3.
Manioc, I, 222, 271.
Manjola, machine à l'aide de laquelle on commence la préparation de la farinha, I, 236.
Manjolinho, chaumière, dans le Mato Grosso de Goyaz, II, 176.
Manoel Antonio Simões (*Fazenda da*), habitation, I, 197-200.
Manoel Correa, celui qui découvrit Goyaz, I, 309; II, 230.
Manoel Lopez, cultivateur, I, 185.
Manoel Rodrigues Thomar, celui qui découvrit le lieu où est situé Meiaponte, II, 40.
Marcellino, serviteur de l'auteur, I, 249, 268.
Marcos (*Fazenda de*), habitation, I, 155.
Marcos de Noronha comte dos Arcos, premier gouverneur de Goyaz, I, 315, 340.
Maria Rosa (Dona), femme de la nation des Chicriabás, II, 286.
Mariages, I, 374; II, 74, 117, 189, 244, 271.
Martinho Coelho, celui qui découvrit les Caldas Novas, II, 210, 216.
Mato Grosso, forêt voisine de Villa Boa, I, 321, 358; II, 53-55, 174-180.
Matogrosso, province, I, 212, 339; II, 140, 144, 147, 152, 154.
Matomba ou **Matombo**. *V.* GUAZUMA ULMIFOLIA.
Mauritia vinifera. *V.* BORITY.

Mawe, voyageur anglais, I, 262.
Médecins, I, 103; II, 72.
Meiaponte, village en 1819, ville depuis 1836, I, 313, 335, 349, 359, 363; II, 11, 27, 30, 36-44, 49, 73, 79, 166, 169, 178, 193, 196.
Melastomées, famille de plantes, I, 270, 297.
Melinis minutiflora. *V.* Capim gordura.
Mendiants, II, 43.
Métis de mulâtres et d'Indiennes, I, 20; II, 107;
— de nègres et d'Indiennes, 253, 270, 272.
Miel, II, 150.
Milice (*milicia*), garde nationale, I, 349.
Mimosées, plantes, II, 34.
Minas (*Fazenda das*), habitation, I, 264.
Minas Geraes, province, I, 6, 46-307; II, 2, 9, 12, 48, 53, 74, 75, 248-313.
Minas Novas, partie de la province de Minas Geraes, I, 344.
Mineiros, habitants de la province de Minas Geraes, I, 103, 107, 117, 124, 143, 145, 148, 219, 316, 344, 372, 373; II, 79, 233, 236, 251, 295.
Mineurs, I, 77; II, 13, 46.
Minhocão, animal d'une existence douteuse, II, 132-135.
Minières, I, 120, 132, 148, 222, 316.
Miruim, insectes malfaisants, II, 237.
Modinhas, chansonnettes, II, 60.
Mœurs, I, 77, 124, 217-222, 372-378; II, 15, 16, 74-79, 83, 111-118, 140, 141, 162, 189, 190, 232, 236, 240.
Moinho, petite habitation, I, 300.
Monjolos, hameau, I, 298.
Monochós, peuplade indienne, II, 123.
Montes Claros, montagnes, II, 21, 23.
Montes Pyreneos, I, 208, 209, 212, 319, 361; II, 21, 23, 30-34, 45.
Moquem, lieu désert, I, 269, 304.
Morfea, sorte de lèpre, I, 151, 152; II, 40, 50, 217.
Morro do Alecrim, petite montagne, II, 6.
Morro de Comacho, morne, I, 146.
Morro da Cruz das Almas, montagne, I, 287.

Morro do Frota, montagne, II, 39.
Morro do Palmital, petite montagne ferrugineuse, I, 139, 140.
Morro da Pedra Branca, petite montagne, II, 25.
Morro do Sol, petites montagnes, II, 62.
Morro do Tiçao, petite montagne, II, 23, 30.
Mossamedes. *V.* S. José de Mossamedes.
Moustiques, I, 3; II, 128, 153, 236, 252.
Moutons, I, 73, 225, 363; II, 6.
Moyens de communication, I, 368-371.
Mulâtres, II, 52, 72, 107, 202, 271, 272.
Muletier, II, 57.
Mûriers, I, 361.
Myrtées, famille de plantes, II, 211, 278.
Mutucas, espèce de taons, II, 153.

N.

Natividade, village en 1819, aujourd'hui ville, I, 313, 335.
Nègres, I, 16, 18, 108-112, 285, 329; II, 72, 182.
Noms, II, 30, 117.
Nossa Senhora da Piedade d'Inhumirim, I, 8.

O.

Observations thermométriques, II, 314.
Offices publics, I, 336.
Olho d'Agoa, nom de lieu, I, 305.
Oliveira ou **Nossa Senhora da Oliveira**, village, I, 119, 143.
Or, I, 49, 66, 133, 148, 230, 282, 290, 297, 310, 311, 313, 315, 316, 339-341, 366-368; II, 6, 13, 24, 29, 31-33, 40, 46, 74, 138-145, 186, 195, 219, 226.
Ouro Fino, village, II, 61, 68.
Ouvrier, II, 74, 84.

P.

Pacari. *V.* Lafoensia Pacari.
Pachira marginata, Bombacée, I, 247; II, 152, 206.

Padre Correa, habitation, I, 13.
Paineira do campo. *V.* PACHIRA MARGINATA.
Paiol Queimado, habitation, I, 201, 232.
Palmiers, I, 51, 235, 274; II, 26, 90, 152, 156, 277.
Panhames, peuplade indienne, II, 107, 123.
Pao d'arco, nom vulgaire d'une Bignonée, II, 151.
Paracatú, ville, I, 282-295, 297, 300, 301, 360.
Parexis, nation indienne, II, 255.
Pari (*Sitio do*), petite habitation, II, 202.
Patrocinio, village en 1819, I, 216, 217, 225, 228-230, 242, 248, 259, 262.
Paulistes, habitants de la province de Saint-Paul, I, 107, 282, 310; II, 205.
Péage du Rio Grande, I, 91; — du Corumbá, II, 230; — du Rio das Velhas, 280.
Pedras (*Aldea do Rio das*), village d'Indiens métis, II, 169, 252-265, 268, 270, 313.
Pedestres, troupe d'un ordre inférieur, I, 350, 351.
Pedro da Rocha (*Sitio de*), petite habitation, II, 231.
Pequi. V. CARYOCAR BRASILIENSIS.
Peripitinga, habitation, I, 238.
Physocalymna florida, plante de la famille des Salicariées, II, 206.
Picada do Correio de Goyaz, chemin, I, 268; II, 14.
Pilão Areado, ville, I, 293, 359.
Pilar, village en 1812, ville depuis 1831, I, 335; II, 216.
Pilões (*Arraial dos*), village de la province de Goyaz, II, 135-148.
Pilões (*Sitio dos*), chaumière, I, 270.
Piranha (*Serrasalme Piraya*), poisson, I, 268.
Piraporá, chute d'eau, I, 213.
Pinheiro. *V.* ARAUCARIA BRASILIENSIS.
Pisarrão (*Aldea de*), village d'Indiens métis, II, 266, 267.
Piumhy, village, I, 169.
Pluies, I, 15, 324; II, 193, 295.
Plumiera drastica, plante apocynée, II, 4.
Pohl, voyageur autrichien, I, 262; II, 19, 152.

Poissons, I, 267; II, 148.
Pombal (le marquis de), ministre de Portugal, I, 315.
Pommes de terre, II, 18.
Ponts, I, 48.
Ponte Alta, habitation près le village de Formiga, I, 162-166.
Ponte Alta, habitation près Santa Luzia de Goyaz, II, 23.
Population, I, 149, 170, 242, 287, 325-334; II, 11, 38, 49, 69, 312.
Porco Morto, lieu désert dans la province de Goyaz, près l'Aldea Maria, II, 128.
Porto de Beserra, I, 294.
Porto da Estrella, village, I, 2, 4.
Porto Feliz, ville de la province de Saint-Paul, II, 152.
Porto da Parahyba, I, 26, 28, 31.
Porto do Quebra-Anzol, I, 254.
Porto Real, village en 1819, ville depuis 1831, I, 335.
Porto Real da Paranahyba, II, 250.
Posse (*Sitio da*), chaumière, II, 233.
Pouso, nom qu'on donne aux haltes, II, 154.
Pouso Alto, habitation, II, 175, 176.
Pouso de Dona Antonia, halte sur la route de Villa Boa au Rio Claro, II, 157.
Pouso Novo, nom de lieu, II, 62.
Pouso Alegre. *V.* Campo Alegre.
Pousoal. *V.* Pouso Alto.
Pregent (Yves), serviteur de l'auteur, I, 6, 89, 103-105, 112, 113.
Prix des denrées, I, 314; II, 18.
Procession, I, 98-102.
Produit des terres, I, 15, 31, 33, 50, 76, 138, 176, 222, 245, 271, 301, 358; II, 175, 236.
Propreté, II, 37, 69.
Psidium, genre de la famille des Myrtées, II, 278.
Pyracanjuba, espèce de hameau, II, 193.
Pyreneos. *V.* Montes Pyreneos.

Q.

Qualea, genre de plantes de la famille des vochysiées, I, 255 ; II, 27, 151.
Quebra-Anzol, habitation, I, 233.
Queimadas, pâturages récemment incendiés, II, 21, 130, 187, 188.
Quinquina. *V*. CINCHONA FERRUGINEA.
Quint (impôt du), I, 313, 338, 340, 342.

R.

Radiées, plantes composées, I, 237.
Raimundo Nonato Hyacintho, greffier de la junte du trésor royal, II, 84, 87, 161.
Rancho, hangar pour les voyageurs, I, 5, 7, 142 ; II, 232, 234, 300, 310.
Rancho das Areas, habitation, II, 56.
Rancho da Goyabeira, habitation, II, 55.
Rancho do Rio das Mortes Pequeno, habitation, I, 93.
Rapaduras, tablettes de sucre cuit avec son sirop, II, 266.
Rectifications et **Réfutations**, I, 3, 5, 8, 13, 15, 18, 26, 31, 36, 37, 42, 44, 61, 72, 74, 77, 79, 81, 99, 113, 121, 139, 144, 149, 150, 194, 206, 212, 213, 214, 220, 225, 256, 258, 260, 262, 284, 286, 305, 312, 322, 325, 369, 370 ; II, 11, 14, 23, 24, 28, 30, 34, 49, 62, 67, 71, 73, 74, 80, 89, 91, 92, 94, 95, 96, 98, 99, 107, 110, 115, 118, 121, 122, 123, 124, 126, 127, 135, 136, 137, 138, 139, 143, 146, 147, 154, 186, 188, 189, 194, 196, 197, 214, 215, 216, 223, 230, 249, 250, 253, 256, 257, 267, 276, 277, 284, 285, 290, 292, 294, 295, 299, 300, 301, 302.
Région des campos, I, 11, 24, 58, 227.
Région des forêts, I, 10, 24.
Registro, douane, I, 23, 28, 46 ; II, 307.
Remèdes sympathiques, II, 307.
Retiro, espèce de chalet, I, 68.
Retiro da Jabuticabeira, chalet, I, 233, 235.
Retiro de Tras-os-Montes, chalet, I, 236.

Riacho (*Sitio do*), chaumières, II, 238.
Riacho Frio, ruisseau, II, 6.
Riacho Frio (*Fazenda do*), habitation, II, 5, 7.
Ribeirão, rivière, I, 276.
Ribeirão (*Sitio do*), maisonnettes, II, 236.
Ribeirão d'Agoa Quente, rivière, II, 211, 213.
Ribeirão da Antinha, torrent, II, 25.
Ribeirão das Areas, torrent, II, 27, 28.
Ribeirão dos Cabrestos, I, 178.
Ribeirão das Furnas, ruisseau, II, 275.
Ribeirão dos Macacos, torrent, II, 25.
Ribeirão da Ponte Alta, II, 26, 28.
Ribeirão de S. Pedro, I, 298, 300.
Ribeirão da Capimvara, I, 181.
Ribeirão da Prata, I, 181.
Ribeirão da Rocinha, ruisseau, II, 294.
Rio Abaité, I, 205, 215.
Rio Abaité do Sul, I, 205.
Rio das Almas, I, 212; II, 38-40, 48, 61.
Rio das Antas, II, 191.
Rio Araguaya, I, 317, 318, 319, 335, 371; II, 68, 83, 147.
Rio dos Barreiros, II, 147.
Rio dos Bois, I, 369.
Rio Capivarhy, II, 189.
Rio Carunhanha, I, 205.
Rio Claro, rivière, II, 130, 131, 136-148.
Rio Claro (*Arraial do*). *V.* Pilões (*Arraial dos*).
Rio Corumbá, I, 208, 212, 318; II, 25, 27, 30, 229.
Rio Coyapô, II, 147.
Rio Doce, I, 206.
Rio Escuro Pequeno, I, 276.
Rio Escuro Grande, I, 276.
Rio da Estiva, II, 265.
Rio da Estrella, rivière, I, 1, 3.
Rio Fartura, II, 127, 146.
Rio Grande, rivière de la province de Minas Geraes, I, 64, 87, 91, 205, 207, 208, 312, 318; II, 281, 307, 310.

Rio Grande (canton de), province de Minas Geraes, *comarca* de S. João d'El Rei, I, 64-82, 234.
Rio Grande, nom que porte dans ses commencements l'Araguaya, I, 318; II, 146, 147.
Rio Indaia, I, 215.
Rio d'Inhumirim. *V.* Rio da Estrella.
Rio do Jacaré, I, 142.
Rio Jurubatuba, II, 193.
Rio de Meiaponte, II, 41.
Rio das Mortes Grande, I, 97.
Rio das Mortes Pequeno, I, 96, 97, 134, 163.
Rio Paracatû, I, 294.
Rio Paraguay, II, 147.
Rio Parahyba, I, 10, 23-29.
Rio Paranahyba, I, 205-211, 222, 227, 231, 267, 312, 318, 369; II, 30, 249.
Rio Paraunà, I, 64, 369.
Rio Parannán, I, 312.
Rio Passa Quatro, II, 204.
Rio das Pedras, II, 252.
Rio das Pedras. *V.* Aldea do Rio das Pedras.
Rio do Peixe, II, 204, 221.
Rio do Perdição, I, 311.
Rio Piabanha, I, 12, 13.
Rio dos Pilões, I, 311; II, 131, 134.
Rio de la Plata, I, 64, 312, 370; II, 147.
Rio Preto (*Arraial do*), village, I, 45, 48-50.
Rio Preto, I, 298.
Rio Quebra-Anzol, I, 226, 252.
Rio Rico, I, 311.
Rio de Santa Isabel, I, 276.
Rio de S. Antonio, I, 199, 200.
Rio de S. Antonio dos Montes Claros, II, 23.
Rio de S. Bartholomeu, I, 307; II, 6.
Rio de S. Francisco, I, 180-187, 192, 205-212, 227, 231, 275, 294, 304, 360.
Rio de S. Marcos, I, 205, 214, 306.

Rio Ticté, I, 370.
Rio do Tocantins, I, 207-210, 212, 312, 317, 318, 319, 335, 371; II, 30, 61, 83, 147.
Rio Turvo, I, 369.
Rio das Velhas, un des affluents du Rio Grande, I, 253; II, 279, 307.
Rio das Velhas, un des affluents du S. Francisco, II, 311.
Rio Verissimo, II, 234, 235.
Rio Vermelho, rivière qui passe à la cité de Goyaz, I, 353, 371; II, 61, 65, 68, 133.
Rio Vermelho, rivière qui passe au-dessous du village de Bom Fim, II, 194.
Rio Uberava Falsa, II, 302.
Rio Uberava Verdadeira, II, 297.
Rio Uruhú, II, 59, 61, 172.
Rio Uruguay, II, 147.
Rocinha (*Sitio da*), petite maison, II, 294.
Rodrigo Cesar de Menezes, gouverneur de S. Paul, I, 310.
Rosée, II, 56, 127.
Rotala, genre de plantes, II, 151.

S.

Sabará, ville, I, 285, 286.
Saccharum Sapé. *V.* SAPÉ.
Salix Humboldtiana, Saule, I, 97.
Salubrité, I, 324; II, 40.
Salvert (Antoinette de), sœur de l'auteur, II, 157.
Santa Anna, ancien nom de la cité de Goyaz, II, 65.
Santa Anna (*Aldea de*), village d'Indiens, II, 169, 255, 283-292, 313.
Santa Barbara, chapelle, II, 69.
Santa Cruz de Goyaz, village en 1819, ville depuis 1835, I, 313, 335, 362, 363; II, 11, 169, 193, 223, 228.
Santa Isabel, poste militaire, I, 275-280.
Santa Luzia de Goyaz, village en 1819, aujourd'hui ville,

I, 321, 333, 335, 358, 361, 362, 363, 364; II, 8-16, 25, 27, 38, 73, 79, 196.
Sapesal, halte, II, 209.
S. Antonio (*Fazenda de*), habitation, II, 46.
S. Antonio dos Montes Claros, village, I, 321, 361; II, 11, 23.
S. Felis, village en 1819, aujourd'hui ville, I, 312, 315, 335, 340.
S. João das duas Barras, ville, I, 335.
S. João Evangelista (Chacara de), maison de campagne, II, 17-19.
S. João da Palma, ville, I, 335.
S. João d'El Rei, ville, I, 95-118, 290, 363.
S. Joaquim (*Engenho de*), *V*. Joaquim Alves (*Fazenda de*)
S. José de Mossamedes, *aldea* d'Indiens coyapós, II, 94-119, 122, 126.
S. Gabriel, *rancho*, I, 50.
S. Miguel e Almas, habitation, I, 167.
S. Pedro d'Alcantara, village, I, 242.
S. Romão, village en 1819, aujourd'hui ville, I, 216, 218, 359; II, 11, 15.
S. Roque, chapelle, I, 192.
Sapé (*Saccharum Sapé*), Graminée, I, 273.
Sapé, nom de lieu, I, 273.
Sapotées, famille de plantes, II, 51.
Sebastião de Arruda. *V*. Physocalymna florida.
Sécheresse, I, 15, 32, 88, 102, 228, 230, 295; II, 58, 125, 176, 187, 201, 232, 278.
Sel, I, 121, 225, 293, 302; II, 15, 122, 161.
Serpents, I, 98.
Serra d'Abaité, I, 213, 214.
Serra do Araxá, I, 226, 237, 267.
Serra das Caldas, II, 209, 210, 215.
Serra da Canastra, I, 118, 119, 168, 180-190, 192, 193, 197, 199-201, 207, 208, 210, 212, 213.
Serra da Capitinga, I, 299.
Serra do Carrapato, I, 294.

Serra do Corumba e do Tocantins, I, 212, 306, 318, 319, 320, 369; II, 3, 21, 30, 68, 89, 134.
Serra dos Coyapôs, II, 146.
Serra dos Cristaes, I, 210, 214.
Serra das Divisões, II, 146.
Serra Dourada, I, 319; II, 61, 68, 69, 89-93, 99, 127, 156, 158.
Serra do Dourado, I, 226, 262, 267.
Serra dos dous Irmãos, I, 90.
Serra do Espinhaço, I, 10, 24, 56, 60, 87, 154, 180, 196, 206, 208, 212, 224.
Serra da Estrella, I, 11.
Serra da Figueireda, I, 226, 267.
Serra d'Indaia, I, 213.
Serra de Jaraguá, II, 51.
Serra da Mantiqueira, I, 56, 60, 207.
Serra do Mar, chaîne maritime, I, 10, 206.
Serra da Marcella, I, 210, 213.
Serra dos Monjolos, I, 298, 301.
Serra de Monte Alto, I, 243.
Serra de Mugiguaçu, I, 207.
Serra Negra, montagne de la comarca de S. João d'El Rei, I, 50.
Serra Negra, montagne de la comarca de Sabúrá, I 210, 212.
Serra de Paracatú, I, 227, 280.
Serra dos Pilões, I, 215, 271.
Serra de Piumhy, I, 156, 166, 168.
Serra do Rio Grande, I, 182, 188, 207.
Serra do Salitre, I, 226, 255, 267.
Serra de Santa Martha, II, 146.
Serra de S. Antonio, II, 45.
Serra de S. João, I, 95, 115.
Serra do S. Francisco e da Jiquitinhonha, I, 212.
Serra do S. Francisco e do Rio Doce, I, 212.
Serra do S. Francisco e do Rio Grande, I, 119, 212.
Serra do S. Francisco e da Paranahyba, I, 180, 205, 213-216, 223, 224, 226, 267, 269, 271, 273, 275, 301, 306, 307 317, 318; II, 2.

Serra do S. Francisco e do Tocantins, I, 212, 306, 317, 319.
Serra das Vertentes, I, 180, 205, 208, 211.
Serra do Urubú, I, 213.
Sertão ou **Désert,** I, 120, 123, 128, 158, 162, 163, 175, 177, 191, 196, 227-230, 266, 267, 304, 320; II, 122, 204.
Serviço, lieu où, pour extraire des diamants, on a établi une troupe de nègres, I, 280.
Sesmarias, quantité de terres que donne l'administration aux particuliers qui en demandent, I, 241.
Sitio, habitation dans le canton de Rio Grande, I, 87.
Sitio Novo, chaumières près la douane des Arrependidos. *V.* TAIPA.
Sitio Novo, habitation près S. Cruz de Goyaz, II, 228.
Smithia, genre de plantes, I, 235.
Sobradinho, habitation, I, 302.
Socopira, nom vulgaire d'une plante légumineuse, II, 309.
Solanum indigoferum, plante indigofère, I, 167.
Solanum lycocarpum, Solanée, II, 4.
Sous-régions végétales, I, 61.
Strychnos pseudoquina (vulgairement *quina do campo*), plante de la famille des Apocynées, II, 27.
Sterculia Chicha, grand arbre à semences comestibles, II, 55.
Sucrerie, II, 183.
Syphilis, I, 324; II, 112.

T.

Tabac, I, 359; II, 29, 41.
Tableau général du canton de Rio Grande, I, 63-82; —DU PAYS ÉLEVÉ ET DÉSERT COMPRIS ENTRE S. JOAO D'EL REI ET LA SERRA DA CANASTRA, 118-128; — DE LA COMARCA DE PARACATU, 204, 231; — DE LA PROVINCE DE GOYAZ, 308-378; — DE LA ROUTE DU VILLAGE DE PILÕES A VILLA BOA, II, 151-154; — DU VOYAGE DE GOYAZ A S. PAUL, 168-171; — DU PAYS SITUÉ ENTRE BOM FIM ET LES CALDAS, 201; — DU PAYS SITUÉ ENTRE LE CORUMBA ET LE PARANAHYBA, 231.
Tafia. *V.* CACHAÇA.
Taipa, chaumière, II, 5.

Tamanduá, ville, I, 119, 148.
Tamarati, habitation, I, 12.
Tamboril, arbre de la famille des Légumineuses, II, 27.
Tanque, habitation, I, 132.
Tapera, habitation dans la *comarca* de Paracatù, près la frontière de Goyaz, I, 224, 300, 302, 304.
Tapera, lieu désert près l'Aldea Maria, dans la province de Goyaz, II, 126.
Tapir, I, 196.
Température, I, 323; II, 193.
Terma Termi. *V.* ANGUILLES ÉLECTRIQUES.
Terrains salpêtrés, I, 225, 293, 302, 324; II, 122, 161, 197, 232.
Thé, I, 360, 364.
Tiborne. *V.* PLUMIERA DRASTICA.
Tijuco (*Fazenda de*), petite habitation, II, 299.
Tissus, I, 73, 74, 226; II, 7, 15.
Tocador (toucheur de mulets ou de bœufs), I, 7, 113.
Toits, I, 51.
Torre de Babel, II, 129.
Trahiras, village en 1819, ville depuis 1831, I, 335; II, 11.
Traite des nègres, I, 18.
Tropa (caravane de mulets), I, 7, 259; II, 47, 56, 172, 230, 234, 300.
Trunco, genre de châtiment, II, 101.

U.

Ubâ, habitation, I, 18.
Uberava, ville nouvelle, II, 302.
Urutù, serpent, I, 97.

V.

Valença, ville (autrement *aldea*), I, 34-39.
Valeurs représentatives, I, 366-368.
Vadios, oisifs, vagabonds, I, 127, 149, 218, 244, 246, 260.

Varanda (galerie), I, 26 ; II, 2.
Végétation, I, 52, 59, 83, 131, 162, 177, 225-229, 233, 235, 254, 259, 270, 274, 301, 320-323 ; II, 21, 26, 27, 88, 151, 170, 178, 192, 194, 309.
Velame. *V.* LISERON.
Vellosia (*canela d'ema*), genre de plantes monocotylédones, I, 90, 115, 195, 237, 270, 271, 321 ; II, 23, 24, 90, 201.
Venda, espèce de cabaret, I, 7.
Vent, I, 86 ; II, 40, 193.
Verissimo (*Sitio do*), petite habitation, II, 235.
Ver à soie, I, 361, 364.
Vernonia, I, 233.
Vertentes do Jacaré (*Fazenda das*), habitation, I, 141.
Vertentes do Sardim (*Fazenda das*), habitation, I, 81, 90.
Vigario da vara, dignitaire ecclésiastique, I, 374, 376 ; II, 44.
Vigne, I, 358, 361, 364 ; II, 42, 82.
Villa Boa, capitale de la province de Goyaz, I, 315, 316, 333, 335, 349, 359, 368, 369 ; II, 65-86, 160-167, 178.
Villages, II, 12.
Villes, I, 37 ; II, 78.
Vinhatico do campo. *V.* TAMBORIL.
Visites, II, 53.
Vocabulaire de la langue des Coyapós, II, 108 ; — DES INDIENS MÉTIS DE L'ALDEA DO RIO DAS PEDRAS, 261 ; — DES CHICRIABAS, 289.
Vochysia, genre de plantes, I, 237, 255, 261 ; II, 27.
Vol, I, 105, 218, 285.

FIN DE LA TABLE DES MATIÈRES.

ERRATA.

VOLUME I.

Page   6, ligne. 29 (note 2), *au lieu de* seconda, *lisez* segunda.
Page   36, ligne 11, *au lieu de* Conceçaio, *lisez* Conceição.
Page   37, ligne 6, *au lieu de* de trouver ce qu'a écrit, *lisez* de trouver ici ce qu'a écrit.
Page   39, ligne 10, *au lieu de* conservatrice, *lisez* conservatrices.
Page   43, ligne 15, *au lieu de* les, *lisez* des.
Page 119, ligne 2 (note 1), *au lieu de* Serra do Rio Grande e do S. Francisco, *lisez* Serra do S. Francisco e do Rio Grande.
Page 135, ligne 13, *au lieu de* Matro dento, *lisez* Mato dentro.
Page 149, ligne 16, *au lieu de* il y a, *lisez* il a.
Page 185, ligne 7, *au lieu de* beau-pére, *lisez* beau-frère.
Page 195, ligne 17, *au lieu de França, lisez Franca*.
Page 206, ligne 3 (note 2), *au lieu de Fluminses, lisez Fluminenses*.
Page 272, ligne 10, *au lieu de* étant, *lisez* était.
Page 306, ligne 13 (note 1), *au lieu de* da Corumbá, *lisez* do Corumbá.
Page 312, ligne 5 (note 1), *au lieu de* Rio de la Pla, *lisez* Rio de la Plata.
Page 332, ligne 1, *au lieu de* de communications, *lisez* des communications.
Page 335, ligne 22, *au lieu de* plus exacte, la capitainerie, *lisez* plus exacte, de la capitainerie.
Page 369, ligne 20, *au lieu de* Serra da Paranahyba e do Tocantins, *lisez* Serra do Corumbá e do Tocantins.

VOLUME II.

Page   2, ligne 6, *au lieu de* (p. 318), *lisez* (vol. I, p. 318).
   Id.   ligne 20, *au lieu de* (*V*. p. 349), *lisez* (*V*. vol. I, p. 349).
Page   11, ligne 1 (note 3), *au lieu de* qui termine, *lisez* qui couronne.
Page   24, ligne 9, *au lieu de* trois, *lisez* deux.
Page 127, ligne 9, *au lieu de* bord de Rio Fartura, *lisez* bord du Rio Fartura.
Page 142, ligne 23, *au lieu de* d'extraire l'or du Rio Claro, *lisez* d'extraire l'or et les diamants du Rio Claro.
Page 145, ligne 7, *au lieu de* dans le temps de sa sécheresse, *lisez* dans le temps de la sécheresse.
Page 152, ligne 20, *au lieu de* Porto Felis, *lisez* Porto Feliz.
Page 193, ligne 19, *au lieu de* Rio de Jurubutuba, *lisez* Rio Jurubatuba.

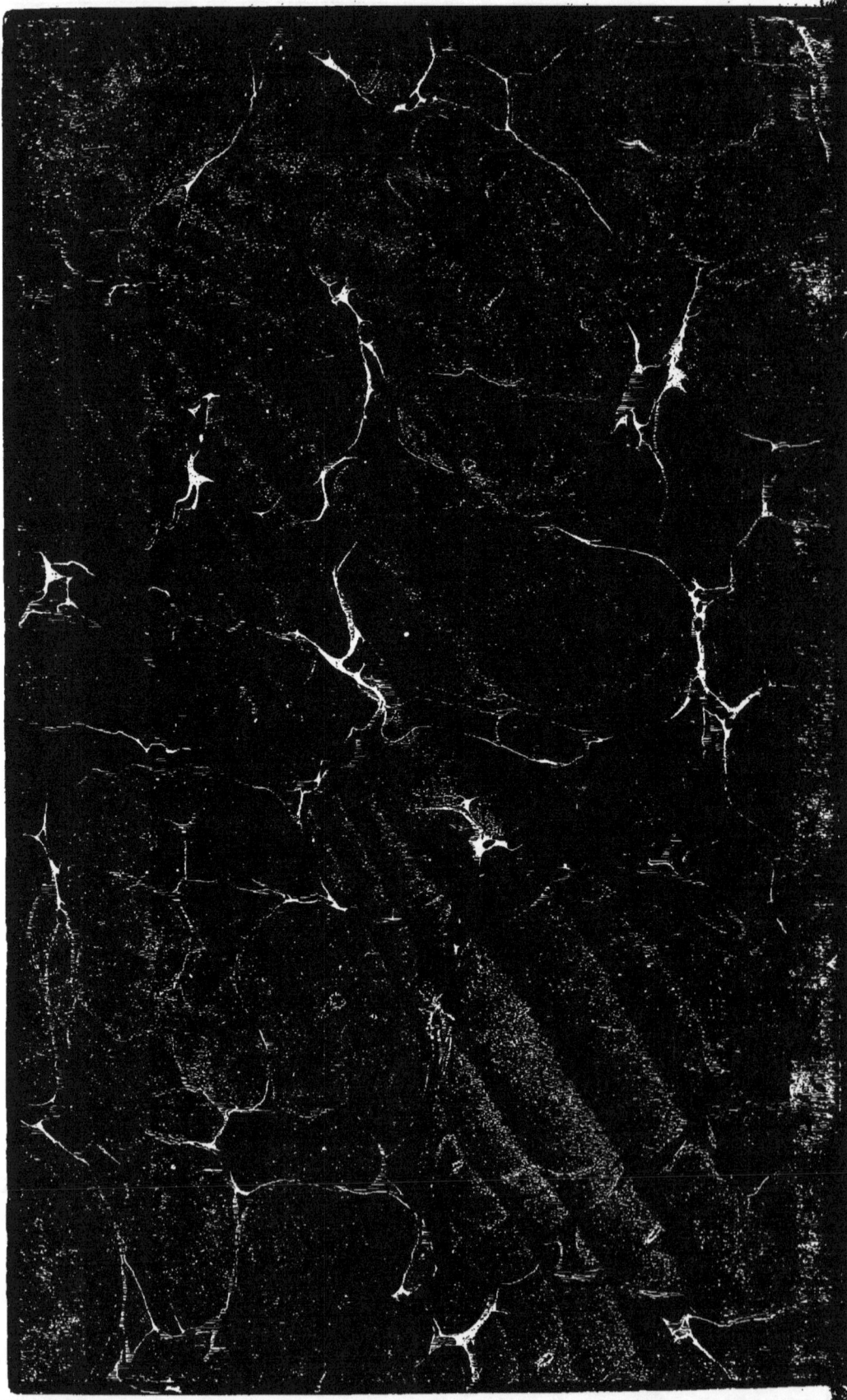

www.ingramcontent.com/pod-product-compliance
Lightning Source LLC
Chambersburg PA
CBHW050313170426
43202CB00011B/1887